Mit 60 Zeichnungen
von Ernst Ludwig von Aster
13 schematischen Darstellungen
und 4 Zeichnungen des Verfassers
sowie 8 Fotos

6. durchgesehene Auflage

Konrad Andreas

Gerechte Jagdhund-Schulung

durch planmäßige Abrichtung
und leistungsfördernde Führung
unter Berücksichtigung der Psyche
und Individualität des Hundes

BLV Verlagsgesellschaft
München Bern Wien

Ausgezeichnet mit dem Literaturpreis
des Deutschen Jagdschutzverbandes

CIP-Kurztitelaufnahme der Deutschen Bibliothek

Andreas, Konrad:
Gerechte Jagdhund-Schulung: durch planmäßige
Abrichtung u. leistungsfördernde Führung unter
Berücks. d. Psyche u. Individualität d. Hundes /
Konrad Andreas. – 6., durchges. Aufl. –
München, Bern, Wien: BLV Verlagsgesellschaft,
1978.
ISBN 3-405-11989-8

© BLV Verlagsgesellschaft mbH, München, 1978
Einbandgestaltung: Franz Wöllzenmüller, München
Satz: Manz, Dillingen · Druck: Hablitzel, Dachau
Buchbinder: Grimm & Bleicher, München
Printed in Germany · 3-405-11989-8

Inhalt

Vorwort

Waidgefährten, die wiederholt die Arbeit meiner Hunde auf Prüfungen und in der Praxis sahen, regten mich bereits vor langem dazu an, ein solches Buch zu schreiben. Ich lehnte immer ab. Zuviel bewegte mich, worüber ich mir selbst noch nicht im klaren war. Wie ja als Jäger überhaupt, so lernt man auch als Rüdemann nie aus.

Das meiste aber lehrt die Arbeit guter Hunde selbst. Sie gibt und gilt uns um so mehr, je näher wir dem Hunde *seelisch* kommen, indem wir uns bemühen, das Tier nicht zu vermenschlichen, sondern Art und Wesen unserer Hunde nach den praktisch so belangvollen Ergebnissen exakter Hunde- und Verhaltensforschung unvoreingenommen zu betrachten.

Als Lehrender der Eigenart des Lernenden gerecht zu werden, ist ein Bestreben, das den Hund vor Quälereien und den Führer vor Verdruß bewahrt. Hier zu helfen, schrieb ich nach vielen früheren, zerstreut veröffentlichten Beiträgen aus eigener Feder dieses Buch als illustrierten Leitfaden mit mancherlei Betrachtungen aus inhalts- und erfahrungsreicher Praxis. Lehren und Gedanken anderer, die mir Vorteil brachten, wurden gern genannt, nicht nur aus Gründen guter literarischer Gepflogenheit.

Besonderen Dank schulde ich meinem Freund ERNST LUDWIG V. ASTER für seine künstlerische Mitarbeit. Bei gänzlichem Verzicht auf alles Beiwerk verstand er es, mit wenigen markanten Strichen klar und sinnfällig die Bilder und Momente festzuhalten, die für diese oder jene Arbeit typisch oder wichtig sind.

Die Gangbarkeit der so skizzierten Wege ist nicht nur von mir erprobt; besonders freuten mich die vielerlei Erfolge, die auch andere bei der Schulung ihrer Hunde zu verzeichnen hatten, indem sie den erteilten Weisungen und Winken folgten.

So wage ich zu hoffen, daß der Inhalt dieser Zeilen noch manchem Zunftgesellen etwas gibt — zu rechter Freude an gepflegtem Jagen und der Arbeit seiner Hunde.

Möchte so das Buch der Förderung waidgerechter Jagdausübung dienlich sein!

KONRAD ANDREAS

Vorwort zu den weiteren Auflagen

KONRAD ANDREAS gehörte zu jenen Menschen, denen waidgerechte Jagdausübung nicht »Sport«, sondern innere Berufung bedeutete. Wie im Wild sah
er im Hund das beseelte Mitgeschöpf, im letzteren dazu den natürlich zuge-
ordneten Jagdgehilfen. Bewußt spricht er von Jagdhund-*Schulung,* weil dieser
Begriff weniger das gewaltsame Aufzwingen der für ein erfolgreiches Jagen
erforderlichen Verhaltensweisen, sondern viel mehr deren Beibringen durch
Eingehen auf die Psyche und Individualität des Hundes ausdrückt. Gerade
diese Einstellung des Autors zusammen mit der Vermittlung seiner umfas-
senden praktischen Erfahrungen hat dieses Buch zu einem Standardwerk der
Jagdhundführung werden lassen. Mögen die seither erschienenen weiteren
Auflagen, die KONRAD ANDREAS leider nicht mehr erleben konnte, da er
1969, kurz bevor die 3. Auflage herauskam, verstarb, im Sinne waidgerechten
Jagens mit dem vielseitigen Gebrauchshund das Vermächtnis des Altmei-
sters weitertragen. DER VERLAG

1 | Grundsätzliches

Als Abrichter und Führer von Gebrauchshunden müssen wir unablässig bemüht sein, in die seelische Eigenart des Hundes einzudringen. Allein nach dieser hat sich unsere Lehrweise, haben sich unsere Maßnahmen bei der Abrichtung und Schulung zu richten. Dabei ist zu beachten, daß nur aus Lauten, Ausdrucksbewegungen und sonstigen Verhaltensweisen des Hundes gegenüber der Umwelt geschlossen werden kann, was seelisch in ihm vorgeht. Wer sich dabei vor Fehlschlüssen bewahren will, vermeide es grundsätzlich, an das Tun und Lassen des Hundes menschliche Maßstäbe zu legen.

»Wer menschliches Denken beim Hunde voraussetzt . . ., wer den Hund als einen erwachsenen Menschen betrachtet, dem lediglich die Sprache fehlt, wer ihn mit anderen Worten vermenschlicht, gelangt zwangsläufig zu Irrtümern über die seelischen Fähigkeiten des Hundes . . .«

Goldene Worte »zur Abrichtelehre«, entnommen dem tierpsychologisch unvergleichlichen »Leitfaden für die Abrichtung des Hundes« von KONRAD MOST und PAUL BÖTTGER (Berlin 1933; neu erschienen als »Die Abrichtung des Hundes« in der Bearbeitung von Dr. h. c. KONRAD MOST in 12. und 13. Auflage 1951 und 1956 in Braunschweig).

Überspannte Anforderungen und falsche Einwirkungen sind schwerwiegende Nachteile, die sich beim Abrichten aus der Vermenschlichung des Hundes ergeben.

Da Belehrungen über Sinn und Zweck des Verlangten beim Hunde unmöglich sind, ist die Abrichtung nichts weiter als eine »Gewöhnung an bestimmte Verhaltensweisen auf gedächtnismäßiger Grundlage durch absichtlich gesetzte Sinnesreize«, wie es MOST so treffend formuliert. Die Sinnesreize müssen dementsprechend so gesetzt werden, daß sie beim Hunde die gewünschte Rückwirkung haben, also die Verhaltensweise, an die der Hund durch stete Wiederholung mit dem Ziel gedächtnismäßiger Verknüpfung zu gewöhnnen ist.

Machen wir uns das an einem Beispiel klar.

Das Hörzeichen »apport« übt auf den rohen Hund nicht die geringste Wirkung aus; das ihm dabei vor den Fang gehaltene Griffstück läßt ihn in der

Regel völlig kalt. Um den Hund nun zu bewegen, auf »apport« das Griffstück in den Fang zu nehmen, gilt es, anders auf ihn einzuwirken. Wir bewegen das Griffstück vor dem Hunde hin und her und von ihm weg. Dieser Gesichtsreiz täuscht dem Hunde eine Flucht des Gegenstandes vor, der damit für ihn — das Raubtier, das er ist und bleibt — zur »Beute« wird. Erfolg: Der Hund verfolgt die Beute und — schnappt zu.

Dieser Gesichtsreiz, mit dem wir auf den Hund *ursprünglich* einwirkten, hatte die von uns erwartete Rückwirkung. Sie wäre aber für uns bedeutungslos, wenn wir es bei dieser ursprünglichen Einwirkung unterlassen hätten, *gleichzeitig* als *stellvertretende Einwirkung* das Hörzeichen »apport« zu geben! Nur auf diese Weise kann nach einer Reihe von Wiederholungen beim Hunde die gedächtnismäßige Verknüpfung zwischen dem Gehörreiz »apport« und dem Zuschnappen zustande kommen, so daß schließlich das Hörzeichen als stellvertretende Einwirkung allein genügt, um den Hund zum Erfassen des Griffstückes zu veranlassen.

Zum *Zwang* wird die ursprüngliche Einwirkung, wenn wir anstatt des Gesichtsreizes einen Hautreiz setzen, den Lefzendruck zum Öffnen des Fanges und Nehmen des Griffstückes. Ein Zwang, der bei hartnäckigem Widerstand des Hundes zu Starkzwang gesteigert werden kann, so mit Hilfe des Dressurhalsbandes, alias »Korallenruck«.

Während es sich bei den ursprünglichen Einwirkungen hauptsächlich um Hautreize handelt, sind stellvertretende Einwirkungen in der Regel Gehör oder Gesichtsreize (Hör- oder Sichtzeichen), also Reize, die es ermöglichen, den Hund aus der Entfernung zu lenken. Sinn der Abrichtung des Jagdgebrauchshundes ist es ja, den Hund so einzuarbeiten, daß er immer und überall ohne ursprüngliche Einwirkungen, also lediglich mit Hör- oder Sichtzeichen geleitet werden kann. —

»Der Hund soll nur das tun, was uns angenehm oder nützlich ist, und alles unterlassen, was uns unangenehm oder schädlich ist.«

Da ein großer Teil dieser Forderungen der eigentlichen Natur des Hundes widerspricht, kann die Abrichtung in vielen Fällen ihr Ziel allein durch *Zwang* erreichen.

Zweck des Zwanges ist, den Hund erfahren zu lassen, daß es sein eigener Vorteil ist, wenn er tut, was uns erwünscht, und läßt, was uns unerwünscht ist, obwohl er dieses verlangte Tun und Lassen naturgemäß als Unannehmlichkeit empfindet. Mit anderen Worten (Most): »Auch der Hund führt Unangenehmes aus, wenn er noch Unangenehmerem entgehen kann. Er unterläßt Angenehmes, wenn es ihm durch Unangenehmes verleidet wird.«

Von dem Vorteil dieser eigennützigen Forderungen für den Menschen weiß der Hund natürlich nichts, zumal er in seinem Tun und Lassen auch nicht von sittlichen Beweggründen geleitet wird, sondern lediglich durch Trieb und Zwang, wozu, wie wir noch sehen werden, infolge sachgemäßer Einwirkung die Arbeitsfreude kommt.

Bei der Anwendung des Zwanges, der uns in verschiedenen Stärkegraden zur Verfügung steht, ist Grundbedingung die *planmäßige Festlegung der Verknüpfungen.*

Soll der Hund etwas tun, so muß er erfahren, daß die verlangte Tätigkeit sein eigener Vorteil ist. *Der Zwang muß also in dem gleichen Augenblick aufhören, in dem sich der Hund erwünscht verhält.* Und nicht nur das: Unmittelbar an das Aufhören der Unannehmlichkeit muß sich eine Annehmlichkeit schließen, und sei es allein der mehr gesungene als gesprochene Ermunterungslaut »So ist's brav!«, den man als Abrichter immer in Bereitschaft auf der Zunge haben muß.

Das bedeutet für den Hund eine Befreiung vom Druck des Zwanges, die um so sinnfälliger wirkt, je mitteilsamer sie gegeben wird. Das an und für sich unangenehme Tun verwandelt sich auf diese Weise schlagartig in Annehmlichkeit, aus der beim Hunde bald die *Arbeitsfreudigkeit* erwächst, aus welcher ohne weiteres auf die Kunst des Abrichters geschlossen werden kann.

So wird bei der *Tätigkeitsabrichtung*, der Abrichtung auf die verlangte Leistung, dem Hunde das Tun verannehmlicht — im Gegensatz zur *Unterlassungsabrichtung*, der Abrichtung auf das verlangte Lassen, bei der dem Hunde ein ihm von Natur aus angenehmes Tun verleidet wird.

Wichtig hierbei ist, daß eine Einwirkung auf Lassen möglichst blitzartig erfolgt und in demselben Augenblick, in dem der Hund sich anschickt, das zu tun, was wir nicht wünschen. Der energisch ausgestoßene Einschüchterungslaut »pfui!« und *gleichzeitig* der aus dem Handgelenk geführte Gertenhieb (nicht Peitschenhieb!) *im richtigen Moment* wirken wie der Blitz aus heiterem Himmel und lösen so beim Hunde a tempo die entsprechende Verknüpfung aus.

Sehr zu beachten ist, daß eine Einwirkung auf Lassen nicht anschließend durch vorzeitige Ermunterung (»Lob«) gleich wieder aufgehoben wird!

Beispiel: Ein Hase rutscht vorm Hunde aus der Sasse. Dieser geht auf Zuruf »halt« oder Trillerpfiff nieder. Es wäre nun grundfalsch, den Hund mit »So ist's brav!« zu ermuntern, *so lange er den Hasen noch sieht.* Das könnte sehr leicht eine Aufhebung der stellvertretenden Einwirkung »halt« zur Folge haben.

Je feiner die Abrichtung, um so geräuschloser die Führung des Hundes, die sich zur Hauptsache auf Sichtzeichen — auf Wink und richtungweisende Be-

wegungen — beschränken kann. So steht bei der Verwendung des Jagdgebrauchshundes die Abrichtung auf Sichtzeichen im Vordergrund. Da der
Hund ein ausgezeichneter Bewegungsseher ist, wird er auf Sichtzeichen um so
rascher und sicherer ansprechen, je eindeutiger und klarer sie der Abrichter
ihm gibt.

Besitzt er infolge feiner Einstellung auf Sichtzeichen die so erwünschte leise
Führigkeit, so genügt beim Führer oft schon ein Zurücknehmen der Schulter,
um dem suchenden Hunde die einzuschlagende Richtung anzugeben.

Der herangerufene Hund folgt dem Hörzeichen »hier« oder dem Pfiff noch
rascher, wenn der Führer rückwärts geht oder, sich vom Hunde abwendend,
entfernt, oder wenn er durch Verkleinerung des Körpers dem Hunde eine
sich entfernende Bewegung vortäuscht. Der Führer muß sich dazu also bük-
ken, oder er muß niederknien, indem er gleichzeitig die Arme einladend bewegt. Ein Gesichtsreiz, dem leider viel zu selten die gebührende Bedeutung
beigemessen wird. —

Man sollte es sich endlich abgewöhnen, bei der Abrichtung in vermenschlichender Auffassung von Kommandos oder gar Befehlen zu sprechen, wie
man das immer wieder hört und liest. Auch nicht von Pflichtgefühl, von Lob
und Tadel usw.

Als Meutetier *ordnet* der Hund *sich unter*, entweder triebhaft oder durch
Zwang, letzteres, sofern er selbst die Führung in der aus Jäger und Hund
bestehenden Meute beanspruchte und der Jäger nicht gewillt war, »sich zum
Sklaven seines Hundes zu machen«, d. h. diesem die Führung zu überlassen *. So komisch es klingen mag: Vom hundlichen Standpunkt aus gesehen, bildet auch das Zweigespann »alte Jungfer und Mops« eine Meute.
Kopfhund dieser Meute ist aber stets der immer vermenschlichte Mops!

Jenseits von gut und böse, unterscheidet der Hund aber doch sehr rasch zwischen angenehm und unangenehm. Er wird deshalb *ermuntert* (»so ist's
brav!«) oder *eingeschüchtert* (Einschüchterungslaut »pfui!«). In jedem Falle
wirken wir auf ihn *ein*.

* Der Führtrieb kann bei einem Hunde derart ausgeprägt sein, daß dieser sich dem
Abrichter nicht unterordnen will und ihm einen Widerstand entgegensetzt, der
darin gipfelt, daß er auf bestimmte Einwirkungen feindlich reagiert. In einem solchen Falle gilt es, sich dem Hunde gegenüber *sofort* durchzusetzen, ihm »die
Schneid abzukaufen«, und zwar mit aller Energie, auf Biegen oder Brechen, bis der
Hund den Abrichter als »Kopfhund« anerkennt und sich ihm unterordnet. Dazu
empfiehlt es sich, die an die Zwangshalsung *geschnallte* Leine straff durch einen
in Bodennähe verschraubten Ring zu ziehen und dann die Einwirkung zu wiederholen, der zufolge sich der Hund dem Führer widersetzte. Sobald der Hund dann
Miene macht, sich abermals zu widersetzen und den Führer anzugreifen, reißt man

Gehörreize werden, dem Sinne der Abrichtung entsprechend, durch *Zuruf*, *Zuspruch* oder *Hörzeichen* ausgelöst. Je kürzer die Zurufe sind, je weiter sie tönen und je klarer sie sich voneinander unterscheiden, um so wirkungsvoller sind sie.

Fallen, ohne daß der Abrichter das weiß oder beachtet, mit bestimmten Hörzeichen bestimmte Körperbewegungen zeitlich zusammen, so kann das beim Hunde auch leicht zu *unerwünschten Verknüpfungen* führen.

Beispiel: Ein Hund wird abgelegt. Der Führer entfernt sich, und indem er nach 50 Schritt kehrtmacht, ruft er gleichzeitig den Hund ab. Wiederholt sich das mehrfach, so erlangt die Kehrtwendung des Führers beim Hunde dieselbe Bedeutung wie der Abruf selbst. Die Kehrtwendung allein genügt, um das Herankommen des Hundes zu veranlassen. Die Kehrtwendung ist zu einer *stellvertretenden Einwirkung*, zu einem Sichtzeichen für das Herankommen des Hundes geworden. Das führte bei diesem zu einer unerwünschten Verknüpfung, denn Zweck der Übung ist ja das Herankommen auf Abruf.

Um derartige unerwünschte Verknüpfungen zu vermeiden, müssen die in Betracht kommenden Handlungen zeitlich getrennt werden. Im vorliegenden Falle muß also der Abrichter, nachdem er sich durch Kehrt dem Hunde zugewandt hat, darauf achten, daß dieser nach wie vor fest liegen bleibt. (In dem Augenblick, da der Hund sich erhebt, ertönt gleichzeitig mit dem Handhochheben des Führers der Zuruf »halt«.) Diese Beobachtung des Hundes bedeutet eine Pause zwischen Kehrtwendung und Abruf, und einer solchen bedarf es aus genanntem Grunde unbedingt.

Fallen also bestimmte Hörzeichen mit bestimmten Sichtzeichen — Wink und Körperbewegungen des Führers — zeitlich zusammen, so erhalten diese durch Verknüpfung des Hundes dieselbe Wirkung wie jene. Der geschickte Führer wird das zu seinem Vorteil vor allem bei der Führung des Hundes im Felde beachten, wo ihm daran liegen muß, den Hund hauptsächlich mit Sichtzeichen zu leiten. Nur so vermag er dem Hunde lautlos feinste Hilfen zu geben. Eine Möglichkeit, die leider vielfach außer acht gelassen wird, obwohl so

ihn durch festes Anziehen der durch den Ring gezogenen Leine mit aller Kraft zu Boden und wirkt dann mittels einer hand- und hiebfesten Gerte so durchdringend und lange auf ihn ein, bis er sein feindliches Verhalten aufgibt und, sich auf den Rücken werfend, Unterordnung zeigt. Dann aber keinen Hieb mehr und sofort die Leine locker lassen! Die richtige Rangordnung pflegt danach hergestellt zu sein. All dies spielt sich ähnlich ab wie in der Meute, in der zwei Angehörige um die Führung kämpfen. Es folgen nur noch einige kurze Übungsgänge an der Leine, und der Hund kommt in den Zwinger, wo er für den Rest des Tages sich selbst überlassen bleibt. Diese Ruhe braucht der Hund, um nach dem Verlust des Kampfes um die Führung sein seelisches Gleichgewicht wiederzuerlangen.

mancher Hund mit ausgeprägtem Unterordnungstrieb auf solche Hilfen sichtlich lauert. —

Wenn auch ein einmaliges, den Hund stark erregendes Geschehnis genügt, um für längere Zeit oder sogar dauernd von seinem Gedächtnis festgehalten zu werden, so können andererseits Erlebnisse und Erfahrungen, die den Hund nicht sonderlich erregen, öftere Wiederholung erfordern, bis eine Verknüpfung zustande kommt. Hier künstlich nachzuhelfen ist das beste Mittel *Zwang*. Starkzwang, richtig angewandt, führt im allgemeinen schneller zum Ziel als häufiger gelinder Zwang.

Um Erlerntes in allen Fällen dauernd im Gedächtnis zu behalten, bedarf es auch beim Hunde *steter Wiederholung*. Und nicht nur das; darüber hinaus gilt es auch, von Zeit zu Zeit die Verknüpfungen neu zu festigen. Wie bei der Abrichtung ergibt sich auch hierbei die Notwendigkeit, auf die ursprünglichen Einwirkungen *unter gleichzeitiger Anwendung der stellvertretenden Einwirkungen* zurückzugreifen.

Es gibt keinen Hund, der das Erlernte ohne Übung dauernd behält, und Prügel sind nun und nimmer ein Mittel, um dem Hunde das ins Gedächtnis zurückzurufen, was er mangels Übung oder sachgemäßer Führung vergessen oder verlernt hat. Die Prügel verdient in solchen Fällen der das Tier vermenschlichende Mensch! Um ein Lebewesen zu beherrschen, muß man sich selbst beherrschen lernen und Vernunft bewahren.

Daß der in der Abrichtung stehende Hund keine Einsicht in die Zwecke haben kann, die wir mit dem von ihm verlangten Tun verfolgen, ist eine Tatsache, die ernstlich nicht bestritten werden kann. Beim Jagdgebrauchshund als Partner der *jagenden* Meute »Jäger und Hund« ändert sich in dieser Beziehung auf Grund gesammelter und verwerteter Erfahrungen im Laufe der jagdlichen Praxis, also mit der Entwicklung des dem guten Hunde eigenen »Jagdverstandes«, wie wir wissen, manches. Zum Können und Intellektuellen tritt hier noch ein vom Trieb- und Gefühlsleben, also vom Emotionellen abhängiges Wollen.

Ob der Hund nun Einsicht an sich besitzt und über die ersten Anfänge eines Denkens im menschlichen Sinne verfügt oder nicht, ist nach MOST für die Ausübung der Abrichtung nach ihrem derzeitigen Stande unerheblich, denn *»durch tausendfältige Erfahrung ist erhärtet, daß die Abrichtung auf gedächtnismäßiger Grundlage allein zu zuverlässigen Leistungen führt und dazu noch ein erheblich schnelleres Lernen ermöglicht als Einwirkungen, die ein Denken des Hundes im menschlichen Sinne voraussetzen.«*

Gedächtnis aber nennt man »die Fähigkeit, Wahrgenommenes zu behalten, es sich zu merken und es wieder hervorzubringen, sich daran zu erinnern.

14

Im zeitlichen Zusammenhang Erlebtes wird vom Gedächtnis in dem gleichen Zusammenhang festgehalten ... Die einzelnen Teile des im zeitlichen Zusammenhang Erlebten verknüpfen sich sozusagen.«

Hierzu folgende Erläuterungen:

Wir hören das Wort »Festgemauert«; automatisch erinnern wir uns an Schillers »Glocke«, um im Innern fortzusetzen: »in der Erden steht die Form, aus Lehm gebrannt.«

Der junge Schweißhund, eingearbeitet auf kalter gesunder Fährte, macht seine erste Schweißarbeit. Sie führt nach kurzer Totsuche zum Stück. Die Wundwittrung und das abschließende Erlebnis erregen »Hirschmann« stark. Am nächsten Anschuß sagt ihm der gefundene Schweiß sofort: »Bedeutet Beute!«

Der junge Vorstehhund macht eine Hasenhetze. Sein Beutetrieb (Hetzpassion) läßt ihn Pfiff und Zuruf überhören. Nach einer Weile kommt der Hund ausgepumpt zurück und wird von seinem, den Hund vermenschlichenden Abrichter mit Prügel bedacht. »Erfolg«: Das Gedächtnis sagt dem Hunde bei der Rückkehr von der nächsten Hetze folgerichtig: *Zurückkommen* ist gleichbedeutend mit Empfang von Prügel. Dementsprechend wird er sich verhalten. Zwischen *Hetze* und Prügel besteht kein zeitlicher Zusammenhang, weshalb die »Strafe« sinnlos ist.

Anschließend an dieses Beispiel eine weitere Betrachtung:

Der Gehorsam (die Unterordnung des Hundes unter den Willen des Führers, mit anderen Worten seine Führigkeit) soll so gefestigt und verfeinert werden, daß der Hund im Felde auf Pfiff oder Trillerpfiff von jeder unerwünschten Hasenhetze abgehalten werden kann. Wohlgemerkt: von jeder *unerwünschten Hasenhetze*, wozu die Sichthetze auf jeden Fall gehört. Dies besagt schon, daß dem Hunde das Interesse am Hasen und damit an der Hasenspur erhalten werden soll.

Ein solcher Grad der Unterordnung ist im allgemeinen nur durch Starkzwang zu erreichen. Mildeste Mittel: Dressurhalsband und lange Leine. Indem wir diese am freien Ende festhalten, lassen wir den hetzenden Hund »in die Korallen springen«.

Der damit verbundene Hautreiz kann aber beim Hunde die erwünschte Verknüpfung nur dann auslösen, wenn, zeitlich mit dem Sprung zusammenfallend, als Hörzeichen der Pfiff ertönt. Nur auf diese Weise kann der Hund verknüpfen, daß nicht das Hasenhetzen, sondern lediglich das Überhören des Pfiffes Schmerz verursacht.

Unterläßt der Abrichter im gegebenen Augenblick den Pfiff, so muß dies beim Hunde zwangsläufig zu der unerwünschten Verknüpfung führen, daß

Hasenhetzen weh tut. Im Hinblick auf die künftige Verwendung des Hundes als Verlorenbringer liegt das Fehlerhafte dieser Unterlassung auf der Hand. Was UDO BÜRGER in seinen auch psychologisch fein durchdachten Ausführungen über »Vollendete Reitkunst« (Berlin und Hamburg 1959) dem Reiter angelegentlichst empfiehlt — sich von dilettantenhafter Willkür zu lösen und sich mit den Spielregeln vertraut zu machen, die das Pferd versteht —, gilt sinngemäß auch für den Jäger in seinem Verhältnis zum Hund.

Ich fasse kurz zusammen: Für den Abrichter gilt es, dem Tier gegenüber einen möglichst natürlichen und unbefangenen Standpunkt einzunehmen, den Hund also nicht zu vermenschlichen, sondern — im Gegenteil — sich selbst zu »verhundlichen«, d. h. zum Hunde herabzulassen, dabei durch täglichen Umgang mit ihm, durch Pflege, Liebe und Konsequenz sein Vertrauen, seine Seele zu gewinnen. Er wird die Verwendungsfähigkeit seines Hundes nach Höhe und Stetigkeit um so mehr und um so leichter, weil sinnvoller schulen und fördern, je mehr er sich Einblick in die rein verknüpfungsgemäß entstehenden hundlichen Leistungen verschafft.

Hier den Weg gewiesen und damit das geistige Fundament für die Abrichtung aller im Dienst des Menschen stehenden Hunde geliefert zu haben, ist das unauslöschliche Verdienst von KONRAD MOST. In seinen Grundzügen, wie besonders in seiner zwingenden Logik, ist uns seine Abrichtelehre auf Grund langjähriger praktischer Rüdemannserfahrungen als Abrichter und Ausbilder zu dem geworden, was man in übertragenem Sinne als Evangelium zu bezeichnen pflegt.

Und noch eine Grundsätzlichkeit: *Gut Ding will Weile haben!* Das gilt für jeden Hund, der seine Anlagen zu größtmöglicher Fertigkeit entwickeln und sich *bei praktischem Gebrauch* bewähren soll. Von Bestand sein kann da nur, was stufenweise mit gebotener Sorgfalt durchgenommen, durch stete Wiederholungen gefestigt sowie durch Einflechtung von Schwierigkeiten planmäßig verbessert wird. Und das erfordert Zeit! Nichts darf übers Knie gebrochen werden, der Hund mag noch so frühreif oder hochveranlagt sein. Gewichtiger Prüfstein für Leistungs- und Gehorsamssicherheit ist in allen Fällen die Verleitung. Je stärker deren Reize, um so besser! Sie gibt uns ja die Möglichkeit, im Augenblick des Wirksamwerdens einzuwirken, so daß der Hund, der jeweiligen Leistungsforderung entsprechend, nachhaltig verknüpft. Es gilt da, alle sich uns bietenden Gelegen- und Gegebenheiten mit Bedacht zu nutzen, und zwar *immer wieder!*

Nur *Übung macht den Meister,* entsprechende Veranlagung vorausgesetzt. Und um es hier noch einmal zu betonen: Es gibt auch keinen Hund, der zur Bewahrung des Erlernten nicht in steter Übung bleiben müßte.

16

2 | Leinenführigkeit – Folgen frei bei Fuß

Leinenführig ist ein Hund, wenn er an lose gehaltener, später umgehängter Leine dem Führer an der linken Seite folgt, ohne zurück- oder seitlich abzubleiben oder vorzuprellen. Es darf sich also die Leine nie straff ziehen, auch dann nicht, wenn der Führer seine Gangart verlangsamt oder beschleunigt. Die Brust des Hundes soll ungefähr mit dem Knie des Führers abschneiden. Auf diese Weise wird der Hund nach einiger Übung auch plötzlichen Wendungen des Führers je nach Richtung entweder rasch folgen oder unauffällig ausweichen, so daß er diesen beim Gehen nicht stört oder behindert. Zur Leistungsforderung in Leinenführigkeit gehört auch, daß der angeleinte Hund beim nahen Vorbeigehen an Bäumen, Pfählen usw. oder beim Überschreiten von gefälltem Holz oder sperrigem Reisig dem Führer sozusagen auf dem Fuße folgt, damit die Leine sich an diesen Gegenständen nicht verfängt.

Trotz aller dem Meute- und Unterordnungstrieb des Hundes entspringenden Anhänglichkeit bedeutet das Anleinen für den Hund eine Freiheitsberaubung. Deshalb kann Leinenführigkeit erst geübt werden, wenn der Hund an die Leine gewöhnt ist.

Diese *Gewöhnung* geht rasch vor sich, wenn der Hund im zeitlichen Zusammenhang mit dem Anleinen, also vor- und nachher, keine unangenehmen Erfahrungen macht, wenn also von seiten des Abrichters alles vermieden wird, was den Hund ängstlich machen könnte.

Darf schon beim Anleinen mit dem Ermunterungslaut (»So ist's brav!«) nicht gespart werden, so sind in unmittelbarem Anschluß an das Anleinen Kopf und Behang des Hundes sanft zu streicheln und zu krauen. Eine Liebesbezeigung, für die der Hund besonders empfänglich ist.

Dann läßt man den Hund im Garten oder in einer anderen Umfriedung an *langer* Leine *frei* laufen. Dabei wird die Leine hin und wieder ergriffen. Man folgt dann dem Hunde, *ohne daß man an der Leine zieht*. Sieht auf gelegentlichen sanften Leinenruck (nach dem die Leine augenblicklich wieder nachzulassen ist) der Hund den Führer an — was auch durch Schnalzlaut oder Klatschen aufs Knie zu erreichen ist —, so läuft der Abrichter, das Gesicht dem Hunde zugewendet, a tempo mit Ermunterungslauten rückwärts von dem Hunde weg. Es ist dies nach MOST die ursprüngliche Einwirkung auf das

Herankommen des Hundes. Indem der herangekommene Hund geliebelt und gleich wieder freigelassen wird, wird ihm sein Tun nach schwachem Zwang, dem sanften Leinenruck, verannehmlicht.

Diese Übungen werden so lange fortgesetzt, bis sich der Hund an die Leine gewöhnt hat. Zwischendurch kann man den Hund an seinem Lager, das er auf Hörzeichen »Platz« aufzusuchen und einzunehmen hat, vorübergehend an die Kette (möglichst Lederkette) legen. Leint man ihn dann wieder an, so empfindet der Hund dies als angenehm. Es wird ihm so Unangenehmes (das Angeleintwerden) durch Unangenehmeres (das Liegen an der Kette) angenehm gemacht.

Ein Zeichen richtiger Behandlung ist, wenn uns der Hund beim Anleinen den Kopf von selbst entgegenschiebt.

Daß man bei diesen Gewöhnungen — im strikten Gegensatz zu Oberländer — kein Stachelhalsband verwendet, den Hund dabei auch niemals mit der Leine schlägt, ist nach dem Gesagten ebenso selbstverständlich wie die bereits erwähnte Notwendigkeit, vor und nach der Übung alles zu unterlassen, was der Hund als Unannehmlichkeit empfinden könnte. Bei der Gewöhnung selbst darf über den genannten Schwachzwang nicht hinausgegangen werden.

Wie schon gesagt, kann *Leinenführigkeit erst* geübt werden, *wenn der Hund an die Leine gewöhnt* ist.

Das Verbleiben an der linken Seite des Abrichters bedeutet für den Hund eine Unannehmlichkeit. Aufgabe des Abrichters ist es, diese beim Hunde in Annehmlichkeit umzuwandeln. Infolgedessen muß der Hund erfahren, daß das Verlassen dieses Platzes für ihn viel unangenehmer ist als das Verbleiben links bei Fuß des Abrichters. Deshalb muß der Hund, der *infolge Übermutes* vorprellt, seitwärts zieht, zurückbleibt oder auf die rechte Seite strebt, *augenblicklich Zwang* verspüren. Endet dieser in dem Moment, in dem sich der Hund an der gewünschten Stelle befindet, und wird ihm diese sofort angenehm gemacht, so bildet sich beim Hunde über kurz oder lang die Verknüpfung: An der Leine ist nur hier gut sein.

Anders verfährt man bei einem Hunde, der aus *Ängstlichkeit* zurückbleibt. Um diese, also eine Einschüchterung, aufzuheben, bleibt nichts anderes übrig, als den Hund zu *ermuntern*. Zwang wäre hier vom Übel, da er die Ängstlichkeit ja nur vergrößern würde. Hier gilt es, den Hund mit der linken, von der Leine freien Hand während des Gehens unter zärtlich gesprochenem »Fuß« ausgiebig zu liebeln oder ihn durch Laufen freudig zu erregen, wobei gleichzeitig der Ermunterungslaut mehrmals möglichst hoch ertönen muß. Sobald der Hund an der richtigen Stelle angelangt ist, fällt der Abrichter in Schritt, gleichzeitig liebelt die linke Hand bei zärtlichem Zuspruch »Fuß! — So ist's brav!«.

Fängt der Hund an, mit der linken Hand zu spielen, so ist das für den Anfang nur von Vorteil. Die Ermunterung ist gelungen! Sie hat den Hund zum Spielen angeregt. Der Hund muß überhaupt erkennen, daß er *von unserer linken Hand nur Gutes* zu erwarten hat. Deshalb dürfen *Zwangeinwirkungen* wie Leinenzug, Leinenruck und Gertenhieb *nur mit der rechten Hand* erfolgen.

Zwang darf aber grundsätzlich nur angewendet werden, wenn der Hund sich nicht mehr ängstlich zeigt.

Für das Üben der Leinenführigkeit empfiehlt sich folgende *Leinenhaltung:* Erfassen der Leine mit der rechten Hand, wobei der Abrichter bei steifgehaltenem linkem Arm die Leine durch die Linke wie durch eine Schlaufe gleiten läßt (Abb. 1). So kann er bei den Gängen die linke Hand jederzeit freimachen, um den Hund durch lockende Bewegungen (Klatschen auf den Oberschenkel) an die linke Seite zu ziehen und ihm durch anschließendes Liebeln den Aufenthalt dort angenehm zu machen (Abb. 2). Wichtig ist dabei auch ein sich stets wiederholendes *Lockerlassen der Leine*. Auf diese Weise erhält der Hund immer wieder Gelegenheit, sich von der linken Seite zu entfernen, und so der Führer die Möglichkeit, in erforderlicher Weise einzuwirken.

Abb. 1 Leinenhaltung für das Üben der Leinenführigkeit — Abb. 2 Das Liebeln mit der linken Hand

Als *Gangart* zum Üben der Leinenführigkeit empfiehlt sich nach anfänglichem Langsamgehen der flotte Schritt. Wesentlich ist neben scharfen Wendungen auch jäher Wechsel in der Schnelligkeit, z. B. vom Laufen zum Gehen und vom Geschwindschritt zu plötzlichem Stehenbleiben.

Das *Hörzeichen* für Leinenführigkeit ist bei allen Einwirkungen »Fuß«. Der Tonfall, in dem es ausgesprochen wird, ist bei Ermunterung gedehnt und zärtlich, bei Einschüchterung dagegen kurz und rauh.

Begibt sich der Hund auf »Fuß« und gleichzeitigen Leinenruck an die linke Seite des Abrichters, so lockert sich die Leine augenblicklich wieder, und dem Hörzeichen »Fuß« als stellvertretender Einwirkung folgt wiederholt der Ermunterungslaut, das mehr gesungene als gesprochene »So ist's brav!«. Letzteres aber nur, sofern der Hund am richtigen Platz *bleibt!* Tut er das nicht, setzt *augenblicklich wieder Zwang* ein.

Dies ist bei *allen* Einwirkungen sorgsam zu beachten.

Als *ursprüngliche Einwirkungen* haben sich bewährt:

1. gegen das Vorprellen aus Übermut: Leinenruck (Zurückziehen); jähe Wendungen im Gehen nach links, wobei sich der Hund am linken Knie des Abrichters stößt (Abb. 3); Kreisgang nach links; Gehen links um einen Baum oder Pfahl herum; Zugehen auf einen Baum oder Pfahl und plötzliche Rechtswendung davor; bei vorgeschrittener Abrichtung ein leichter, aus dem Handgelenk erteilter Gertenhieb.

2. Gegen seitwärtiges Abbleiben: Leinenruck (Heranreißen); Zugehen auf einen Baum und Vorbeigehen hart rechts an diesem. Entweder stößt sich der Hund dabei am Baum, oder er wird, sofern er links am Baum vorbeigerät, vom Abrichter herumgezogen.

3. Gegen das Zurückbleiben infolge Ablenkung: Leinenruck (Heranreißen), Rechtswendungen oder Kreisgang nach rechts bei angezogener Leine.

4. Gegen das Durchkriechen unter gefälltem Holz pp., das der Führer überschreitet: Zurück- und Drüberwegziehen des Hundes.

Abb. 3 Jähe Linkswendung gegen das Vorprellen aus Übermut

Die *Stärke des anzuwendenden Zwanges* richtet sich nach der Veranlagung des Hundes, die individuell verschieden ist. Wie wir gesehen haben, bieten sich dem Abrichter bei Übung der Leinenführigkeit so wirksame Mittel und Möglichkeiten, daß bei den meisten Hunden auf die Verwendung des Stachelhalsbandes getrost verzichtet werden kann.

Da uns *Ablenkungen* für den Hund bei den Übungen nur erwünscht sein können, suchen wir sie. Sie bieten ja die besten Möglichkeiten, auf den Hund ursprünglich einzuwirken, und tragen so wesentlich zur Festigung des Erlernten bei.

Wenn auch das Hörzeichen »Fuß« als stellvertretende Einwirkung sehr bald allein genügt, um das vom Hunde verlangte Verhalten auszulösen, so bedarf es doch zu fortgesetzter Wirksamkeit der öfteren *Wiederauffrischung durch ursprüngliche Einwirkungen.* Das Hörzeichen ist in diesen Fällen zwecks Verknüpfung immer das akustische Signal, das also zeitlich mit der ursprünglichen Einwirkung zusammenfallen muß.

Es liegt in der Natur der Sache, daß sich der Hund bei diesen Übungen bald ganz auf die Bewegungen des Führers einstellt. Das schließt jedoch nicht aus, daß er im Revier auch bei der Führung an der Leine seine Sinne so gebrauchen darf und soll, daß es ihm möglich ist, uns auf Wichtiges hinzuweisen, so als Pirschbegleiter und beim Jagdschutz durch Aufmerken, durch Anzeigen (Verweisen) mit hoher oder tiefer Nase usw., auch wenn die Leine sich dabei vorübergehend strafft. Auf diese Weise paßt der Hund sich in der Leinenführigkeit der Praxis an. Störendes Verhalten ist ihm dabei um so leichter zu verleiden, je feiner seine Abrichtung von Grund aus ist.

Für das *Folgen frei bei Fuß* ist das Hörzeichen dasselbe wie bei der Leinenführigkeit. Seine Bedeutung ist dem Hunde also schon bekannt. Da sich das Folgen frei bei Fuß aus der Leinenführigkeit ergibt, darf es nur in Verbindung mit dieser geübt werden — frühestens, wenn der Hund als leinenführig anzusehen ist. Besser ist es, damit noch zu warten, bis der Hund auch das Haltmachen auf Zuruf, Wink und Trillerpfiff erlernt hat.

Beim Üben der Leinenführigkeit wird der Hund im Gehen unauffällig abgeleint. Ergeben sich danach beim freien Folgen Schwierigkeiten, so greift man unverzüglich auf die Leinenführigkeit zurück, um dann, sobald der Hund sich unerwünscht verhält, entsprechend auf ihn einzuwirken.

Jeder solchen Korrektur folgt ein neuer Versuch im Folgen frei bei Fuß, wobei die Anforderungen nur allmählich zu erhöhen sind. Deshalb begnügen wir uns anfangs mit Geradeausgehen und Achtelwendungen. Eine scharfe Wendung legen wir nur ein, wenn es gilt, dem Vorprellen des Hundes wirksam zu begegnen. Ablenkungen werden im Gegensatz zur Übung der Leinenführigkeit im Anfang ganz vermieden, denn nur der angeleinte Hund ist stets in der unmittelbaren Gewalt des Abrichters. Es empfiehlt sich deshalb, den *frei folgenden* Hund starken Ablenkungen, wie dem Anblick flüchtigen Wildes, überhaupt erst dann auszusetzen, wenn er in seiner Unterordnung die gehörige Festigkeit erlangt hat. Früher nicht! Dazu gehört auch, daß der Hund auf jedes entsprechende Zeichen »halt« macht und sich ablegen läßt.

Es wäre verfehlt, mit dem Hunde während des *Erlernens* der Leinenführigkeit und des Folgens frei bei Fuß außer »Sitz« (bei dem der Hund mit der linken Hand geliebelt wird) noch anderes zu üben, z. B. das Haltmachen. Würde der Hund die Erfahrung machen, daß sich mit den *Lernübungen* in Leinenführigkeit das ihm unangenehme Haltmachen verbindet, so könnte das bei ihm sehr leicht zu einer unerwünschten Verknüpfung führen, die sich darin zeigt, daß der Hund während dieser Übungen zunehmend ängstlich wird.

Bleibt der frei folgende Hund infolge Einschüchterung zurück, so wird er ebenso ermuntert wie in gleicher Lage bei der Leinenführigkeit. Anders wenn der Hund infolge Ablenkung zurückbleibt; alsdann ertönt sofort ein scharfes »Fuß!«. Gleichzeitig klatscht die linke Hand lockend auf den Oberschenkel, und sobald der Hund auf seinen Platz kommt, »singt« man »So ist's brav!«

Begibt sich der Hund einmal auf unsere rechte Seite, so wird er im Weitergehen durch die rechte Hand mit einem leichten Gertenhieb bedacht. Unmittelbar danach kehren wir dem Hund die linke Seite zu und locken ihn mit »Fuß!« und den das Hörzeichen begleitenden Bewegungen der linken Hand auf seinen Platz. Bei keiner dieser Einwirkungen stehenbleiben!

Für weiche Hunde ist Weglaufen bei zärtlich gesprochenem »Fuß« und lockenden Bewegungen der linken Hand die beste Einwirkung, den Hund heranzuziehen.

Kommt der Hund in diesem oder jenem Falle, »so ist's brav!«

Wirkt bei einem harten Hunde eine Einschüchterung nicht, z. B. beim Zurückbleiben infolge Ablenkung, so muß sofort auf stärkeren Zwang zurückgegriffen werden, wozu der Hund stets anzuleinen ist. Auf jeden Fall muß *das Anleinen* auch jetzt *mit einer Liebkosung verbunden* werden, *obwohl der Hund uns vorher Widerstand geleistet hat!*

Damit der Hund nicht unerwünscht verknüpft, das Anleinen nicht mit der Unannehmlichkeit, die ihn in Wirklichkeit erwartet, in Verbindung bringt, muß vor *Beginn der Zwangeinwirkung eine Pause* eingeschoben werden.

Das Folgen frei bei Fuß ist für den Jagdgebrauchshund schon insofern von Bedeutung, als man sonst nicht in gehöriger Weise mit ihm pirschen kann. Je besser er sich dabei unterordnet, um so aufmerksamer ist der Hund dem Führer gegenüber und um so größer deshalb auch die Freiheit, die man ihm bei Pirsch- und sonstigen Reviergängen gelegentlich gewähren kann.

3 | Sitz

Wie oft wird man als Jagdteilnehmer Augenzeuge, daß sich der apportierende Hund, nachdem er beim Führer angelangt ist, zur Abgabe des Wildes nicht setzen *will!* Entweder wirft er seinem »Herrn und Meister« das Wild vor die Füße, oder er umkreist ihn mit dem Wild im Fang. Bei solchem Tanz bedarf es auf seiten des Führers oft besonderer Anstrengungen, um den Hund zum Setzen zu veranlassen, was häufig obendrein mißlingt. Unter diesen Umständen kann von einer sauberen Abgabe des apportierten Wildes nicht die Rede sein. Im Gegenteil!

Ein solches Verhalten des Hundes beruht entweder auf unzulänglicher Abrichtung oder auf Nachlässigkeit in der Führung. Beides kann nie ohne unerwünschte Folgen bleiben.

Das Setzen ist als Unterordnungsübung ebenso wichtig wie die Leinenführigkeit und das Folgen frei bei Fuß, wie Halt und Apportieren. Sie ist ein Glied in dieser Kette, die den Hund zur Unterordnung anhält, ihn unter den Willen des Führers zwingt. Und jede Kette ist bekanntlich so stark wie ihr schwächstes Glied. Deshalb gilt es, die genannte Kette in jedem ihrer Glieder möglichst stark zu machen und intakt zu halten. Was an dieser Grundabrichtung fehlt, bringt die jagdliche Praxis unerbittlich ans Licht.

Leistungsforderung ist, daß sich der Hund auf Hör- oder Sichtzeichen setzt und sitzenbleibt, bis er durch Hörzeichen »Fuß« zum Folgen aufgefordert wird. Die Abrichtung auf Setzen verbindet man zweckmäßig mit dem Üben der Leinenführigkeit.

Das *Hörzeichen*, also die stellvertretende Einwirkung auf den Hund, wenn er sich setzen soll, ist »sitz«. Es kann nur wirksam werden, wenn es zeitlich mit der ursprünglichen Einwirkung zusammenfällt. Bei dieser schieben wir den Hund mit beiden Händen zum Sitz zusammen. Dabei drückt die linke Hand auf die Kruppe, die rechte vor die Brust des Hundes (Abb. 4). Das geht blitzschnell. Es hat zudem den Vorteil, daß die vor die Brust gelegte rechte Hand beim Hund das Hinlegen verhindert.

Der Hund soll bei dieser Leistung etwas tun (sich setzen) und etwas lassen (ohne unseren Willen wieder aufstehen). Entsprechend hat der Abrichter auf ihn einzuwirken.

Sitzt der Hund, so erfährt er eine Annehmlichkeit. Er wird in Verbindung mit dem Ermunterungslaut »so ist's brav« sanft geliebelt. Sollte diese Handlung des Abrichters seine eben getätigte Einwirkung — das Zusammenschieben des Hundes zum Sitz — aufheben, so ist diese im Moment zu wiederholen. Der Versuch des Hundes, aufzustehen, wird dadurch im Keim erstickt. Diese Übungen werden fortgesetzt, bis der Hund allein auf das Hörzeichen »sitz« in der gewünschten Weise reagiert, und bis er sich von selbst setzt, wenn der Führer plötzlich stehenbleibt. Danach ist dieses Halt des Führers dem Hunde zum *Sichtzeichen* für »sitz« geworden.

Ein weiteres Sichtzeichen zum Setzen ist für den Hund das Erheben des Zeigefingers. Es kann nur wirksam werden, wenn es gleichzeitig mit dem Hörzeichen gegeben wird, und zwar so lange, bis die Verknüpfung erfolgt ist und das Sichtzeichen allein genügt, um beim Hunde das verlangte *Tun* auszulösen.

Hat der Hund verknüpft, daß er sich auf »sitz« oder eins der genannten Sichtzeichen zu setzen hat, weil er sonst dazu gezwungen wird, und weil ihm, wenn er sitzt, nichts Unangenehmes widerfährt, so kommt es nötigenfalls darauf an, beschleunigend auf ihn einzuwirken. Das geschieht am besten durch Zuruf »sitz« oder ein Sichtzeichen und *gleichzeitigen*, mit der rechten Hand geführten Gertenhieb auf die Kruppe.

Wie eingangs schon erwähnt: Das bei der Leistung vom Hunde verlangte *Lassen* besteht darin, daß er ohne unsern Willen nicht wieder aufsteht. Er muß also auch sitzenbleiben, wenn wir uns von ihm entfernen oder ihn umkreisen. Diese Festigkeit läßt sich nur dadurch erreichen, daß der Hund bei den Übungen zunächst an der langen Dressurleine bleibt. So hat der Abrichter die Möglichkeit, jederzeit rasch auf ihn einzuwirken, in dem Augenblick also, da der Hund aufzustehen versucht oder im Begriff ist, sich hinzulegen.

Daß wir uns mit dem Hunde bei diesen — wie bei allen Unterordnungsübungen — nicht in die ungestörte Stille eines »Dressurraumes« zurückziehen, sondern Verleitungen bewußt suchen, ist im Hinblick auf die Nachhaltigkeit der Verknüpfungen und die erstrebte Zuverlässigkeit in der Ausführung der verlangten Leistung selbstverständlich. Je stärker die Verleitungen sind, denen der Hund bei den Übungen ausgesetzt ist, um so besser! Auf diese Weise kann der Hund durch augenblickliche Einwirkungen gezwungen werden, sich ganz auf seinen Führer und die verlangte Leistung einzustellen.

Setzen soll der Hund sich stets, bevor er an- oder abgeleint wird, sowie zur Abgabe beim Apportieren. Zu setzen hat sich der Hund auch bei allen Gelegenheiten, die uns seine Bewegung als störend oder sonstwie unerwünscht erscheinen lassen, ohne daß der Hund sich niederlegen soll, z. B. auf der Pirsch bei der Beobachtung von Wild, beim Schnepfenstrich oder bei der Treibjagd auf dem Stande bei besonders kaltem oder feuchtem Wetter. Gerade seine Verwendung auf Pirsch und Treibjagd erfordert, daß sich der Hund auf Sichtzeichen unverzüglich setzt und daß er allen Verleitungen zum Trotz so lange fest und ruhig sitzenbleibt, wie wir es wünschen.

Abb. 4   Zusammenschieben
des Hundes zum Sitz

4 | Halt – Ablegen

Um beim Hunde zu erreichen, daß er sich jederzeit und überall ablegen läßt und daß er aus der Entfernung durch Hör- oder Sichtzeichen leicht zu leiten und zu lenken ist, bedarf er einer sorgfältigen Durcharbeit auf »halt«. Nur auf diese Weise und durch fortgesetzte Übung des Erlernten gelingt es, einen temperamentvollen Hund bei der Suche im Felde in die Hand zu bekommen und in der Hand zu behalten. Nur so kann er im Vorstehen fest und vor aufstehendem Wild und auf Schuß zur Ruhe gezwungen werden. Mit diesem Zwang zur Unterordnung wird erreicht, daß sich der Hund auch auf größere Entfernung von einer unerwünschten Hetze abhalten läßt. Auch bei anderen Gelegenheiten ist das »Halt« von beträchtlichem Nutzen, so bei der Abrichtung im Bringen (Aufnehmen eines Gegenstandes vom Boden) sowie zu absichtlicher Einschüchterung des Hundes oder zur Mäßigung seines Temperaments, z. B. bei der Schweißarbeit.

Der Abrichtung auf »halt« liegt die *Leistungsforderung* zugrunde, daß sich der Hund sowohl an der Seite und in der Nähe des Führers als auch bei der Suche im Felde auf Zuruf, Wink oder Trillerpfiff blitzartig niederlegt. Mit anderen Worten: Er muß auf Hör- oder Sichtzeichen »zusammenklappen wie ein Taschenmesser« und, abgelegt, auch ohne Blickverbindung mit dem Führer sowie auf Schuß so lange liegenbleiben, bis er vom Führer abgeholt oder abgerufen wird.

Das *Hörzeichen*, also die stellvertretende Einwirkung, ist zunächst »halt«, später auch der Trillerpfiff, das *Sichtzeichen* der erhobene Arm, der bei der Suche im Felde durch die in der Hand getragene Gerte oder das emporgehobene Gewehr für das Auge des Hundes noch verlängert werden kann.

Die ursprüngliche Einwirkung ist das energische Niederdrücken des *angeleinten* Hundes in die Haltlage (Abb. 5). Es ist stets begleitet von den stellvertretenden Einwirkungen, den Hör- und Sichtzeichen »halt« und Armhochheben. Im Halt liegt der Hund, den Kopf am Boden, auf allen vier Läufen. Druckfläche ist die Oberfläche des Halses. Will sich der Hund bei nachlassendem Druck erheben, so erfolgt im Augenblick mit »halt« und Armhoch Gegendruck. Legt der Hund sich auf die Seite, wird er durch festen Griff in die dem Boden zugewandte Flanke unverzüglich korrigiert.

26

Der Hund soll bis zum Abruf, wie gefordert, liegenbleiben. Er muß deshalb verknüpfen, daß Versuche, aufzustehen oder sich nach eigener Neigung hinzulegen, sofortige Unannehmlichkeit zur Folge haben, vor der er sich nur dadurch schützen kann, daß er bis zum Abruf die vom Abrichter erzwungene Lage beibehält. In Kürze wird er auch dem lästigen Druck entgehen wollen, der ihn zu Boden zwingt. So wird er sich, da ihm das Angeleintsein keine andere Wahl läßt, auf Zuruf »halt« und Armhoch selber niederlegen (Abb. 6), was später, wenn es nicht blitzschnell erfolgt, durch einen — stets nur einen! — aus dem Handgelenk geführten raschen Gertenhieb beschleunigt wird. Dabei darf vorher mit der Gerte nicht herumgefuchtelt werden! Man klemmt sie bis zu *überraschendem* Gebrauch am besten in die linke Achselhöhle.

Der Hund muß auf »halt« so fest am Boden liegen, daß man ihn gehend oder laufend umkreisen oder über ihn hinweg schreiten oder springen kann, ohne daß er den Kopf hebt oder seine Lage irgendwie verändert (Abb. 7).

Immer, wenn sich der Hund im weiteren Verlauf der Übungen unerwünscht verhält, wird konsequent und schnellstens auf die ursprüngliche Einwirkung zurückgegriffen.

Der Abrichter muß bemüht sein, den Hund von vornherein ganz eindeutig auf möglichst *leise* Zeichen einzustellen. Nur auf diese Weise erhält er ihn so aufmerksam, wie es zur Erzielung leichter Führigkeit vonnöten ist. Fortgesetztes lautes Rufen stumpft das Gehör des Hundes ab. Deshalb ist auch das Hörzeichen »halt« als Zuruf zwar kurz und energisch, aber ohne über-

Abb. 5
Niederdrücken des Hundes
in die Haltlage

mäßigen Stimmaufwand zu geben. Und dabei muß ganz konsequent darauf geachtet werden, daß der Hund ihn unter allen Umständen im Augenblick befolgt. Andernfalls ist, wie gesagt, ursprünglich einzuwirken, und zwar *sofort*.

Laut sei der Zuruf nur bei einer korrigierenden Einwirkung, die den Zweck verfolgt, den Hund »auf Anhieb« einzuschüchtern. Er wirkt dann um so mehr, je weniger der Hund an laute Zurufe gewöhnt ist.

Eine Ermunterung des haltmachenden Hundes mit »so ist's brav« oder Liebeln ist zumal bei harten Hunden mit Vorbedacht zu unterlassen und ausnahmsweise nur bei weichen Hunden angebracht. Andernfalls hebt sie bei jenen die Einschüchterung, die mit dieser den Hund bezwingenden Übung zweckbedingt verbunden ist, sofort wieder auf. Da die Folge der Ermunterung momentan erneuten Zwang erfordern würde, wäre diese zweck- und sinnlos. Aus der Haltlage befreit wird der Hund *bei Gängen* durch das Hörzeichen »Fuß«. Damit der Hund erwünscht verknüpft, gibt der Abrichter das Hörzeichen abwechselnd entweder erst, nachdem er sich im Weitergehen ein

Abb. 6   Halt auf Armhoch

Abb. 7   *Überschreiten des in der Haltlage verharrenden Hundes*

paar Schritte vom Hunde entfernt hat, oder überhaupt nicht. In diesem Fall muß der Hund in der Haltlage verharren, bis er abgeholt oder aus der Entfernung abgerufen wird. Ließe der Abrichter, wenn er sich wieder in Bewegung setzt, gleichzeitig das Hörzeichen »Fuß« ertönen, so wäre die unerwünschte Folge, daß der Hund in Kürze die Weiterbewegung des Führers als Sichtzeichen zum Aufstehen betrachten würde. Deshalb ist es nötig, Weitergehen und Hörzeichen zeitlich zu trennen.

Damit habe ich schon den Übergang zum *Ablegen* angedeutet, das zweckmäßig unmittelbar mit der Haltdressur verbunden wird. Geübt wird es zunächst an der langen Leine.

Der Hund macht halt. Der Abrichter entfernt sich, soweit die Leine reicht. Dabei behält er den Hund stets aufmerksam im Auge, zu nötiger Einwirkung sofort bereit. Hierbei ist sorgsam zu beachten, was unter »Grundsätzliches« auf S. 13 bereits erläutert wurde.

Es heißt dort u. a.:

»Fallen, ohne daß der Abrichter das weiß oder beachtet, mit bestimmten Hörzeichen bestimmte Körperbewegungen zeitlich zusammen, so kann das beim Hunde auch leicht zu unerwünschten Verknüpfungen führen.

Beispiel: Ein Hund wird abgelegt. Der Führer entfernt sich, und indem er nach 50 Schritt kehrtmacht, ruft er gleichzeitig den Hund ab. Wiederholt sich das mehrfach, so erlangt die Kehrtwendung des Führers beim Hunde dieselbe Bedeutung wie der Abruf selbst. Die Kehrtwendung allein genügt, um das Herankommen des Hundes zu veranlassen. Die Kehrtwendung ist zu einer stellvertretenden Einwirkung, zu einem Sichtzeichen für das Herankommen des Hundes geworden. Das führte bei diesem zu einer unerwünschten Verknüpfung, denn Zweck der Übung ist ja das Herankommen auf Abruf.

Um derartige unerwünschte Verknüpfungen zu vermeiden, müssen die in Betracht kommenden Handlungen zeitlich getrennt werden. Im vorliegenden Falle muß also der Abrichter, nachdem er sich durch Kehrt dem Hunde zugewandt hat, darauf achten, daß dieser nach wie vor fest liegen bleibt. (In dem Augenblick, da der Hund sich erhebt, ertönt gleichzeitig mit dem Handhochheben des Führers der Zuruf ›halt‹.) Diese Beobachtung des Hundes bedeutet eine Pause, und einer solchen bedarf es aus genanntem Grunde unbedingt.

Fallen also bestimmte Hörzeichen mit bestimmten Sichtzeichen — Wink und Körperbewegungen des Führers — zeitlich zusammen, so erhalten diese durch Verknüpfung des Hundes dieselbe Wirkung wie jene.« Was immer wieder betont werden muß, da es bei der Abrichtung nicht sorgfältig genug beachtet werden kann — ob seiner Vor- und Nachteile, die entweder zielbewußt wahrzunehmen oder vorbedacht zu vermeiden sind.

Wie beim Abrichten aus guten Gründen immer üblich, trägt selbstverständlich auch der abgelegte Hund ein Zughalsband, nicht unbedingt »Korallen«. Die lange Leine ist im Zugring eingehakt, ihr Ende an einem Baum oder Pfahl befestigt. Sollte der Hund jetzt Miene machen, aus eigenem Antrieb aufzustehen, so hat der Abrichter die Möglichkeit, dies mit Zuruf »halt« und Leinenruck aus der Entfernung zu verhindern. Er kann aber auch, indem er die festgebundene Leine durch die Hand gleiten läßt, zum Hunde rennen, um ursprünglich auf ihn einzuwirken. Dieser ist infolge der Befestigung der Leine außerstande, zu entweichen.

Für das Herankommen des abgelegten Hundes gilt als stellvertretende Einwirkung grundsätzlich das Hörzeichen »hier« oder der Doppelpfiff, und zwar immer nur bei *Blickverbindung* zwischen Hund und Führer, was für die Praxis äußerst wichtig ist. Keine noch so auffällige Bewegung des Führers, ohne daß dieser den Hund herangerufen oder herangepfiffen hat, kein Rufen, Pfeifen oder Schießen in der Gegend darf den Hund dazu verleiten, aufzustehen und seinen Platz zu verlassen. Denn auffallende Bewegungen des Führers können ja durch Umstände bedingt sein, unter denen das Herankommen des Hundes störend wirken würde, und in der Nähe rufen oder pfeifen kann ja auch ein Fremder *.

»Hier«, in gedehntem, liebkosendem Ton, ist also der Hörreiz, auf den der Hund zunächst methodisch einzustellen ist — als Zeichen, aufzustehen und heranzukommen, was wir ihn nötigenfalls durch gleichzeitigen Leinenzug erfahren lassen. (Der Leinen*ruck* wird angewandt, sobald der abgerufene Hund von dem direkten Wege abweicht oder unterwegs verweilt.) Um das Hörzeichen für den Hund so anziehend wie möglich zu machen, verbinden wir es bei der Abrichtung mit einladenden Bewegungen beider Arme und Rückwärtsgehen oder -laufen in gebückter Haltung. Dieser Gesichtsreiz ist insofern äußerst wirksam, als er mit der Verkleinerung des Körpers in den Augen des Bewegungssehers Hund eine besonders rasche Entfernung des Führers vortäuscht. Ermuntert wird der Hund dabei mit wiederholtem »so ist's brav«. Ist er beim Führer angelangt, so hat er sich zu setzen und wird dann bei ermunterndem Zuspruch (»so ist's brav«) geliebelt.

Es gilt also, dem abgelegten Hund das eigenmächtige Aufstehen durch schlagartige Gegenwirkung zu verleiden. Bleibt er, an der langen Leine abgelegt, fest

* Später, bei praktischem Gebrauch, nach abgeschlossener Abrichtung auf »halt«, holen wir den abgelegten Hund grundsätzlich ab — gleich, ob wir ihn bei einem Gegenstande oder völlig frei ablegten.

liegen — auch dann, wenn wir aus seinem Blickfeld unter Wind verschwinden und in Deckung schießen, und folgt der Hund dem Abruf oder dem Heranpfiff des zurückgekehrten Führers flott und freudig, so üben wir dasselbe mit dem *abgeleinten* Hunde. Verhält der Hund sich dabei unerwünscht, so wirken wir entweder allein mit »halt« oder — in nächster Nähe — auch ursprünglich auf ihn ein. Oder es wird die Übung an der langen Leine wiederholt. Dabei ist peinlichst zu beachten, daß der abgeleinte Hund, wenn er aufgestanden ist und sich trotz Zuruf »halt« vom Abrichter entfernen will, zunächst mit liebkosendem »hier« und Weglaufen des Abrichters heranzurufen und nach dem Anleinen bei weiterer Ermunterung zu liebeln ist. Dieser Umschaltung des sich verhundlichenden Abrichters bedarf es in einem solchen Falle unbedingt. Es ist auch notwendig, zwischen dem Herankommen des Hundes und der korrigierenden Übung an der langen Leine eine Pause eintreten zu lassen, in welcher der Hund nichts Unangenehmes erfahren darf. Andernfalls würde er unerwünscht verknüpfen, daß das Herankommen für ihn mit neuer Unannehmlichkeit verbunden ist. Er würde also handscheu werden. Das aber muß vermieden werden durch Selbstbeherrschung und bewußte Unterdrückung jeder Regung zur Vermenschlichung des Hundes.

Aus demselben Grunde wäre es falsch, unmittelbar nach wunschgemäß verlaufener Übung dem Abruf und Herankommen des Hundes ein weiteres Exerzitium im Ablegen folgen zu lassen. Der vom Meutetrieb beseelte Hund fühlt sich, abgelegt, vereinsamt. Der Abruf bedeutet für ihn eine Erlösung aus dieser mit starkem Zwang verbundenen Isolierung. Folgt dieser Befreiung neuer Zwang, ohne daß der Hund zunächst einmal Gelegenheit erhielt, sich einigermaßen zu entspannen, so dürfte die Freudigkeit, mit welcher der Hund dem Abruf folgt, im weiteren Verlauf der Abrichtung darunter leiden.

Die Lust zu rascher Folge wird dem Hunde auch genommen, wenn der Abrichter dem abgerufenen Hund auf halber Strecke wieder »halt« gebietet. Das Ablegen ist fraglos eine gute Vorstufe für das Haltmachen in der Entfernung. Trotzdem darf dieses nur hin und wieder in Verbindung mit jenem und überhaupt erst dann geübt werden, wenn der abgeleinte Hund in unmittelbarer Nähe des Führers auf Zuruf, Trillerpfiff oder Handhoch unverzüglich »halt« macht; wenn er sich auf diese Zeichen, wie von unsichtbarer Hand hinabgedrückt, blitzartig zu Boden wirft, und wenn er, abgelegt, am Platz verharrt, auch wenn der Führer seinem Blick entschwindet.

Das Haltmachen auf Sicht- oder Hörzeichen in jeder möglichen Entfernung, so weit also die Blickverbindung zwischen Hund und Führer reicht, zwingt mir den Hund in die Hand. Seine peinliche Befolgung ist die Unterordnung, ohne welche die planvolle Führung eines temperamentvollen Vorstehhundes im Felde gar nicht möglich ist. Auch auf diese Übung ist deshalb besondere Sorgfalt zu verwenden. Sie beginnt vermittels der langen Leine. Nötig ist, daß sich der Hund an ihr mit einiger Losgelassenheit bewegt. Nötigenfalls müssen wir ihm durch ermunternde Laute und Bewegungen oder den Anreiz eines anderen frei vor ihm suchenden oder tollenden Hundes dazu verhelfen.

Hörzeichen für das Haltmachen in der Entfernung: »halt« oder Trillerpfiff. Diese beiden — unter Bevorzugung des letzteren — abwechselnd, aber zunächst in Verbindung mit dem Sichtzeichen Armhoch. Dieses wird, sobald der Hund die kombinierten Zeichen blitzartig befolgt, bei Halt auf Trillerpfiff ganz weggelassen.

Klappt der Hund, wenn er an der langen Leine ein Stück von uns entfernt ist, auf »halt« und Armhoch nicht sofort zusammen, so erfolgt im Augenblick ein kräftiger Leinenruck. Sollte dieser bewirken, daß der Hund nicht haltmacht, sondern sich uns nähert, so laufen wir in sog. Schreckbewegung mit Anruf »halt« und Armhoch auf ihn zu. Das hat bei einem richtig vordressierten Hund sofortiges Hinlegen zur Folge. Nach einer Weile wird der Hund herangepfiffen, ermuntert und geliebelt.

Geht das Haltmachen an der langen Leine einmal nicht schnell genug, so wird es an der kurzen Leine wiederholt. Dabei wird vorteilhaft mit Gertenhieb ursprünglich eingewirkt. Daß dieser, kurz und überraschend aus dem Handgelenk geführt, den Hund im Augenblick des ihm gegebenen Zeichens treffen muß, habe ich hier schon betont.

Die im Zusammenhang mit dem Ablegen schon angedeutete Vorübung nimmt folgenden Verlauf:

Der Hund kommt an die lange Leine, deren freies Ende tief an einem Baumstamm oder Pfahl befestigt wird. Der Hund macht halt. Hund und Leine bleiben liegen. Wir gehen danach eine Leinenlänge geradeaus, legen als Markierung einen Bruch und entfernen uns in gerader Linie weiter, machen schließlich kehrt und warten eine Weile. Dann ertönt der Doppelpfiff. Mit einladender Bewegung beider Arme gehen wir dabei leicht in die Knie, um unseren Körper zu verkleinern und dem Hunde rasche Fortbewegung vorzutäuschen. Der Hund kommt an, in voller Fahrt. Aber kurz bevor er den von uns gelegten Bruch erreicht, richten wir uns plötzlich wieder auf, und gleichzeitig ertönt der Triller. Der und *zugleich* der Ruck der abgelaufenen Leine haben die erwünschte Wirkung: Dieser bremst den Hund, und jener drückt ihn nieder. So liegt der Hund. Langsam gehen wir jetzt auf ihn zu, um ihn nach Zuruf »Fuß« und Zuspruch »so war's brav« zu liebeln und mit einem Brocken zu belohnen.

Aber diese Übung darf aus schon erwähntem Grund nur hin und wieder und immer nur, wenn nötig, vorgenommen werden, weil sie sonst auf das Herankommen des Hundes hemmend wirkt. Der Doppelpfiff, der ihn zum Führer ruft, soll dem Hunde ja bedeuten, daß er ihm rasch zu folgen hat.

Man kann die lange Leine bei späterer, ähnlich angelegter Übung unbefestigt lassen, so daß der Hund sie nachschleppt und nach Halt auf Triller mit Doppelpfiff erneut zur Folge aufgefordert werden kann. Auch danach darf das Liebeln nicht vergessen werden, so wenig wie als Lohn der Brocken, der hier besonders wichtig ist.

Methoden, die demselben Zwecke dienen und erprobt sind, sollen sich nach Möglichkeit ergänzen; eine schließt die andere ohnehin nicht aus. In der abgemessenen Dosierung und dem zielgerichteten Zusammenwirken der verschiedenen Mittel liegt der Schlüssel zum Erfolg. In diesem Sinne hier ein weiteres Rezept, das wir einem unserer besten Abrichter, HORST KUPFER, zu verdanken haben. Ich habe es erprobt und kann es nur empfehlen.

Um bei *entferntem* Klang der Trillerpfeife *aus der Nähe* auf den Hund ursprünglich einwirken zu können, geht man mit dem angeleinten Hunde ins Gelände, wo man in verschiedener Entfernung auf ein bestimmtes Zeichen einen andern trillern läßt. Ertönt der Trillerpfiff, und reagiert der Hund nicht augenblicklich dadurch, daß er sich zu Boden wirft, wird unverzüglich auf ihn eingewirkt, und zwar nicht anders als mit einem Gertenhieb. Schon beim nächsten Triller wird der Hund von selbst zu Boden gleiten. Es empfiehlt sich aber, diese Übung nicht zu oft zu wiederholen, um den Hund nicht übermäßig einzuschüchtern. Erwartet er den nächsten Triller schon, so ist sein Folgen an der Leine mehr ein zages Kriechen. Deshalb muß die Fortsetzung der Übung in gewissen Zeitabständen vor sich gehen, der Triller möglichst dann ertönen, wenn der Hund darauf nicht vorbereitet ist.

Einige Übungen dieser Art genügen, und der Hund macht an der langen Leine in jeder möglichen Entfernung auf Armhoch, Zuruf oder Triller halt.

Bei diesen Übungen an der langen Leine bringen wir den Hund mit voller Absicht in Versuchung, sich unerwünscht zu verhalten. Mit anderen Worten: Wir setzen ihn bewußt stärksten Verleitungen aus. Denn auf diese Weise schaffen wir uns die Gelegenheit, zur absoluten Festigung des Halt ursprünglich auf ihn einzuwirken. So üben wir Halt auf Trillerpfiff beim Anblick des flüchtigen Hasen; Halt auf Geläuf von Federwild, sobald der Hund Miene macht, einzuspringen, oder wenn er beim Nachziehen zu heftig wird; Halt vor aufstehendem Federwild und Halt auf Schuß, bis — bei entsprechender Gelegenheit — das Abstreichen der Hühner oder das »in-Anschlag-Gehen« mit der Flinte allein genügt, um den Hund zum Haltmachen zu veranlassen.

Und wie bei der Abrichtung und Einarbeit des Hundes nötigenfalls von der langen auf die kurze Leine zurückgegriffen werden muß, so sind auch bei den Übungen mit dem frei suchenden Hunde Exerzitien an der langen Leine einzuschalten, sobald sich die Notwendigkeit dazu ergibt. Nichts darf dabei den Abrichter in Harnisch bringen, der sich mit kühlem Verstand und heißem Herzen vor jeder Vermenschlichung des Hundes hüten muß, indem er dessen Triebleben und Wesensart liebevoll berücksichtigt und immer wieder bedenkt, daß Abrichtung nichts anderes ist als konsequente Gewöhnung an bestimmte Verhaltensweisen auf gedächtnismäßiger Grundlage.

Bei den rein exerziermäßigen Haltübungen mit dem frei suchenden oder sich frei bewegenden Hunde ist peinlich zu beachten, daß sich ihre Wiederholung zeitlich nach der Härte und dem Temperament des Hundes richten muß. Anders ausgedrückt: Wie der zu stürmische Hund durch öfteres Halt zu bremsen ist, so darf dem weniger harten Hunde, dem der Zwang noch hemmend in den Knochen sitzt, in dieser Hinsicht nicht zu viel geboten werden. Die Entwicklung seiner Suche, wie die Arbeitsfreude überhaupt, würde sonst darunter leiden. Hier zweckvoll auszugleichen ist Sache der persönlichen Geschicklichkeit. Das Gefühl dafür muß der gute Führer sozusagen in den Fingerspitzen haben.

Das Kriechen (»down vorwärts«) habe ich mit meinen Hunden bei der Abrichtung absichtlich nie geübt. Es ist ein ausgesprochener Schliff, der sich bei nicht sehr harten Hunden ohnehin verbietet. Ich lasse es deshalb, ohne es je vorgeübt zu haben, nur ausnahmsweise und nur dann ausführen, wenn diese Prozedur — wie wir noch sehen werden — als Zwangeinwirkung einmal unumgänglich ist. Dazu kommt der Hund an Zwangshalsung und kurze Leine. Nachdem er haltgemacht hat, erzwingen wir mit wiederholtem Leinenruck und gleichzeitigem Zuruf »vorwärts«, daß sich der Hund am Boden fortbewegt. Versucht der Hund dabei, sich zu erheben, wird er sofort mit »halt« und leichtem Gertenhieb daran gehindert. Auf diese Weise muß er *nolens volens* kriechen, so weit wir es verlangen.

Betont sei hier noch folgendes: Wir sind beim Abrichten an keine bestimmte Örtlichkeit gebunden. Ja, es empfiehlt sich, diese wie auch das Gelände möglichst oft zu wechseln, damit der Hund sich nicht an einen Platz gewöhnt.

Wie schon betont: Die Abrichtung in einem abgeschiedenen Raum ist überholt. Wir ziehen mit dem Hunde heute in den Garten, in dem die Kinder spielen, gehen morgen mit ihm ins Revier und streben übermorgen in ein anderes Gelände, in dem der Hund, durch Menschen, Fahrzeuge und Tiere abgelenkt, ganz andersartige Eindrücke empfängt. Der Abrichter hat hier wie dort infolge dieser Umweltunterschiede willkommenste Gelegenheit, den

Hund von vornherein sehr nachhaltig auf strikteste Befolgung seiner Leistungsforderung einzustellen. Das kann er aber nicht, wenn er den Hund beim Abrichten vor jeder Ablenkung bewahrt, wie das einst so angelegentlich empfohlen wurde. Die Schwierigkeiten müssen, wenn wir so verfahren, später um so größer werden, da jede Ablenkung die Zuverlässigkeit des Hundes auf die Probe und in Frage stellt. Es gilt aber, den Hund von Anbeginn der Abrichtung ganz zielbewußt dahin zu bringen, daß er sich auf die verlangte Leistung konzentriert.

5 | Apport

Es entspricht der Raubtiernatur des Hundes, daß er nach Beute schnappt, um sie zu fassen und zu fressen. Kann oder will er sich die Beute nicht an Ort und Stelle einverleiben, weil er die Absicht hat, sie in Deckung zu verzehren oder seinen Welpen zuzutragen, so nimmt er sie auf und *bringt* sie dorthin. Will er sie selbst erst später fressen, so vergräbt er sie gegebenenfalls an einem sicheren Ort. Dieses triebhafte Verhalten zeigt uns nicht nur der Fuchs; es drückt sich auch sehr sinnfällig im Spiel der jungen Hunde aus.

Die Möglichkeit, diese Auswirkung des Beute- und Erhaltungstriebes durch Abrichtung für unsere Zwecke nutzbar zu machen und zum Apportieren umzugestalten, bietet uns Jägern in Verbindung mit dem Meutetrieb der Unterordnungstrieb des Hundes.

Es gibt Junghunde, die sich bei Betätigung ihres Beutetriebes stundenlang mit einer sog. Scheinbeute beschäftigen können, mit einem Ball, einem Röhrenknochen oder einem rollenden Stück Holz. Indem sie einen solchen Gegenstand durch Wegschleudern oder Anstoßen in Bewegung setzen, verschaffen sie sich immer wieder die Möglichkeit, ihn fangen und tragen zu können. Und mag dem jungen Hund kein anderer aus eigenem Begehr die »Beute« streitig machen, so fordert er ganz auffällig dazu heraus, weil er den Besitz bewahren, d. h. verteidigen oder vor dem Zugriff anderer sichern will.

Man soll den Junghund bei solchem naturgewollten Tun nicht nur gewähren lassen, sondern soll es ihm durch Darbietung geeigneter Gegenstände auch überall und immer möglich machen.

Bringt uns der junge Hund bei einem Bewegungsgang im Freien einen von ihm gefundenen Gegenstand, der ihn besonders reizt, z. B. einen alten Hut oder Stiefel, so wäre es verfehlt, diesen offenkundigen Beweis seiner Bringfreude geflissentlich zu übersehen. Richtig ist vielmehr, den Hund durch ermunternde Gesten spüren zu lassen, daß wir seine Freude teilen und selbst Interesse für die »Beute« haben, die er uns, dem »Kopfhund«, lusterfüllten Wesens zuträgt.

Dieses Miterleben hat mit spielender Abrichtung nichts zu tun; es ist nur Teilnahme am kindlichen Spiel. Denn dieser Spieltrieb ist, wie schon bemerkt, naturgewollt, ist heitere Vorbereitung auf den Ernst des Lebens.

Von spielender *Abrichtung* kann nur gesprochen werden, wenn man das Bringen mit dem Hunde unter Ausnutzung seiner Anlagen spielend, also ohne jede Zwanganwendung, *systematisch* übt.

Nach Konrad Lorenz (»So kam der Mensch auf den Hund«, 3. Aufl., Wien 1951) »bleiben Bindungen, die den jungen Wildhund an das Elterntier fesseln, beim Haustier als Teilerscheinung einer allgemeinen Verjugendlichung dauernd erhalten. Die andere Wurzel der Anhänglichkeit liegt in der Gefolgschaftstreue, mit welcher der Wildhund an der Person des Rudelleiters hängt. Aber auch in der persönlichen Liebe, welche die Rudelgenossen untereinander verbindet«, ist »die dauernde Jugendanhänglichkeit bei den meisten Haushunden die eigentliche Quelle der Herrentreue« und in Verbindung damit m. E. auch der Bringtreue, die manche Hunde ganz aus sich heraus entfalten und die sich durch Abrichtung nur dann entwickeln läßt, wenn sie als Anlage vorhanden ist. Vermenschlicht läßt sich diese so umschreiben: Was ich gefunden habe und mir gehört, gehört auch dir; hier ist es!

Es gibt Hunde, die von einer so leidenschaftlichen Bringfreude erfüllt sind, daß sie ohne viel Mühe spielend apportieren lernen und dann einfach alles bringen, was sie irgend tragen können. Sie möchten immer irgend etwas apportieren. Erinnert sei nur an den Pudel und alle Hunde mit viel Pudelblut. Auch mein Jagdterrier »Wauz vom Uhlenwinkel«, den mein Junge als seinen unzertrennlichen Begleiter spielend abgerichtet hatte, war geradezu vernarrt aufs Bringen. Alle Versuche, ihn versagen zu lassen, scheiterten an dieser Besessenheit. Selbst bei fast völliger physischer Erschöpfung gab der Hund nicht auf. Solange »Wauz« sich überhaupt noch auf den Läufen halten konnte, brachte er. Es spielte dabei keine Rolle, ob hundertmal derselbe Gegenstand herbeizuholen war. Einen Widerwillen gegenüber irgendwelchen »Bringseln« gab es bei ihm nicht. Er apportierte alles, was da überhaupt zu apportieren war. Und dieser Trieb beherrschte ihn fast so wie seine Raubzeugschärfe, wobei es auch kein Lockerlassen gab.

Aber das sind Ausnahmen, welche die Regel bestätigen! Was bei ihnen deshalb ausnahmsweise angebracht sein mag, die spielende Abrichtung im Apportieren, gilt durchaus nicht für die Norm. Bei dieser kann auf Zwang aus sehr gewichtigen Gründen nicht verzichtet werden.

Bei einem Hunde, der das Apportieren spielend erlernt hat, ist man stets auf seinen guten Willen angewiesen. Versagt er plötzlich aus irgendwelchen Gründen — sei es wegen Ermüdung oder aus Überdrüssigkeit, oder weil er infolge einer Abneigung ein Wild, das ihm »nicht liegt«, nicht bringen will —, so ist der Führer völlig machtlos. Er hat kein Mittel, sich dem Hunde gegenüber durchzusetzen. Weil dieser es nicht lernte, sich dem Zwang zu fügen, vermag ihm jener seinen Willen auch nicht aufzuzwingen. Eine Zwang-einwirkung, die auf keiner regelrechten Zwangabrichtung fußt, ist sinnlos.

Es ist auch schwierig, wenn nicht gar unmöglich, bei einem Hunde, der das Apportieren nicht mit Zwang erlernte, Fehler abzustellen, die er plötzlich annimmt und die sich mangels zweckdienlicher Korrektur in kurzer Zeit zu üblen Angewohnheiten entwickeln können. Erinnert sei nur an lässiges Apportieren, Knautschen, Umkreisen des Führers beim Zutragen oder schlechtes Abgeben des apportierten Wildes.

Wir sehen also, daß zumal bei der Bringdressur ohne Zwang nicht auszukommen ist. Wir können seiner einfach nicht entraten, denn außer jeglichen Gegenständen soll der »Gebrauchshund zur Jagd« vom schweren Winterfuchs bis hinab zur Bekassine alles Raub- und Nutzwild flott und sauber apportieren, wobei der Griff der Art und Schwere des verschiedenen Wildes angepaßt sein muß. Was hier bei der Abrichtung versäumt wird, geht später auf Kosten der Freude am Jagen.

Ich lehne es auch ab, den jungen Hund bereits in früher Jugend durch *absichtliches* Üben spielend an das Bringen zu gewöhnen. Es kann ihm dabei sehr leicht Unerwünschtes zur Gewohnheit werden, das später nur mit Mühe wieder abzustellen ist. Trotzdem freue ich mich, wie erwähnt, wenn mir der junge Hund aus eigenem Antrieb etwas zuträgt.

Ich habe wiederholt erfahren, daß im Apportieren spielend vordressierte Hunde bei regelrechter Abrichtung dem Zwang mehr Widerstand entgegensetzen als andere, die bis dahin unbeeinflußt blieben. Zwang scheint den Hund bei derart gegensätzlicher Behandlungsfolge mehr zu hemmen, als dies ohnehin der Fall ist.

Vorbedingung für regelrechte Abrichtung im Bringen ist, daß der Hund die eigentlichen Unterordnungsfächer schon beherrscht. Mit anderen Worten: Er muß leinenführig und so durchgebildet sein, daß er auf Verlangen frei bei Fuß geht und auf die entsprechenden Hör- und Sichtzeichen sitzt oder haltmacht. Je fester der Hund in diesen Disziplinen ist, um so leichter gestaltet sich die Abrichtung im Bringen. Auch dabei ist Ruhe die erste Bürgerpflicht, sind Hast und Aufregung vom Übel. Auch körperlich muß sich der Abrichter beherrschen und peinlichst jede Ungeschicklichkeit vermeiden. Wer den Hund infolge Unbeholfenheit tritt oder ihm aus Unachtsamkeit sonstwie Schmerzen oder Unannehmlichkeiten zufügt, verängstigt ihn. Was zur Folge hat, daß der Hund gar nicht imstande ist, in erwünschter Weise zu verknüpfen.

Bei der Abrichtung im Bringen bleibt der Hund, solange er den Zwang empfindet, angeleint. Er könnte sonst versucht sein, sich durch Flucht der Zwang-

einwirkung zu entziehen, was unter allen Umständen, und zwar von vornherein, verhindert werden muß.

Als Gegenstand verwenden wir zunächst den leichten Apportierbock, ein sog.
Griffstück, bestehend aus einem 5 cm starken Rundholz von etwa 22 cm
Länge, das über einer leichten Strohumhüllung dicht mit Bindfaden umwickelt ist. Bei etwa 5 cm Bodenabstand ruht es oder bewegt es sich auf
seitlich angebrachten Stützen oder Rollen. Es genügt aber auch ein ähnlich
geformter, aus einem Stück herausgearbeiteten Gegenstand aus Holz.

Um den Hund seelisch im Gleichgewicht zu halten, tut man gut, nicht sofort
mit Starkzwang zu beginnen, weshalb die erste Übung — das »in den Fang
nehmen« des vorgehaltenen Apportierbocks — auf gelinde Zwanganwendung
zu beschränken ist. Sie ist so vorzunehmen:

Der Hund sitzt angeleint links neben dem Abrichter. Damit dieser beide
Hände frei hat, zieht er die Schlaufe der kurzen Leine über den linken Unter-

Abb. 8 *Öffnen des Fanges durch Lefzendruck zum Einschieben des Griffstücks —*
Abb. 9 *Stützen des Unterkiefers nach feinfühligem Ergreifen der Kehlhaut, um*
zu verhindern, daß der Hund das Griffstück fallen läßt

arm oder tritt auf das Leinenende. Jetzt streicht er dem Hunde mit der
Linken ermunternd über den Kopf und öffnet ihm alsdann von oben her mit
Daumen und Mittelfinger durch Lefzendruck den Fang, dem er mit Hörzeichen »apport« den vorgehaltenen Apportierbock sanft entgegenschiebt
(Abb. 8). Sobald sich dieser so im Fang befindet, daß das Griffstück vorn
durch die Fangzähne gehalten wird, ergreift die Rechte ohne Hast und feinfühlig die Kehlhaut und verhindert so, daß der Hund den Apportierbock fallen

läßt, während gleichzeitig die linke Hand (bei fortgesetztem »so ist's brav —
apport«) den Kopf des Hundes liebelt (Abb. 9). Nach anfangs etwa zehn Sekunden ergreift die linke Hand den Apportierbock, den der Hund alsdann noch
einige Sekunden festzuhalten und trotz dieser Berührung oder leichtem Ziehen mit der Hand erst auf sanft gedehntes »aus« dem Führer abzugeben hat.

Das wiederholt man dann noch einige Male und setzt die Übung in den
nächsten Tagen fort, bis der Hund auf Hörzeichen »apport« von selbst den
vorgehaltenen Apportierbock in den Fang nimmt und ihn auch ohne Unterstützung durch die Hand des Abrichters so lange hält, wie wir es wünschen.

Jetzt gilt es, den Hund auf wirksamere Weise erfahren zu lassen, daß mangelnde Geneigtheit zum Nehmen, Halten und später auch zum Bringen des
Apportierbocks mit momentaner Unannehmlichkeit verbunden ist, und daß
sich dieses Ungemach abrupt ins Gegenteil verwandelt, sobald der Hund willfährig ist. Die besten Möglichkeiten hierzu bieten uns in ihrer ausgesprochenen
Gegensätzlichkeit bei jähem Wechsel 1. der die Leistung erzwingende Schmerz
und 2. dessen sofortige, von Annehmlichkeit (ermunterndem Liebeln) be-
gleitete Aufhebung, sobald der Hund sich wunschgemäß verhält.

Abb. 10 *Erfassen der Zwangshalsung zum Drehgriff — Abb. 11 Drehgriff, um den
im Schmerz geöffneten Fang des Hundes wie eine offene Zange auf den Mittelteil
des Griffstücks zu drücken*

Auf dieser Einwirkung — die es sich einzuprägen gilt! — beruht das ganze
Geheimnis der Abrichtung im Bringen, weshalb auch späterhin bei Korrek-
turen immer wieder sinngemäß und konsequent auf sie zurückgegriffen werden kann und muß.

Der Hund trägt die Zwangshalsung zwischen Schulter- und mittlerer Halspartie. Ihr mit Stacheln versehener Teil sitzt oben, der Würgering dem Führer zugekehrt. Die linke Hand des Abrichters ergreift den Schnallenteil der Halsung des sitzenden Hundes von unten so, daß der Handrücken das Fell berührt (Abb. 10). Und während die rechte Hand den Apportierbock quer vor den Fang des Hundes hält, dreht die linke die Halsung mit besagtem Griff ruckartig nach vorn, wodurch sie den im Schmerz geöffneten Fang des Hundes wie eine griffbereite Zange auf den Mittelteil des Apportierbocks drückt. *Gleichzeitig* rufen wir »apport« (Abb. 11). Der Hund schnappt zu und hat auch schon das Holz im Fang. *Sofort* ertönt ein »so ist's brav« und lockert sich durch Linksdrehung der linken Hand die Halsung. Der Hund ist dadurch im Moment, da er das Griffstück faßt, vom Schmerz befreit. Die rechte Hand ergreift sofort die Kehlhaut und stützt dabei den Unterkiefer, um auf diese Weise zu verhindern, daß der Hund den Apportierbock wieder fallen läßt. Und während gleichzeitig die linke Hand den Kopf des Hundes zärtlich streichelt, tönt immer wieder die Ermunterung »so ist's brav — apport«.

Läßt der Hund den Apportierbock fallen, nachdem die Hand des Abrichters die Kehlhaut wieder losgelassen hat und mit Bedacht zurückgezogen wurde, so setzt im gleichen Augenblick mit energischem »apport« erneut der eben ausgeübte Starkzwang ein, der den Hund veranlaßt, den vorgehaltenen Apportierbock schnellstens wieder in den Fang zu nehmen. Sobald der Hund das Holz im Fang hat, ist die Halsung auch schon wieder locker und heißt es unter Liebeln »so ist's brav — apport«.

Die ursprüngliche Einwirkung — die Schmerzerregung und das Hinziehen zum Apportierbock — ist augenblicklich abzuschwächen, sobald man merkt, daß sich der Hund willfährig zeigt und sich von selbst anschickt, den Apportierbock in den Fang zu nehmen. Statt des empfohlenen Griffs genügt als Zwangeinwirkung bald ein Leinenruck an den Korallen.

Diese kombinierten Übungen mit dem angeleint sitzenden Hund — das *Nehmen* des Griffstücks aus der Hand und das *Halten* desselben im Fang — werden beharrlich solange fortgesetzt, bis uns der Hund lediglich aufs Hörzeichen »apport« das vorgehaltene Griffstück rasch und willig aus der Hand nimmt und es hält, solange wir es wünschen — auch wenn wir uns, soweit die Leine reicht, von ihm entfernen oder ihn umkreisen. Nichts wird dabei überstürzt! Die Übungen im Halten werden mit Bedacht verlängert — nach jeweils guter Leistung immer nur um wenige Minuten. Verhält der Hund sich dabei wunschgemäß, wird er mit Zuspruch »so ist's brav!« ermuntert und anschließend recht ausgiebig geliebelt. Dies und ein saftiger Brocken wirken Wunder — was zu bedenken gar nicht oft und eindringlich genug empfohlen werden kann.

Erst wenn der Hund den Apportierbock zuverlässig hält, lassen wir ihn diesen eine kurze Strecke tragen, zunächst nicht weiter als fünf Schritt. Dazu setzen wir uns langsam in Bewegung, den Hund mit sanftem Leinenzug und Hörzeichen »apport« zum Folgen animierend und mit »so ist's brav« ermunternd, sobald er folgt und solange er dabei den Bock im Fang behält, ihn also trägt. (Sollte er den Apportierbock fallen lassen, wirken wir sofort mit dem empfohlenen Starkzwang auf ihn ein.) Dann lassen wir den Hund sich wieder setzen und nehmen ihm den Apportierbock in der schon beschriebenen Weise ab. Nach jeder solchen Übung wird der Hund geliebelt und erhält er einen Brocken.

Diese Übungen im Tragen werden dann von Mal zu Mal verlängert — nicht nur an der kurzen, sondern bald auch an der langen Leine, die dem Hund mehr Freiheit gibt. Nie vergesse man, ihn dabei so mitteilsam wie möglich zu ermuntern. Immer wieder heißt es in den höchsten Tönen »sooo ist's braaav!«. Das Tragen muß dem Hund zur Freude werden, ihm die ursprüngliche Unannehmlichkeit in Lust verwandeln. Und wie prachtvoll weiß der Hund — zufolge und als Zeichen dieser Wandlung — seinem Lustempfinden Ausdruck zu verleihen! Sein Gang beschwingt sich offensichtlich — er stolziert —, und sein Mienenspiel scheint zu besagen: Kann ich das nicht fein!

Auch hierbei gilt der Satz: *Lieber öfter üben als zuviel auf einmal!*

Nimmt der Hund den vorgehaltenen Apportierbock ohne Zwangeinwirkung, also lediglich auf Hörzeichen »apport« (Abb. 12), und trägt er ihn, solange wir es wünschen, so wird dem Hund im weiteren Verlauf der Übung der Apportierbock abwechselnd in ganz verschiedener Höhe vorgehalten, also nicht nur — wie bisher — in Kopfhöhe, sondern öfter auch in Bodennähe (Abb. 13) und ein andermal so hoch, daß er sich auf die Hinterläufe stellen muß, um den Apportier-

Abb. 12 Der Hund nimmt auf das Hörzeichen »apport« den ihm in Kopfhöhe vorgehaltenen Apportierbock

bock zu ergreifen (Abb. 14). Dies und das Tragen, das sich jeweils anschließt, wird so oft geübt, bis uns der Hund auf Hörzeichen »apport« den Apportierbock ohne weiteres aus der Hand nimmt — gleich in welcher Höhe er ihm vorgehalten wird.

Ein Übergang, der öfter Schwierigkeiten zu bereiten pflegt, ist das Aufnehmen des *hingestellten* Apportierbocks — auch dann, wenn uns der Hund den ihm in Bodennähe *vorgehaltenen* Apportierbock willig aus der Hand nimmt. Dieser wird dem Hunde ja mit einem Male nicht mehr vorgehalten, sondern steht. Statt aus der Hand des Abrichters hat ihn der Hund vom Boden aufzunehmen. Was den Hund ob seiner Bindung an die Hand des Herrn vor eine neue Lage stellt. Den Übergang erleichtert man dem Hunde dadurch, daß man den griffbereit vor ihn gestellten Apportierbock anfangs mit der Rechten noch berührt oder ihn dem tiefgehaltenen Fang des Hundes leicht entgegenhebt (Abb. 15). Hat diese Hilfe die erwünschte Wirkung, so schwächt man sie allmählich ab, um sie nur mehr anzudeuten (Abb. 16). Was schließlich in ein Weisen übergeht, bei dem der Abrichter sich nur noch in die Richtung neigt (Abb. 17).

Falls nötig, muß der Hund, nachdem er sich auf »Halt« vorm Apportierbock niederlegte, durch ursprüngliche Einwirkung (Drehgriff an der Halsung und Korallenruck nach vorn) zum Aufnehmen des Bringstückes gezwungen werden — bei gleichzeitiger Gewährung der vorstehend empfohlenen Hilfen.

Um nochmals darauf einzugehen und nötigenfalls dem Hund den Übergang vom »Nehmen aus der Hand« zum »Aufnehmen vom Boden« zu erleichtern, sei folgendes erwähnt und unsere darauf fußende Methode als probat empfohlen.

Beim Nehmen des Bringstücks aus der Hand wird diese für den Hund Bedeutungsträger. Fällt sie weg, wie später bei dem hingestellten Apportierbock, so ist der Hund zunächst gehemmt, ihn aufzunehmen. Er überwindet diese Hemmung nur, wenn wir den hingestellten Apportierbock erst noch mit der Hand berühren.

Diese Bindung an die den Apportierbock haltende Hand ersparen wir dem Hunde, wenn wir so verfahren:

Nimmt der Hund auf Hörzeichen »apport« das Bringstück ohne weiteres aus der Hand, so befestigen wir an jeder Seite dieses Gegenstandes eine etwa 60 Zentimeter lange Schnur und verbinden diese Schnüre mit den Enden eines Bügels. An diesem halten wir dem Hund den Apportierbock *in der Schwebe* vor. Zum Apportieren aufgefordert, nimmt er ihn sofort wie aus der Hand, auch in Bodennähe, und wenn man ihn *am Boden gleiten* läßt. Dieses Gleiten von ihm weg reizt den Bewegungsseher Hund zu raschem Zu-

Abb. 15 Der Apportierbock wird beim Hörzeichen »apport« dem tiefgehaltenen Fang des Hundes vom Boden aus ein wenig entgegengehoben

Abb. 13 Der Hund nimmt den ihm in Bodennähe vorgehaltenen Apportierbock

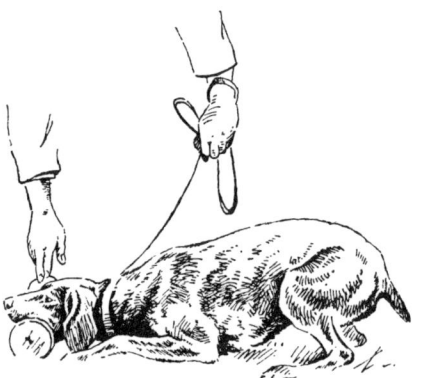

Abb. 16 Leichtes Berühren des Apportierbocks, um den Hund zu veranlassen, ihn selbst vom Boden aufzunehmen

Abb. 14 Der Hund stellt sich auf die Hinterläufe, um den hochgehaltenen Apportierbock zu ergreifen

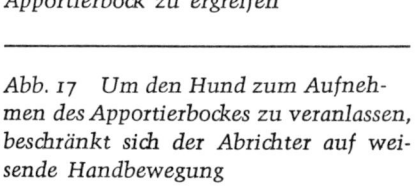

Abb. 17 Um den Hund zum Aufnehmen des Apportierbockes zu veranlassen, beschränkt sich der Abrichter auf weisende Handbewegung

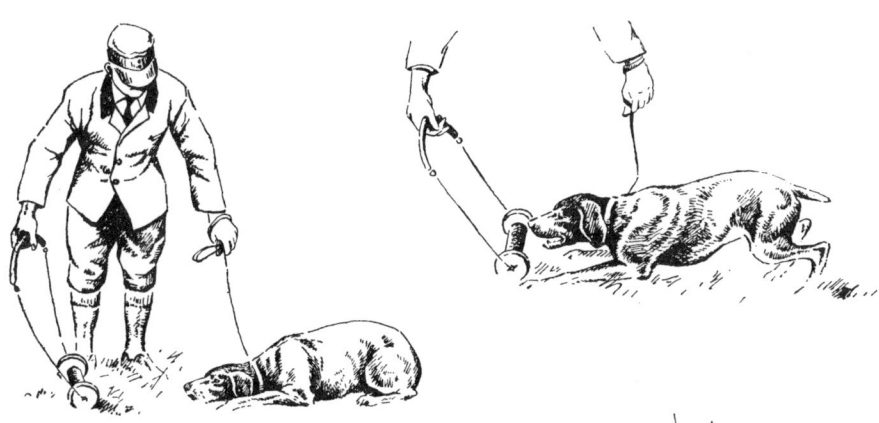

Abb. 18 (oben links)
Ausgangslage zum Aufnehmen des aus
der Schwebe auf den Boden gestellten
Apportierbocks

Abb. 19 (oben rechts)
Hörzeichen »apport«: Der am Boden
gleitende Apportierbock reizt den Hund,
ihm rasch zu folgen

Abb. 20 (nebenstehend)
Der Hund ergreift den gleitenden
Apportierbock

griff (Abb. 18—20). Das Aufnehmen des gleitend hingestellten Apportierbocks ist die nächste Übung, der das Aufnehmen des vertikal herabgelassenen, am Boden aufgesetzten Bringstücks folgt. Jede Übung wird, bevor wir weitergehen, einige Male wiederholt. Die Übergänge sind so fließend, daß sie in der Reaktion des Hundes kaum zum Ausdruck kommen.

Auf die geschilderte Methode brachte mich ein komplizierter Fall, der danach rasch behoben wurde.

Sobald der Hund den Apportierbock aufnimmt, ohne daß wir noch ursprünglich einzuwirken oder uns zu bücken brauchen, haben wir gewonnenes Spiel. Durch jähen Wechsel zwischen Zwang und Wohltat und durch das Nachlassen des Zwangs, sobald ihm nachgegeben wurde, hat der Hund verknüpft, daß er Unannehmlichkeiten aus dem Wege geht, wenn er auf das Hörzeichen »apport« den Apportierbock unverzüglich aufnimmt und ihn trägt und hält, solange wir es wünschen (Abb. 21).

Der Stachelbesatz der Zwangshalsung wird jetzt nach außen gewendet. Der Hund kommt wieder an die lange Leine. Die Entfernung, aus welcher er auf

Abb. 21
Bevor ihm der Apportierbock
abgenommen wird, muß sich
der Hund auf Fingerzeig
setzen

Hörzeichen »apport« zum Apportierbock hinzueilen und ihn aufzunehmen hat, wird zunehmend vergrößert. Sobald der Hund den Apportierbock aufgenommen hat, wird er zu raschem Zutragen ermuntert, und das geschieht mit wiederholtem »so ist's brav« sowie durch Rückwärtsgehen in gebückter Haltung mit anziehender Bewegung beider Arme (Abb. 22).

Jetzt ist auch bald die Stufe erreicht, auf welcher der Hund alle durch die Anwendung von Starkzwang verursachten Hemmungen überwunden hat. Das Apportieren — das Aufnehmen und Zutragen des gewohnten Gegenstandes —

Abb. 22 Das Bringen des Hundes wird beschleunigt durch Rückwärtsgehen des Abrichters in gebückter Haltung bei anziehender Bewegung beider Arme

46

macht dem Hunde nunmehr sichtlich Freude. Wir üben deshalb mit demselben Gegenstand ohne Leine weiter, stellen aber stets am angeleinten Hunde fest, ob er bei einem Wechsel mit den Gegenständen auch den neuen lediglich auf Zuruf, also ohne weiteres apportiert. Auf Zwang wird nur zurückgegriffen, wenn der Hund infolge einer Ablenkung versagt, oder wenn er einen Gegenstand oder ein Wild, das ihm »nicht liegt«, nicht bringen will. Als Zwangeinwirkung wird jetzt meistens schon ein kräftiger Leinenruck genügen.

Nachdem der Hund das Bringen schulmäßig erlernt hat, gilt es, seine Leistungen mit Bedacht zu steigern. Als Gegenstände verwenden wir nach dem leichten Apportierbock den mit Stroh prall ausgestopften Hasen- oder Katzenbalg und dann den allgemein bekannten Oberländer-Apportierbock. Dieser bietet den Vorteil, daß man sein Gewicht mittels anfügbarer Eisenscheiben nach und nach erhöhen kann — bis zu 18 Pfund. Was bewirkt, daß sich die Nacken- und Kaumuskulatur des Hundes durch regelmäßige Bringübungen kräftigt. Um dem Griffstück in Anbetracht des auf den Zähnen lastenden Gewichtes die Härte zu nehmen, wird es fest mit einem Balgstreifen umwickelt.

Sehr zweckdienlich im Hinblick auf das spätere Apportieren in der Praxis ist ein dauerhaft mit einem Balg umnähter Apportiersack aus Segeltuch oder festem Leinen, der in Länge und Umfang etwa den Rumpfmaßen eines starken Hasen entspricht und dessen Mittelstück durch ein der Innenseite anliegendes und mit ihr vernähtes Hartlederrohr verstärkt und versteift ist. Indem man ihn mit Sand füllt, kann der Sack nach Wunsch erschwert oder erleichtert werden.

Auch Gebrauchsgegenstände, wie Schlüsselbund, Geldtasche, Tabakbeutel, Lederleine, Krückstock, Gerte, Rucksack und dergleichen, hat der Hund zu apportieren und selbstverständlich und hauptsächlich alles Nutz- und Raubwild, das uns gerade zur Verfügung steht, *sofern der Hund hierfür rein schulmäßig entsprechend vorbereitet ist.* Es ist z. B. zwecklos oder sehr gewagt, ein Wild apportieren zu lassen, dessen Gewicht der Hund in dem des Apportierbocks oder Apportiersacks noch nicht flott und sicher brachte. Doch abgesehen davon: ein Hund, der beispielsweise einen Iltis, einen Marder oder eine Krähe apportieren soll, muß so weit vorbereitet sein, daß er den erschwerten Apportierbock aus größerer Entfernung korrekt und freudig zuträgt. Erst dann hat er als Apporteur die Festigkeit erlangt, die uns berechtigt, eine Bringleistung von ihm zu fordern, die er vielleicht zunächst einmal verweigert, weil ihm die Wittrung des genannten Wildes fremd ist oder nicht behagt.

Es gibt zwar Hunde, die den vierzehnpfündigen Fuchs auf Anhieb lieber

47

apportieren als den zehn Pfund schweren Apportierbock, und andere, die Iltis, Marder, Krähe usw. ohne weiteres mit derselben Freude bringen wie ein frischgeschossenes Kaninchen. Trotzdem ist angesichts der Norm die Forderung aufrechtzuerhalten, daß für das Bringen von Wild die schulmäßigen Voraussetzungen in jedem Fall erfüllt sein müssen.

Es gilt, mit dem Hunde oft zu üben, möglichst täglich, und dabei die Anforderungen feinfühlig von Fall zu Fall zu steigern. Nur keine Überstürzung! Sie kann sehr leicht fatale Rückwirkungen haben, deren Behebung mehr Zeit und Mühe zu erfordern pflegt als sorgsam abgewogene Fortsetzung des Lehrplans. Gut Ding will eben Weile haben, und der Hund ist keine Maschine, sondern ein beseelter Organismus, dessen individuelle Wesensart sich gottlob in kein starres Schema pressen läßt.

Um den Hund zum Suchen und *Bringen verlorener Gegenstände* anzuleiten, empfiehlt sich folgendes Verfahren:

Man geht mit dem angeleinten Hunde *gegen Wind quer durchs Gelände* und legt dabei einen Gegenstand (Ledergerte oder Stock) zunächst so ab, daß der Hund es merkt. Nach etwa 50 Schritt verhalten wir. Kehrtmachend gleiten wir ins Knie, wobei der Hund sich setzt. Dann wird er abgeleint. Liebelnd fahren wir ihm mit der Linken über Kopf und Hals bis vor die Brust. Und indem die rechte Hand in die einzuschlagende Richtung weist, ertönt mit sehr gedehntem »o« das Hörzeichen »verloren«. Auf diese Art, den Hund »versammelt« zur Verlorensuche auf der Rückfährte des Führers anzusetzen, schicken wir ihn zu dem ab-

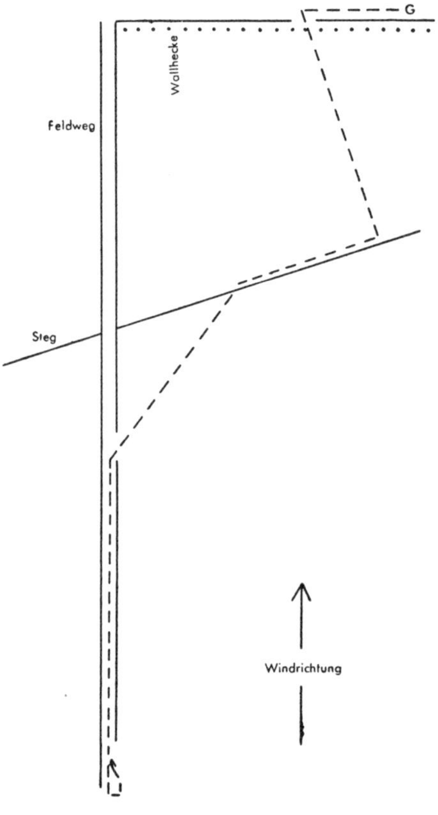

G

Wallhecke

Feldweg

Steg

Windrichtung

Darstellung 1
Verlorenbringen eines Gegenstandes auf der Rückfährte des Führers. G = Gegenstand — — — Führerfährte

gelegten Gegenstand zurück und ermuntern ihn mit »so ist's brav«, sobald er das »Verlorene« gefunden hat und bringt. Wir vergessen danach auch das Liebeln nicht. Ein leckerer Brocken, verabreicht nach vollbrachter Leistung, ist, wie bekannt, besonders dazu angetan, beim Hund die Arbeitsfreude zu erhöhen.

Die Entfernung zum abgelegten Gegenstand wird nach und nach vergrößert — immer gegen Wind, damit der Hund, wenn er den Gegenstand verlorenbringen soll, von diesem keinen Wind erhält, vielmehr infolge Nackenwindes dazu angehalten wird, zum Finden des Verlorenen unserer Rückfährte zu folgen. Schließlich werden Haken eingelegt, streckenweise Wege benutzt und der Gegenstand so abgelegt, daß der Hund davon nichts merkt. Er erlernt auf diese Weise ohne sonderliche Mühe das Verlorenbringen auf der Rückfährte des Führers. Daß man dazu auch Wild benutzt, das der Hund schon sicher bringt, ist selbstverständlich. Besagtes Exerzitium ist insofern nützlich, als man Verlorenes auf diese Weise wiederfinden und außerdem den Hund auf jedem Gang im Bringen üben kann. Dieses Verlorensuchen auf der Rückfährte des Führers, das man durch die Wahl der Gegenstände (Nickfänger, Handschuh, Tabakbeutel usw.) sowie durch Kreuz- und Quer- und Widergänge auf Wegen und in unterschiedlichstem Gelände allmählich immer schwieriger gestalten kann, ist eine Unterhaltung, die Hund und Führer bei zunehmender Sicherheit des Hundes immer wieder Freude macht. Vgl. Darst. 1.

Für das *Bringen über Hindernisse* ist beim Jagdgebrauchshund praktisch nur der Hoch- und Weitsprung von Bedeutung. Deshalb scheiden Klettersprünge bei der Vorbereitung für die Praxis aus. Zum Bringen über Hindernisse darf der Hund jedoch erst angehalten werden, wenn feststeht, daß er diese anstandslos und sicher nimmt. Den Hochsprung üben wir, wenn irgend angängig, an einer Sprungwand, die durch aufzuschiebende Bretter leicht beliebig zu erhöhen ist. Zu Beginn genügen 50 cm.

Wir laufen mit dem angeleinten Hunde senkrecht auf die Sprungwand zu und springen oder steigen selber über sie hinweg. Der Hund springt mit. Sobald er springt, ertönt das Hörzeichen »hopphopp«. Das üben wir so lange, bis der Hund das Hörzeichen verknüpft hat und daraufhin aus eigenem Antrieb springt. Alsdann wird nach und nach das Hindernis erhöht, aber immer nur um eine Bretterbreite. Einige Schritte vor der Sprungwand lassen wir den Hund sich setzen, umgehen selbst das Hindernis und stellen uns dem Hunde gegenüber auf der anderen Seite auf. Nach einigen Sekunden ertönt, von einem Leinenruck begleitet, das Hörzeichen »hopphopp«. Nie darf der Hund in roher Weise über das Hindernis hinweggezerrt und dadurch verängstigt werden! Er muß es überspringen und dazu den nötigen Anlauf nehmen können. Wenn nicht anders, verringern wir die Höhe und brechen dann, sobald der Hund gesprungen ist, für diesen Tag die Übung ab. Damit haben wir dem Hunde gegenüber unsern Willen durchgesetzt, und der Lernende erfährt sofort, daß die Ausführung des Sprunges für ihn Angenehmes im Gefolge hat.

Läuft der lang angeleinte Hund, der sich immer erst zu setzen hat, auf Hörzeichen »hopphopp« von unserer Seite weg zum Hindernis und springt, so geben wir, nachdem der Hund gelandet ist, erneut das Hörzeichen »hopphopp« und wenden ihn durch Leinenzug zum Rücksprung. Nach jedem Springen wird der Hund mit »so ist's brav« ermuntert und geliebelt, die Übung nach dem ersten Sprung noch zwei- bis dreimal wiederholt.

Einige Übungen dieser Art genügen, und der Hund springt frei über die Sprungwand hinüber und zurück, wie wir es wünschen. Sobald er dieses anstandslos und freudig tut, üben wir mit ihm das Bringen übers Hindernis. Wir fangen wieder bei etwa einem halben Meter Höhe an und wählen erst den leichten Apportierbock oder den mit Stroh gestopften Hasen- oder Katzenbalg. Der Hund hat sich wie stets zunächst zu setzen. Der Abrichter wirft den Gegenstand über die Sprungwand. Der Hund bleibt aber sitzen, bis das Hörzeichen »apport« ertönt. Dann läuft er an und springt, nimmt auf und springt (»hopphopp«) zurück, eilt jetzt zum Abrichter, der ihn mit »so ist's brav« ermuntert, und setzt sich, um auf »aus« das Apportierte abzugeben. Nunmehr wird der Hund geliebelt und die Arbeit an demselben Tage ein- bis zweimal in der gleichen Weise wiederholt.

Abb. 23 *Bringen von Fuchs im Weitsprung über einen Graben*

Am nächsten Tage wird die Sprungwand um ein aufgeschobenes Brett erhöht und ihre Höhe später immer, wenn die Übung klappt, von Fall zu Fall gesteigert, bis der obere Bodenabstand etwa Tischhöhe erreicht hat.

Den schweren Apportierbock lassen wir den Hund im Sprung nicht bringen. Er ist zu starr, zu unelastisch. Durch den Ruck, den er dem Hund beim Aufsprung gibt, kann er Fessel, Schulter und Gebiß beträchtlich schaden. An seiner Statt benutzen wir den Apportiersack. Selbst wenn der Hund den sandgefüllten, schweren Sack glatt bringt, wird dieser für das Bringen übers Hindernis erst wieder leicht gemacht. Sein Gewicht erschweren wir auch hier allmählich bei jeweils angemessener Wahl und Steigerung der Sprungwandhöhe. Vom Apportiersack gehen wir zu Katze, Fuchs und Hase über, sobald der Hund mit ihm bei den entsprechenden Gewichten die Sprungwand in bestimmter Höhe flott und sicher nimmt. Ein derart vorgeübter Hund bringt auch den starken Winterfuchs im Weitsprung über einen breiten Graben (Abb. 23).

Ein ordentlicher Jagdbetrieb, ein Jagen, wie es sich gehört, erfordert, daß der Jagdgebrauchshund alles, was da überhaupt zu bringen ist, dem Führer rasch und sauber zuträgt. Mit sicherem Griff, d. h. mit angemessener Festigkeit und ausgeglichener Gewichtsverteilung. Die Festigkeit im Griff ist also jeweils dem Gewicht des Wildes anzupassen. Der Hund darf deshalb niemals quetschen oder knautschen. Mit anderen Worten: Er darf nicht durch zu festen Griff — womöglich noch mit kauenden Bewegungen des Unterkiefers — bei Federwild den Küchenwert vermindern oder gar in Frage stellen.

Rasches Aufnehmen erreicht man, falls erforderlich, indem man mit dem angeleinten Hunde nach energischem »apport« auf den in einiger Entfernung hingestellten Apportierbock zutrabt und den Hund — gegebenenfalls durch Leinenruck — veranlaßt, ihn im Trabe aufzunehmen. Auch hierbei gilt es, mit dem leicht gemachten Apportierbock anzufangen und ihn erst allmählich zu erschweren. Ermunterung und Liebeln nicht vergessen, sobald der Hund den Apportierbock aufgenommen hat und trägt!

Grundsätzlich achten wir darauf, daß der Hund bei jeder Bringübung erst sitzt oder haltmacht. Er darf erst bringen, wenn das Hörzeichen »apport« ertönt, nicht früher! Dasselbe gilt für das Apportieren von jeglichem Wild, das vor ihm geschossen wird. Deshalb ist es nötig, daß der Hund auf Anschlag mit der Flinte haltmacht. Er darf sich auch im Schuß nicht rühren und muß im Halt verharren, bis er apportieren darf. Infolgedessen ist zwischen Schuß und Bringen regelmäßig eine Pause einzuschieben. Fällt diese weg, so bildet sich beim Hunde über kurz oder lang die unerwünschte Verknüpfung, daß er apportieren darf, sobald es knallt. Das führt zu Schußhitze, einer lästigen Angewohnheit, der allein durch straffe Führung vorzubeugen oder zu begegnen ist. Bei fortgesetzter lässiger Führung kann sie sich rasch steigern und je nach Wesensart und Temperament des Hundes weitere Unerträglichkeiten im Gefolge haben, u. a. auch das *Knautschen*. Ein Hund, der dazu neigt, knautscht um so mehr und eher, je aufgeregter er gerade ist. Und diese Aufregung muß grundsätzlich vermieden werden. Sie kommt auch gar nicht auf, sofern der Hund von vornherein ganz konsequent daran gewöhnt wird, auf den Schuß hin Ruhe zu bewahren. Bei solcher Führung fühlt der Hund sich stets »am Zügel«. Sollte er ein frischgeschossenes Huhn tatsächlich knautschen wollen, was ja am allzu festen Griff oder an den quetschenden Bewegungen des Unterkiefers unschwer zu erkennen ist, so sind wir augenblicklich in der Lage, auf ihn einzuwirken. Ein drohend ausgestoßenes »schone« und energisches »apport«, wobei man sich vom Hund entfernt, wird meistens schon bewirken, daß der Hund das Knautschen einstellt.

Es gilt, wie schon bemerkt, dem Übel vorzubeugen oder es im Keime zu ersticken, damit es nicht zur lästigen Angewohnheit werden kann. Den Schlüssel hierzu bietet nur die straffe Führung in der allein durch sie bewirkten und bewahrten *Ruhe nach dem Schuß*.

Das Halt auf Anschlag mit der Flinte ist dem Hunde ohne sonderliche Mühe beizubringen. Man ruft zunächst, indem man gleichzeitig in Anschlag geht, energisch »halt«. Das wiederholt man, bis der Hund verknüpft hat und ihn das Sichtzeichen allein zusammenklappen läßt. Wer es sich bei den heutigen Patronenpreisen leisten kann, mag dabei auch auf geworfene Ziele schießen. Hat es geknallt, so muß der Hund noch kurze Zeit im Halt verharren. Dann gibt man ihm das Hörzeichen »apport« und läßt den Hund die »Beute« bringen. So machten wir es früher, als es die Patronenpreise noch erlaubten.

Neigt ein Hund zum Knautschen, oder hat er es sich angewöhnt, so legen wir ihm, kurz entschlossen, die »Korallen« um und lassen ihn an kurzer Leine eine frischgeköpfte, weggeworfene Taube apportieren, die noch flattert. Ein hallendes »apport« und gleichzeitig ein Leinenruck erinnern ihn daran, daß er unverzüglich aufzunehmen und zu bringen hat und Quetschversuche augenblicklich Schmerz auslösen. Dasselbe können wir an frischgeschossenen Hühnern exerzieren, bald nach dem Schuß, ohne daß wir diese vorher selbst berührten. Das Hörzeichen, um Quetschversuche zu verhindern oder aufzuheben, ist das ebenso gedehnt wie eindringlich gesprochene »schone«.

Auf diese Weise konnte ich einem Hunde rasch das Knautschen abgewöhnen, worum man mich gebeten hatte. Den Führer dieses Hundes, der durch Lässigkeit das Knautschen selbst verschuldet hatte, habe ich dabei gleich »mitdressiert«. Und das soll man immer, wenn es einen fremden Hund zu korrigieren gilt; ansonsten ist die aufgewandte Mühe völlig zwecklos, weil dann die eigentliche Ursache des Übels nicht beseitigt wird und der Hund in kurzer Zeit erneut verdorben ist.

CHRISTIAN BODE, der Altenauer Kurzhaarzüchter, bediente sich zur Korrektur von Knautschern zweier überwendlich zusammengenähter, schmaler Lederriemchen, wovon das obere an seiner Außenseite von innen durchgesteckte Stacheln trug. Er umwickelte damit eine Taube. Ein anderer köpfte sie und warf sie dann in möglichst weitem Bogen weg. Bode selbst beschoß dabei die Taube blind und ließ sie dann vom Hunde apportieren. Dieser warf, sobald er sich beim Zufassen gestochen hatte, die Taube meistens weg, um sie aber auf energisches »apport« sogleich behutsam wieder aufzunehmen.

Dieses Mittels habe ich mich selber nie bedient. Zwei Hunde mit sehr festem Apportiergriff, die bei lässiger Führung leicht zu Knautschern hätten werden können, kamen nicht dazu. Die erzwungene Ruhe nach dem Schuß, derzufolge sie sich stets am Zügel fühlten, bewahrte sie davor.

Bei der empfohlenen Art der Führung pflegen auch solche Hunde den Apportiergriff beim Aufnehmen und Zutragen von Federwild von selbst zu lockern, sobald sie einige Praxis haben.

Es gibt Hunde, die Federwild von vornherein sehr locker fassen, so daß sie Hühner und Fasanen, die noch leben, auch in diesem Zustand bringen, und andere, die, auch ohne daß sie knautschen, fester fassen. Das ist individuell verschieden, je nach Temperament und Wesensart. Daß sehr raubzeugscharfe Hunde von Natur aus vorwiegend zum Knautschen neigen, ist eine alte Fabel, die leider immer wieder nachgesprochen wird. Ich könnte eine ganze Reihe rabiater Würger nennen, die jedes geflügelte Huhn und alles Jungwild, das sie fanden, lebend brachten, und zwar letzteres so wohlbehalten, daß man ihm sofort bedenkenlos die Freiheit wiedergeben konnte.

Wie man den Hund, nachdem er aufgenommen hat, zu raschem Zutragen ermuntert, habe ich im wesentlichen schon erwähnt. In Anbetracht der *Wichtigkeit des schnellen Bringens* sei hier folgendes betont: Wer dem Hunde, wenn er bringt, entgegengeht, verlangsamt seine Gangart; beschleunigen kann man diese nur, indem man rückwärts- oder weggeht. Bückt sich der Abrichter dabei, so täuscht er dem Bewegungsseher Hund infolge der Verkleinerung des Körpers rasche Wegbewegung vor. Die anziehende Armbewegung oder wenigstens das Klatschen auf den Oberschenkel im Zusammenwirken mit dem mehr gesungenen als gesprochenen Ermunterungslaut sind weitere Mittel, um den Hund beim Bringen zu möglichster Beschleunigung seiner Gangart anzuregen (Abb. 22). Hierzu kommt dann noch das Liebeln und hin und wieder auch ein leckerer Brocken, sobald der Hund gebracht und das Gebrachte sauber abgegeben hat.

Es ist deshalb ein grober Fehler, wenn man sich dem Hunde nähert, weil dieser beispielsweise einen frischgeschossenen Hasen nicht gleich aufnimmt, sondern erst an ihm herumgreift, um ihn zwischendurch zu beuteln. Hier hilft nur ein energisches »apport«, wobei der Führer sich ganz auffällig vom Hunde fortbewegt. Nur so kann man bewirken, daß der Hund beschleunigt bringt. Der Meutetrieb erwacht und regt sich um so stärker, je augenfälliger und je rascher sich der »Kopfhund« zu entfernen sucht.

Voraussetzung für das *Bringen aus tiefem Wasser* ist, daß der Hund schwimmt. Geht der Hund ins Wasser, und schwimmt er, ohne daß er Wasser tritt, so machen Griff und Bringen keine Schwierigkeiten, sofern er beides schulmäßig erlernt hat. Worauf es aber letzten Endes ankommt und beim Üben immer wieder sorgfältig geachtet werden muß, ist das korrekte Abgeben des apportierten Wildes.

Kommt der Hund an Land, so ist es fehlerhaft, wenn er die Ente hinlegt, um sich erst einmal zu schütteln. Diese könnte ja geflügelt sein und würde dann vom Ufer aus sofort in das ihr so vertraute Element entweichen. Die Arbeit nach der weggetauchten Ente müßte dann erneut beginnen, was einmal Zeitverlust bedeuten und anderseits die Kraft und Ausdauer des Hundes wiederum in Anspruch nehmen würde. Deshalb ist von vornherein darauf zu achten, daß der Hund die Ente in einem Zuge bis zum Führer bringt und sich nicht früher schüttelt, als bis ihm diese abgenommen ist. Durch Rückwärtsgehen wird der Hund herangezogen. Sobald er Miene macht, die Ente hinzulegen, ertönt ein drohendes »apport«. Wirft er die Ente dennoch weg, um sich zu schütteln, so legen wir ihm die Korallen um und wiederholen unsere Übung an der langen Leine, um unverzüglich einzuwirken, sobald der Hund die Ente wegwirft.

Nur nicht stur am Ufer stehenbleiben, wenn der Hund die Ente schwimmend bringt! Je augenfälliger der Führer sich entfernt, um so rascher folgt der Hund. Er hat dann gar nicht Zeit, nach seiner Landung erst die Ente hinzulegen, sondern strebt damit zum Führer.

Sitzt der Hund, so darf das *Abgeben* der Ente — wie überhaupt von allem, was er bringt — *nicht früher als auf »aus«* erfolgen. Zwischen »sitz« und »aus« ist deshalb immer eine Pause einzuschieben, in der der Hund das Wild zu halten hat, auch wenn es der Führer anfaßt oder gar daran herumzupft.

Es sind dies Kleinigkeiten, deren peinliche Beachtung für die Praxis aber äußerst wichtig ist, um den Hund in jedem Falle schulmäßig im Schwung zu halten.

6 | Die Arbeit im Felde

Suchend streift er durch die Flur,
Nichts entgeht der feinen Nase,
Selbst die allerkleinste Spur
Wittert er im hohen Grase;
Wie gewandt, wie klug und fein
Weiß er alles auszuspähen!
Seiner Arbeit zuzusehen
Ist schon Götterlust allein.

Ein begeisterter Lobgesang auf die Arbeit des Vorstehhundes, denn was aus Bunsens Dichterworten klingt, ist offene Bewunderung plan- und stilvoller Suche im Felde mit ihrem Kern- und Höhepunkt: geschicktem Finden und ausdrucksvollem Festmachen des Wildes in der das Auge immer wieder so entzückenden Manier.

Von grundsätzlicher Wichtigkeit bei jeder Vorbereitung ist der Plan, mit ihm die Klarheit über das erstrebte Ziel, die Leistung also, die gefordert werden soll. Es gilt daher, zunächst einmal genau zu wissen, welchen Ansprüchen ein guter Vorstehhund im Felde zu genügen hat.

Der Trieb, zu finden, spornt den Hund zur Suche an. Finden kann er aber nur vermittels seiner Nase, nach der sich Schnelligkeit der Suche und Einteilung des abzusuchenden Geländes richten müssen. Nicht umgekehrt! Durch stete Übung kann die Nase zwar verfeinert werden, aber stets nur in den Grenzen ihrer absoluten Güte, die individuell verschieden ist. Sie reicht beim einen Hunde weiter als beim andern.

Der gute Hund muß seine Arbeit richtig anzupacken wissen, Wind, Deckung und Gelände sorgfältig sondierend. Ein Routinier mit reicher Praxis merkt, wie weit bei ihm die Nase jeweils reicht. Entsprechend sind die Windungen der Linie, in der er quer zum Winde sucht, bald weiter und bald enger — je nach den witterungsleitenden Faktoren wie Feuchtigkeitsgehalt von Luft und Boden, Luftbewegung und Beschaffenheit der Deckung.

Hunde, die raumgreifend im Renngalopp durch das Gelände fegen, müssen sich auf ihre Nase sehr verlassen können, wenn sie alles finden wollen, was in ihrem Vorfeld liegt. Leider ist das öfter nicht der Fall; sie überlaufen daher manches, was sie hätten finden müssen. Kontrollen mit sehr findigen Hunden haben oft genug ergeben, daß dort, wo eben so ein »Windhundrennen« stattfand, doch noch Hühner lagen, die vorher »in der Eile« überlaufen wurden.

Es gibt Hunde, die zu Hause wenig oder keine Nasenfehler machen. Anders auf der Prüfungssuche! Hier kann sie schon der Anblick all der anderen Hunde aus der Ruhe bringen, weshalb sie bei der Suche weniger sorgsam sind und sich auch sonst nicht in erwünschter Weise konzentrieren. Dann sind die Nasenschwupper plötzlich da! Der Hund wirft unversehens Wild heraus, ohne es vorher markiert zu haben, oder dieses wird — was auch sehr peinlich ist — von der dem Gange folgenden Korona hochgemacht. Am schlimmsten aber wirkt sich hier der Neid auf einen Partner aus, dem der aufgeregte Hund beim Finden nicht den Vortritt lassen will. So bot die Paarsuche im Frühjahrsfeld von je die beste Möglichkeit, die wirklich zuverlässigen Finder zu ermitteln, die Hunde also mit der richtigen Ausgewogenheit von Temperament und Nase — und dem Training, das leider mangels der entsprechenden Gelegenheit nicht jedem Hund geboten werden kann.

Hühnerjagd mit einem schnellen Hunde, der viel Feld nimmt, ist in ebenem Gelände fraglos ein Genuß, vorausgesetzt, daß man sich auf die Güte seiner Nase unbedingt verlassen kann. Kluge, anhängliche Hunde, die aus natürlicher Verbundenheit bestrebt sind, Blickverbindung mit dem Jäger aufrechtzuerhalten, passen sich bei richtiger Führung auch im Tempo ihrer Suche dem Gelände an, ohne daß man sie vor Senken, Höhen, Hecken usw. fortgesetzt zusammentrillern muß, um sie nicht aus Hand und Auge zu verlieren. Während sich die Hunde hier von selber stoppen, weil sie von Natur aus führig sind und sich infolgedessen ihrem »Kopfhund« fügsam unterordnen, gehen sie bei Übersichtlichkeit der Gegend weit aus sich heraus, um auf diese Weise unwillkürlich auch die Schnelligkeit der Suche zu erhöhen.

Und solche Hunde, die sich den verschiedenen Gegebenheiten anzupassen wissen, um ständig mit dem Meutepartner in Konnex zu bleiben, haben *Jagdverstand*. Sie leiden nicht an sturer »Raseritis«, sondern wandern auch bei schneller, weiter Suche zügig hinter ihrer Nase her.

Ein Hund mit übermäßigem »Pfeffer« erfordert bei der Führung viel Talent, auch eine Technik, die nur wenigen Jägern eigen ist. Kommt er in andere Hände, die seinen Drang ins Weite nicht beschränken können, so ist das Unglück da! Die Schwächen seines neuen Führers erkennt ein solcher Hund sofort und weiß sie dann auch restlos auszunutzen. Das erste, was er anzuwenden sucht, womit er seinen »Meutepartner« sozusagen auf die Probe stellt, ist die ihm eigene Kunst, sich aus der Hand zu winden.

Der Hund ist gut — das hat er ja bewiesen —, vielleicht sogar vorzüglich. Am Ende hat er gar den sogenannten großen Suchenstil. Aber führen kann ihn nur ein Könner. Bleibt so ein Himmelstürmer in der Furcht des Herrn, so ist der Hund bei aller sonstigen Güte auch noch unverwüstlich. Sobald er aber in der Meute Jäger–Hund die Oberhand gewinnt, ist's aus. Dann jagt nur noch der Hund; der eigentliche Jäger ist als solcher und als Führer abgeschrieben.

Finden ist Trumpf! Das gilt für jede Arbeit vor und nach dem Schuß. Und da es ja in erster Linie eine Frage des Geruchsvermögens ist, so muß der Nasenfeinheit schon aus züchterischen Gründen grundlegende Bedeutung beigemessen werden. Das ist denn auch von je besonders in der Kurzhaarzucht der Fall. Daß hier die besten Nasen schon immer konsequent und mit besonderer Sorgfalt ausgelesen und in der Folge züchterisch gewürdigt wurden, ist bekannt.

Die Schnelligkeit der Suche ist daher im Derby weniger ausschlaggebend als das Finden. So konnte im Frühjahr 1914 in Britz-Buckow der äußerst feinnasige und deshalb findige »Hektor vom Geratal«-Enkel »Panther v. Ziethen« 388 Bd. O sowohl das Derby Mitte als auch die nach gleichen Grundsätzen geprüfte Jugendsuche des Deutschen Jagdklubs (Berlin) gewinnen, obwohl er lange nicht so schnell war wie die leichteren, pointerartig flüchtigen Altenauer. Der Rüde fand in jedem Gang, und zwar mit einer Ausdrucksfähigkeit und Sicherheit, die jeden Zweifel an der Nasengüte dieses sehr robusten Hundes ausschloß.

Das Derby Mitte 1922 fand bei Blumberg, Bez. Potsdam, statt. Wir hatten ein sehr spätes Frühjahr; am ersten Prüfungstag lag morgens Schnee! Dort lief auch eine braune Kurzhaarhündin, deren Name mir entfallen ist. Und die erhielt nur deshalb einen hohen 2. Preis, weil sie ohne eigentliche Suche dauernd fand. Sie schlich nur, fortgesetzt im Anschlag liegend, hinter ihrer feinen Nase her, um, jeden Rain und jede Hecke nutzend, immer wieder Wild zu finden. Wo andere Hunde vorher wenig oder gar nichts hatten zeigen können, stand sie vor. Und wo sie stand, da lagen auch stets Hühner.

Der Furchenschnüffler, dem es an Elan fehlt, der, kaum daß er zur Suche angesetzt hat, auch schon wieder stochert, ermangelt in Verbindung damit auch der nötigen Nase. Er ist und bleibt ein Stümper. Mit einem solchen Tränentier zu suchen ist alles andere als Jagenslust.

Wir wissen also, wie wir uns den Hund in seinem Naturell zu wünschen haben: in arbeitsfreudiger Losgelassenheit bei voller Übereinstimmung von Temperament und Nase und mit dem Unterordnungstrieb, der ihn bei guter Abrichtung an seinen Führer bindet, ihn diesen hinter sich nicht ohne weiteres vergessen läßt.

Das *Vorstehen* ist seinem Ursprung nach nichts anderes als ein hochgespanntes Stutzen vor dem Sprung. Um erfolgreich einspringen zu können, ist der Hund bemüht, den Sitz des Wildes mit der Nase anzupeilen. Auf diese Weise schätzt er zwecks richtiger Bemessung seines Sprunges die Strecke bis zur Beute ab.

Das sah ich einst sogar bei einem Fix, einem Bastard bunter Abkunft, den ich just beim Wildern überraschte. Er stand vor einem Junghasen, der sich im hohen Graswuchs drückte, bombenfest. Erst nach einer ganzen Weile sprang der Köter ein und griff den Hasen, der knapp Kaninchenstärke hatte. Als er ihn danach an Ort und Stelle fraß, pirschte ich den Wilderer an und schoß ihn über seiner Beute ab.

Ähnliches beobachtete Oberförster VELTE an demselben Wolf, der vor dem ersten Weltkrieg durch Gräfin Bothmer im Forstamt Nothwendig im Kreis Filehne bei einer winterlichen Drückjagd zufällig zur Strecke kam. Im Sommer war der Wolf bis in die Neumark vorgedrungen. Und dort, im Revier Räumde des Forstamts Steinbusch, hatte Velte sein Erlebnis mit dem Wolf, das er mir genau geschildert hat. Er sah, wie dieser sich aus vollem, förderndem Trab herumwarf, um dann wie ein Vorstehhund in Richtung eines schilfbewachsenen Wasserloches anzuziehen. Hier nämlich lag ein Schof noch unbeflogener Jungenten, von dem der Grauhund Wind bekommen hatte. Der Wolf stand dieses dann auch richtig vor, um schließlich einzuspringen und das Schof in wenigen Minuten gänzlich aufzureiben, springend, schnappend und im Nu verschlingend, was ihm vor den Fang geriet.

Weiteres über diesen Wolf enthält mein Buch »Hubertusland«.

Der Vorstehhund entstammt der Bracke. Aus Bracken, die besagtes Stutzen zeigten und daher veranlagt waren, auch im Wind zu suchen, hat man ihn in fortgesetzter Auswahl zielbewußt herausgezüchtet.

Das An- und Nachziehen ist, streng genommen, nur ein sorgsames Beschleichen der erkannten Beute mit dem Zweck, zur Abschätzung des Sprunges auf die angemessene Distanz zu kommen oder sie zu halten. Das Anziehen sowie die anderen Verhaltensweisen bis zum Fang der Beute, das konzentrierte Stutzen also und den Sprung, zeigt von den wilden Vettern unseres Hundes besonders schön und einprägsam der Fuchs. Man braucht ihm ja nur zuzusehen, wenn er eine Maus beschleicht oder ein befahrenes Mäuseloch! Da offenbart sich uns in reizender Ursprünglichkeit das spannungsvolle Triebverhalten, das aus der Bracke selektiv den Vorstehhund entstehen ließ.

Je mehr das Wild sich drückt, desto fester wird es vorgestanden. Bewegung löst beim Hund den Fangtrieb aus. Der Reiz, das Wild herauszustoßen in der Absicht, es zu greifen, ist deshalb um so größer, je loser es vorm Hunde liegt.

Wo es Fasanen gibt, kann die Reaktion auf einen solchen Reiz sogar bewirken, daß hin und wieder mal ein Spiel dran glauben muß, besonders wenn der Träger dieser stolzen Zier durch Zweige oder hemmendes Gerank an raschem Aufstehen behindert ist, so daß er sich dem Luftsprung des verhaßten Feindes allein durch Preisgabe der so verlockend langen Schöße seines bunten Fracks entziehen kann.

Wie stur selbst ein als rabiat und rücksichtslos bekannter Würger sogar vor Raubzeug stehen kann, wenn sich dieses unbeweglich drückt, erlebte ich im Herbst 1927 auf der Verbands-Gebrauchsprüfung des Vereins schlesischer Jäger in Schön-Ellguth, und zwar an dem auch mannscharfen deutsch-drahthaarigen »Treff vom Berghof«-Sohn »Ariel von der Wiese« 1649 des Grafen von der Schulenburg, Blücherwald. Die Schärfeprüfung war ja damals noch erlaubt. Die dem Hunde vorgesetzte Katze drückte sich nach kurzer Flucht auf freier Fläche. »Ariel« stoppte einen halben Meter vor der Katze ab und stand sie eisern vor. Man sah ihm an, er wartete gespannt darauf, daß Mieze sich bewegte. Das Anhetzen des Führers aus der vorgeschriebenen Entfernung und alles Auffordern zum Apportieren nutzten nichts. Hund und Katze blieben unbeweglich. Vier Minuten waren schon vergangen; so blieb dem Führer, Revierförster Herbst-Machnitz, nichts anderes übrig, als sich dem Hunde zu nähern. Das bewog die Katze, ihren Blick etwas zu wenden, und diese unscheinbare Kopfbewegung reichte völlig aus, um bei »Ariel« besagte Hemmung augenblicklich aufzuheben. Blitzschnell war die Katze abgetan. Nach den Bestimmungen der Prüfungsordnung konnte dieses Würgen nahe beim Führer aber nur mit 1 bewertet werden. So mußte sich der Hund, obwohl er sonst in allen Fächern glatt bestanden hatte und überdies der höchstzensierte Prüfling war, infolge ausgesprochenen Suchenpechs mit einem allerdings sehr hohen 2. Preis begnügen.

Wie mir Revierförster Herbst im Anschluß an die Prüfung sagte, machte »Ariel« das immer so, wenn sich eine Katze vor ihm drückte — trotz seiner an sich wüsten Schärfe, bei der es nie ein Kläffen oder Stellen gab.

Daß sich auch beim Wildern überraschte Katzen vor ihm drückten, soll des öfteren vorgekommen sein.

So unerschütterlich bewegungsloses Festliegen des Raubzeugs diesen Hund erstarren ließ, so blitzschnell reagierte er, wenn es sich bewegte. Vielleicht lag etwas in der Wesensart des äußerst scharfen, energiegeladenen Hundes, das Katzen, die er überraschte, oft bewog, sich fest vor ihm zu drücken, anstatt zu flüchten oder die bekannte Schreck- und Abwehrstellung einzunehmen.

Die Zeit, in der man an den mit Federwild gesegneten Gestaden des Mittelmeers damit begann, den Vorstehhund aus Brackenblut herauszuzüchten, liegt etliche Jahrhunderte zurück. Zur Netzjagd war der Vorstehhund ja unentbehrlich; nur vor einem Hunde, der fest vorlag, konnte man das Flugwild mit dem Tiraß decken. Auch der Falkner war auf seine Hilfe angewiesen, vor allem bei der Beiz im niederen Flug, also der mit Sperberweib und Habicht. So kam es, daß der Vorstehhund schon längst vorhanden war, als um 1590 in Italien das erste Feuerschloß erfunden und die Schießjagd in der Folge möglich wurde. Wie weit er dann in späterer Zeit von Spanien und Italien über Frankreich nordwärts vorgedrungen ist und zu welcher Höhe er sich mit der Zeit und ihren Wandlungen und Ansprüchen entwickeln konnte, zeigt heute in Vollendung der als Spezialist gezogene und geführte Arbeitspointer.

Nach alten Stichen von der Netzjagd *lag* der Vorstehhund die Hühner vor, die damals in der dichten Deckung ungleich besser hielten als heute in den unkrautfreien Hackfruchtschlägen. Damit er ja nicht einsprang, während man das Decknetz für den Fang in Stellung brachte, sondern fest auf seinem Platz verblieb, ließ man ihn sich niederlegen. Und das war auch insofern praktisch, als das Netz beim Fang den Hund gewöhnlich mitbedeckte.

Die Art des Vorstehens ist individuell verschieden, aber ähnlich wie die Suche auch bezeichnend für die Eigenart der Rasse. Der Pointer, im Zuge seiner höheren Aktion, *steht* die Hühner vor; der Setter schmiegt sich mehr dem Boden an und *sitzt* so häufig vor den Hühnern. Daher auch sein Name.

Die deutschen Vorstehhunde nehmen hierbei eine Zwischenstellung ein: der eine steht, der andere sitzt mehr, wenn er vorsteht, und der dritte wirft sich hin, besonders wenn er dies durch öfteres Haltmachen gelernt hat. Stellung wie auch Nasenhaltung können aber bei demselben Hunde und im gleichen Zuge öfter wechseln. Sie sind ja stets momentbedingt und immer Ausdruck des Affekts. Die ganzen Umstände beim Finden, Wind, Deckung und die Wildart spielen dabei eine Rolle, auch jeweils die Entfernung bis zum Wild und ob es festliegt oder läuft. Es kommt auch auf den momentanen Schwung an, aus dem heraus ein solches Bild geworfen wird. So ist es offenbar ein Unterschied im Anblick, ob der Hund aus voller Fahrt im Schnittwind jäh herumfährt und im Sprung erstarrt, oder ob er sich bei Stirnwind weither an das Wild heranarbeitet, um, allmählich kürzer werdend, plötzlich fest zu stehen, gebannt bis in die letzte Fiber — nur der Unterkiefer, Wittrung kauend, in verhaltener Bewegung.

Die züchterische Festigung des Vorstehens auf Grund der Anlage zu hochgespanntem Stutzen vor dem Zusprung durch fortgesetzte Auswahl jeweils bester Hunde hat so im Laufe der Jahrhunderte dazu geführt, daß heute vielen Hunden — nicht nur Pointern oder Settern — die Anlage dazu so tief im Blute liegt, daß sie diese schon im Welpenalter ausgeprägt entfalten, das Einspringen auch später lediglich infolge einer angewölften Hemmung unterlassen.

Ihr An- und Nachziehen ist dementsprechend ein gespanntes Tasten, das sie den richtigen Abstand immer fein erfühlen läßt.

Daß es solchen Hunden infolge dieses Tastens auch sonst an »Drang nach vorn« sowie an Schneid gebricht, ist eine neuere Ansicht, die ich in meiner Praxis nicht bestätigt fand. Ich denke da besonders an einen überragenden Verlorenbringer auf der Hasenwundspur und drei zuverlässige Würger, die ich alle selbst besaß und reichlich führte. Diese Hunde waren ausgesprochene Taster, standen schon in früher Jugend, ohne jemals einzuspringen, eisern vor und haben sich bezüglich dieser Eigenschaft auch später nicht geändert. Die drei besonders schneidigen Würger waren außerdem noch mannscharf und der eine geradezu ein Künstler im Verlorenbringen auch von Hühnern, die nur leicht geflügelt waren.

Anders freilich die nervösen Taster, die derart empfindlich sind, daß sie schon zum Vorstehen zusammenfahren, sobald auch nur der Hauch von einer Duftspur ihre Nase trifft. Das sind die großen *Blender*, deren Nasenfeinheit oft ganz falsch beurteilt wird. Ihnen fehlt mit jenem ausgesprochenen Drang nach vorn die unbedingte Sicherheit der Nase, das richtige Taxieren der Entfernung, das den guten Finder das vorgestandene Wild bei Wahrung angemessenen Abstands mit Bestimmtheit zeigen läßt. To point heißt zeigen. Daher der Name Pointer. Wirklich *zeigen* soll der Vorstehhund das Wild und nicht nur zögernd dorthin deuten, wo am Ende etwas liegen könnte.

Die Nasensicherheit erkennen wir am besten an der Art der Nacharbeit des Hundes, wenn die Hühner laufen. Hier zeigt sich das Bestreben, im Vertrauen auf die Nasenfeinheit unter steter Ausnutzung des Windes klare Fühlung mit dem Wilde zu erreichen oder aufrechtzuerhalten. Ein Hund, der sich dabei nicht losläßt, nur immer an Geläuf und angewehter Wittrung klebt und zögert, kommt und führt hier nicht zum Ziel. Das gelingt nur, wenn der Hund bemüht ist, dranzubleiben. Es darf ihm nicht entgehen, wenn die Hühner beispielsweise unter Nutzung einer Furche aus dem vollen Winde seitlich abgelaufen sind. Da gilt es, abzubrechen, um, sorgsam unter Wind flankierend, wieder Anschluß zu gewinnen. Nur so kann es gelingen, die Hühner wirklich festzumachen. Je feiner und je ausdrucksvoller die Manieren sind, deren sich der Hund dabei befleißigt, um so mehr spricht seine Arbeit an.

Ein Blender, der nur zögernd steht und tastet, schafft das nicht. Ihm kann nur dann ein »weiter« Punkt gelingen, wenn die Hühner sich vorm Hunde drükken und der Führer, der die Schwäche seines Hundes kennt, den Bogen, um das Wild herauszuwerfen, möglichst weit vorm Hunde schlägt.

Die Anlage zum Vorstehen ist individuell verschieden. Der eine Hund steht schon als Welpe felsenfest, der andere erst später, ein dritter stutzt nur kurz, um das Wild so rasch wie möglich auf den Schwung zu bringen. Und mancher Junghund, der zuerst zur Freude seines Herrn so fest und faszinierend vorstand, fängt plötzlich zum Verdruß des nunmehr schwer enttäuschten Führers an, die Hühner mit Elan herauszupulvern! Ein anderer steht nur noch, wenn er mit Schnittwind an die Hühner kommt und sich aus voller Fahrt herumgeworfen hat. Bei Stirnwind pflegt er auf die Hühner loszuziehen; anstatt sich dann in angemessener Entfernung abzustoppen, stößt er sie heraus. Der Reiz des Neuen, der den Hund in hochgespanntem Abwarten erstarren ließ, hat sich infolge der Gewöhnung jäh gewandelt und rückwirkend den »so fatalen« Fangtrieb ausgelöst.

Wie oft hat man das schon erlebt, im Anfang bei sich selbst und später schmunzelnd auch bei andern: zuerst den Stolz und dann die ach so bittere Enttäuschung! Zu bedeuten hat besagte und beklagte Änderung des hundlichen Verhaltens aber nichts. Diese Wandlung ist durchaus natürlich — wenn es, wie schon erwähnt, auch Hunde gibt, die sich beim Vorstehen durch nichts erschüttern lassen. Und dann die meist nervösen Blender, die schon vor jeglichem Geläuf zum Vorstehen zusammenfahren und sich infolge solcher übertriebenen Vorsicht nicht ohne weiteres dazu entschließen können, in »Fühlung« mit dem Wild zu kommen, um es vorzustehen, anstatt nur am Geläuf zu kleben. Fraglos sind solche Hunde bei der Abführung im Felde ungleich leichter zu behandeln als andere, bei denen dieses starre Deuten weniger fest verankert ist. Jedoch auch Hunde, die von vornherein nur stutzen, um gleich einzuspringen, lernen sich beherrschen. Voraussetzung ist freilich, daß es der Abrichter an Fleiß und Konsequenz nicht fehlen läßt und daß ihm ein geeignetes Gelände mit leidlichem Besatz an Federwild zur Abführung des Hundes zur Verfügung steht.

Wie wir schon erfahren haben, ist das Vorstehen die Reaktion auf einen Reiz. Und diesen übt die Witterung aus, die der Hund *unmittelbar* empfängt, also durch den Wind vom Wilde selbst und nicht erst mittelbar auf dem Wege über Spur und Fährte. — Daß hin und wieder auch Geläuf gestanden wird oder eine nagelfrische Spur, auf der das Wild sich auf bewachsenem Boden niedrig weggedrückt hat, ist, wie schon bemerkt, nur ein Zeichen von besonderer Vorsicht. — Dieser Reiz ist das Primäre. Die »Schwelle«, die er, bildhaft vorgestellt, zu überwinden hat, um zum Bewußtsein zu gelangen, ist niedrig oder hoch. Das richtet sich nach Reife und Veranlagung des Hundes sowie nach der Erfahrung, die er schon mit dieser oder jener Wildart sammeln durfte. Besondere Empfindlichkeit bedeutet also eine »niedere Schwelle«, weil dabei

schon schwache Reize angesprochen werden. Der Ausdruck »hohe Schwelle«
besagt das Gegenteil.

Es gibt wohl kaum zwei Hunde, die sich derart gleichen, daß man sie — vor
allem was die geistigen Anlagen betrifft — als homogen bezeichnen könnte.
Auch wenn sie noch so nah verwandt sind und im Typ einander ähneln »wie
ein Ei dem andern«, im Grunde ihres Wesens unterscheiden sie sich doch,
auch ohne daß ein Umwelteinfluß dabei mitzusprechen braucht. Das zeigt
sich auch im Hinblick auf die Schwellenhöhe bei bestimmten Reizen. Zu
besserem Verständnis vergleichen wir zwei Wurfgeschwister miteinander, die
sehr extrem veranlagt waren. Das eine, eine Hündin, auf das die Wittrung
einer frischen Hasenspur zunächst nicht den geringsten Eindruck machte,
sprach schon in früher Jugend ganz offenkundig auf jede Federwildwittrung
an, die ihm der Wind gerade zutrug; das andere, ein Rüde, empfing zwar diese
Wittrung auch, doch blieb sie vorderhand noch ohne Reiz für ihn — im
Gegensatz zur Wittrung jeder frischen Hasenspur, die der Hund sofort mit
Eifer anfiel, für deren Reiz er also eine »niedere Schwelle« hatte.

Die Nasengüte war bei beiden Wurfgeschwistern gleich, nur die Empfänglich-
keit gegenüber ganz bestimmten Wittrungsarten war verschieden. Das eine
war zunächst nur Vorstehhund, das andere nur Bracke. Das glich sich späterhin durch Übung und Erfahrung zwar beträchtlich aus, doch blieb die Hündin
Favorit im Felde; im Walde war der Rüde tonangebend.

Ein drittes Wurfgeschwister war den anderen insofern überlegen, als es von
vornherein auf Spur- und Hühnerwittrung in gleicher ausdrucksvoller Weise
ansprach.

Nun kann der Schwellenwert bestimmter Reize auch umweltlich beeinflußt
werden, z. B. dadurch, daß sich ein Hund infolge der gebotenen Gelegenheit
speziell auf eine Art der Nasenarbeit einstellt. Der Reiz der anderen kann auf
diese Weise um so eher unterschwellig werden, je weniger Schwellenwert er
bei dem Hunde ursprünglich besaß.

Ich denke da an meinen Langhaarrüden ⟩ »Hestas Unkas« 1259. Dieser Rüde,
der überragend spursicher und locker spurlaut war, stand schon als Junghund
auch in schöner Haltung weit und sicher Hühner vor. Allerdings: bis in die
Rutenspitze erstarrte er dabei nur dann, wenn er sich bei Schnittwind aus der
Quersuche herumwarf. Hatte er bei Stirnwind die Hühner erst auf angemessene Entfernung angezogen und stand er dann, so pflegte er bei angehobenem
Kinn ganz leicht die Rute zu bewegen. Der Seitenblick, mit dem er mich beim
Näherkommen hin und wieder streifte, verriet zwar feierlichen Ernst und
zeigte auch, daß »Unkas« wußte, wo die Hühner vor ihm lagen; so faszinie-
rend aber, daß er ihm in jeder Lage schockartig durch Mark und Bein gefahren

wäre, war für diesen Hund in seiner überlegenen Ruhe der Reiz der Hühnerwittrung nicht. Ganz im Gegensatz zu Spur- und Fährtenwittrung! Die zog den Rüden geradezu magnetisch an und ließ ihn schlagartig versammeln, was überhaupt an Spurwillen für Fahrt und Folge aufzubieten war.

Daß Hühnerwittrung für »Unkas« plötzlich völlig unterschwellig wurde und dies zu meinem Kummer dann auch lange blieb, war meine Schuld. Ich hatte ihn nach meiner Heimkehr aus dem ersten Weltkrieg ganz einseitig auf Spur- und Fährtenarbeit eingestellt. Bei der gebotenen Gelegenheit war die Veranlagung des Hundes so verlockend, daß ich sie bedenkenlos und ohne Rücksicht auf die Leistungen im Felde auf jede Weise zur Entfaltung brachte. Schon im ersten Winter, den der Hund erlebte, ließ ich ihn im Walde regelrecht brackieren. Daß und wie ich dabei manchen Fuchs und Hasen vor ihm schoß und so dem passionierten Hunde das Brackieren ganz besonders schmackhaft machte, wird in einem späteren Abschnitt dieses Buches noch erwähnt. Bei seiner ersten Schweißarbeit auf kalter Fährte war »Unkas« erst dreivierteljährig! Und diese Arbeit war so schwierig und so ausgezeichnet, daß sie mir in allen Einzelheiten unvergeßlich blieb.

Die Folge war, daß Hühnerwittrung für den Rüden plötzlich nichts mehr zu bedeuten hatte. Ihr Reiz war so gering geworden, daß sie auf »Unkas« kaum noch Eindruck machte. Auch das Abstreichen der Hühner ließ ihn völlig kalt. Es war, als sähe er sie überhaupt nicht mehr. Hasen aber fand und stand er nach wie vor!

Für Hühner interessierte sich der Hund erst wieder, als ich in besonders hühnerreicher Gegend einen ganzen Tag mit ihm gejagt und dabei viel vor ihm geschossen hatte. Im Felde war der Rüde zuverlässig hasenrein. So waren alle Hasen, die er fand, für ihn tabu. Schon nach dem ersten Dutzend Hühner, das ich im Verlaufe einer knappen Stunde vor ihm schoß, wobei er immer wieder apportieren durfte, fing die Sache an, für »Unkas« interessant zu werden. Das war ganz unverkennbar. So glich er sich von Fall zu Fall den Forderungen dieses Jagens an und trug die Nase in der Folge wieder etwas höher. Als »Unkas« endlich wieder anfing zu markieren und das erste Mal mit Eleganz »im Anschlag« lag, fiel mir ein schwerer Stein vom Herzen.

Bald zog der Rüde wieder sehr schön an und nach, um dann die Hühner weit und ausdrucksvoll in der ihm eigenen gemessenen Haltung vorzustehen. Am Abend holte uns der Jagdherr mit dem Wagen ab. Gerade, als er anhielt, war vor ihm ein Volk auf einer Stoppelbreite eingefallen. »Unkas«, der in schönem Schwung sehr zügig und sehr planvoll suchte, hatte eben wieder ausgeholt. Die Nase hoch im Winde, zog der Hund die Hühner schon von weitem an und stand. Die Hühner liefen aber wie die Bürstenbinder, worauf der Rüde sehr behutsam bis zum Rande eines Rübenstückes nachzog. Und während ich das Volk flankierend zu umfassen suchte, zog »Unkas« in den Rüben weiter nach und stand erneut. Die Hühner hielten aber nicht und strichen ab, bevor ich mich auf Schußweite genähert hatte. Trotzdem stand der Rüde unverändert weiter, und als ich ihn umschlug, ging zwischen uns ein weiteres Huhn heraus, das ohne Zweifel zu dem eben abgestrichenen Volk gehörte und aus irgendeinem Grund zurückgeblieben war. Im Schuß saß »Unkas« auf den Keulen, bis ich ihm das Hörzeichen zum Bringen gab. Der Jagdherr, der der ganzen Arbeit mit Interesse zugesehen hatte, lobte diese sehr und wollte mir nicht glauben, daß »Unkas« erst im Laufe dieses Tages wieder Hühnerhund geworden war.

Besagter Auffrischung verblaßter Triebe verdankten wir dann auch die gute Feldarbeit, die »Hestas Unkas« 1920 die Verbands-Gebrauchsprüfung des Berliner Vereins nicht nur bestehen, sondern auch in großem Stil gewinnen ließ.

Und nun zur eigentlichen Einarbeit des jungen Hundes!

Über die *Leistungsforderungen*, denen ein vielseitig veranlagter und verwendeter Vorstehhund nach zielbewußter Abrichtung und Abführung im Felde zu genügen hat, sind wir nach den vorausgegangenen Betrachtungen im wesentlichen schon im Bilde. Der Hund soll also quer zum Winde ausdauernd und planvoll suchen, und zwar in förderndem Galopp, dessen Schnelligkeit einmal der Nasengüte, zum andern Deckung und Gelände angepaßt sein muß. Je sorgsamer der Hund die Deckung in gewundener (nicht verschlungener) Linie und bestimmter Breite abreviert, um so planvoller ist seine Suche und um so größer die Gewißheit, daß der Hund nichts überläuft.

Gefundenes Wild hat der Hund fest vorzustehen. Einmal wirft er sich dazu aus voller Fahrt herum, um blitzartig im Sprung zu ausdrucksvoller Vorstehhaltung zu erstarren. In solchem Falle pflegt der Sitz des Wildes für die Hundenase festzuliegen. Ein andermal, nachdem die aufgefangene Witterung den Hund erst ruckartig zusammenfahren ließ, zieht er das Wild vorerst zum Vorstehen auf angemessene Entfernung an. Ob der gebotenen Vorsicht wird er dabei immer kürzer, je näher er sich an das Wild heranschiebt.

Läuft das Wild, so hat der Hund, den nötigen Abstand wahrend, in gespannter Haltung nachzuziehen. Läuft das Wild ihm aus dem Wind, so muß er sich bemühen, es, sorgsam unter Wind flankierend, wieder festzukriegen. Hier zeigt sich erst die Kunst des sicheren, talentierten Finders! »Seiner Arbeit zuzusehen ist schon Götterlust allein.« Sie offenbart sich in der Fertigkeit, in Anlehnung an das Geläuf den plötzlich abgerissenen Anschluß raschest wiederherzustellen, sowie in weiterer nasensicherer Nacharbeit, deren Merkmal die gewandte, peinlich distanzierte Folge ist.

Es gibt kein Einspringen! Weshalb der Hund dazu auch niemals anzuregen oder aufzufordern ist. Er hat in jedem Falle durchzustehen.

Streicht das Wild vorm Hunde ab, darf dieser sich nicht von der Stelle rühren, auch wenn das Wild beschossen wird. Bringen darf der Hund erst, wenn er dazu aufgefordert wird, nicht eher! Das sichert ihm zugleich die Ruhe, deren er bedarf, um als Verlorenbringer dem Geläuf eines geflügelten Huhnes mit Bedacht folgen zu können.

Voraussetzung für all diese Leistungen ist natürlich die durch saubere Dressur erworbene unbedingte Unterordnung unter den Willen des Führers, mit anderen Worten: der leise Appell oder gute Gehorsam. Nur der ermöglicht es dem Führer, den Hund mit feinen Sichtzeichen zu leiten und ihn in allen Lagen derart in der Hand zu haben, daß er ständig seinem Willen unterworfen bleibt. Das gilt auch für die sogenannte Hasenreinheit. Bei einem Vorstehhunde, den wir als Gebrauchshund führen, muß die Unterordnung immerhin so weit gediehen und gefestigt sein, daß er durch Zuruf oder Pfiff von jeder unerwünschten Hetze abzuhalten ist.

Des öfteren wurde ich gefragt, ob es sich empfiehlt, mit dem Junghund schon im ersten Herbst, den er erlebt, zu jagen, wenn seine Anlagen dazu verlocken.

Zu erschöpfender Beantwortung der Frage sei folgendes vorausgeschickt:

Ohne weiteres leuchtet ein, daß es für die körperliche und geistige Entwicklung eines jungen Hundes nur von Vorteil ist, wenn er schon als Welpe, also möglichst früh und tunlichst oft mit ins Revier genommen wird. Er kann sich dann nach Herzenslust ergehen, bildet sich dabei organisch aus und lernt beizeiten, seine Nase zu gebrauchen. Gleichzeitig stellt der Junghund sich auch auf gewisse Hilfen seines Führers ein, wodurch er diesen im Verfolg des Meuten- und des Unterordnungstriebes nicht allein als Meutenpartner, sondern unwillkürlich auch als seinen Kopfhund anerkennt.

Der junge Hund soll also seine Anlagen in völliger Ungebundenheit entwickeln, wobei wir ihm behilflich sind. Verwildern lassen wir ihn deshalb nicht. Im Gegenteil, wir sind ja stets bemüht, den Hund durch liebevolles Eingehen auf alles, was sein Herz bewegt, an uns zu fesseln.

Was er uns zeigt, muß uns in gleicher Weise interessieren und umgekehrt.

Zum *Suchen* halten wir ihn an, indem wir uns mit ihm in immer weiteren Zickzacklinien gegen Wind bewegen, den Hund dabei mit Schnalzlauten und animierendem »hopphopp« ermuntern und ihn am Wendepunkt durch Wink in die neu einzuschlagende Richtung dirigieren. Klebt der Hund nicht mehr am Führer, ja läßt er sich beim Suchen richtig los und geht er seitlich weit genug hinaus, so dirigieren wir ihn zu gegebener Zeit durch kurzen Pfiff und Wendung in die andere Richtung. Auf diese Weise wird er stetig auf-

Abb. 24   Einarbeit im Feld: Leiten des suchenden Hundes
durch Wink und Wendung

merksam erhalten und methodisch dazu angeleitet, seine Suche planvoll zu
gestalten (Abb. 24).

Worauf ich hier schon wiederholt verwiesen habe, ist beim Hund die Feinheit des Bewegungssehens. Diese gilt es bei der Führung systematisch auszunutzen und durch möglichst unauffällige Hilfen tätig zu erhalten. So grobe
Sichtzeichen wie Wink und Wendung sind deshalb in ihrer Derbheit mehr
und mehr herabzusetzen, so daß statt eines Winkes schon ein lässiges Deuten
mit der Hand und statt der Wendung das Zurücknehmen der Schulter den
verfolgten Zweck erfüllt.

Das — die Suche also — üben wir so früh und oft wie möglich. Dabei ist sorgsam zu beachten, daß man den jungen, körperlich unausgereiften Hund vor
jeder Überanstrengung bewahrt. Steht dieser aus Veranlagung fest vor, so
können wir es uns getrost erlauben, das eine oder andere Huhn vor ihm zu
schießen. Er lernt dabei schon früh den eigentlichen Zweck der Übung kennen, was als Vorbereitung für die spätere gerechte Schulung nur von Vorteil
ist. Diese lassen wir dem Hund ja erst als Jährling angedeihen, im nächsten
Frühjahr also, sobald die Hühner sich verpaaren und das Feld genügend
Deckung bietet.

Steht der Junghund nicht fest vor, sondern stutzt er nur, um dann die Hüh-

ner, ungehemmtem Beutetrieb und seiner Nase folgend, absichtlich herauszustoßen, so wäre es natürlich grundverfehlt, ein Huhn vor ihm zu schießen.
Auf diese Weise könnte er nur unerwünscht verknüpfen, daß er durch Einspringen zu Beute kommt. Ein Umstand, der die spätere Einarbeit des Hundes
wesentlich erschweren würde.

Bringt der junge, undressierte Hund das Huhn von selbst, ohne es zu knautschen, so ist es gut. Bringt er's nicht, oder versucht der Springinsfeld, daran
herumzuknautschen, so nehmen wir es selber auf oder lassen es von einem
älteren Hunde apportieren.

Korrektes Apportieren ist Sache der Dressur.

Wie eben schon erwähnt: Die beste Zeit, dem Hund den nötigen Schliff und
die gehörige Schulung für die Hühnerjagd zu geben, ist das Frühjahr. Je eher
wir damit beginnen können, um die Zeit zu nutzen, desto besser. Vorher
hat der Jährling schon gelernt, daß er auf Zuruf, Handhoch oder Trillerpfiff
zur Haltlage zusammenklappen muß. Ein kurzer Pfiff bedeutet »Achtung«
(für ein Zeichen, das stets folgen muß), ein Doppelpfiff, im Ausklang leicht
gedehnt, »hierher«. Besonders wichtig ist das Halt auf Trillerpfiff, das, wenn
es wirklich sitzt, den Lehrling auch auf größere Entfernung niederzwingt. Infolge seiner Fernwirkung ist dieses Hörzeichen das besterprobte Mittel, den
Hund bei seiner Arbeit im Gelände weitestgehend zu beherrschen. Es hindert
ihn nicht nur daran, dem Führer aus der Hand zu gleiten, sondern gibt uns
auch die Möglichkeit, bei jeglicher Verleitung augenblicklich auf ihn einzuwirken.

Je temperamentvoller die Hand, um so wichtiger ist die Forderung, daß er auf
Triller blitzartig zu Boden sinkt. Dem Abrichter kann deshalb nur geraten
werden, auf dieser Forderung unnachsichtig zu beharren. Die Konsequenz, die
er dabei entfaltet, belohnt sich bei der Einarbeit und späteren Führung in
der Praxis tausendfach. Mit dem Halt auf Triller zwingen wir dem Hunde,
wo wir ihn auch führen, immer wieder unsern Willen auf.

Je temperamentvoller und passionierter ein Hund, je lieber und länger er
hetzt, um so früher ergibt sich die Notwendigkeit, seinem Trieb die Zügel
anzulegen, die wir zur Steuerung seiner Anlagen und Leidenschaften stetig
in der Hand behalten müssen. Der Hund muß sich dem Willen seines Führers
überall und immer unterordnen und darf sich auch zu einer Hasenhetze nicht
verleiten lassen, sobald der Trillerpfiff ertönt (Abb. 25). Nur so vermag der
Abrichter sich bei der Führung durchzusetzen, nicht nur im Felde, wie wir
schon gesehen haben, sondern überall. Den Hund als Vorstehhund gerecht
zu schulen, ist aber geradezu unmöglich, solange dieser seinen Hetzgelüsten
ungehindert frönen darf.

Abb. 25 Hasenrein auf Trillerpfiff und Armhoch (Verstärkung des Sichtzeichens durch die den Arm verlängernde Gerte)

Auch hier sei — selbst auf die Gefahr hin, mich zu wiederholen — vor Vermenschlichung gewarnt! Der Hund wird nicht »bestraft«, weil er den Hasen gehetzt oder die Hühner herausgestoßen hat. Wir wirken vielmehr auf ihn ein, nicht nachträglich — das wäre Unsinn! —, sondern *bei nächster Gelegenheit und im Moment*, sobald er *infolge einer Verleitung* das ihm gegebene Hörzeichen nicht respektiert. Diese »Gewöhnung an bestimmte Verhaltensweisen« läßt den Hund erwünscht verknüpfen, je nach Veranlagung den einen bald, den andern später.

Wie auf Seite 90 ausdrücklich betont und eingehend begründet, verliert der Hund infolge öfterer Sichthetzen auch das so nötige Interesse an der Hasenspur. Auch dieses können wir dem Hund für planmäßig betriebene Einarbeit auf Spur und Fährte einzig und allein dadurch erhalten, daß er sich vermöge der durch Abrichtung erzwungenen Unterordnung bei jeglicher Verleitung dem Willen seines Führers fügt. Nur so ist dieser in der Lage, den Hund von jeder unerwünschten Hasenhetze abzuhalten.

Den Weg, auf dem man dieses Ziel erreicht, weisen wir auf Seite 91 bei Schilderung der Spurarbeit. Zugleich ein Fingerzeig, wie man die Einarbeit auf Federwild mit zielbewußter Fortsetzung der Arbeit auf der Hasenspur verbinden kann. Sehr wesentlich ist dabei die Beobachtung gesunder Ausgewogenheit im Sinne der auch beim Gebrauchshund angestrebten Harmonie durch Gegensätze, wobei man sich sowohl nach der Veranlagung des Hundes als

jeweils auch nach seiner Fertigkeit im Finden und im Festmachen von Federwild zu richten hat. Deshalb empfiehlt es sich, zur Herstellung des Gleich-
gewichts die Spurarbeit so lange einzustellen, wie der Hund auf Feldwild-
geläuf, beim An- und Nachziehen, nicht mehr oder noch nicht mit der gebotenen Vorsicht »tastet«. Auch ohne einzuspringen oder nachzuprellen, neigt
er sonst dazu, die Hühner zu »lancieren«, was rechtzeitig verhindert werden muß.

Um im Hinblick darauf etwas vorzugreifen: Auch hier hilft uns das Halt auf
Trillerpfiff. Es gilt zunächst, den Hund zu stoppen, um ihn alsdann durch angemessene Ermunterung in Spannung zu versetzen und gleichzeitig zu peinlich distanzierter Folge anzuregen. Wir sind ja dann beim Hund und so imstande und bereit, unverzüglich auf ihn einzuwirken, sobald er sich nicht
wunschgemäß verhält.

Was Einarbeit auf Federwild und Fortsetzung der Arbeit auf der Hasenspur
betrifft, kann man ansonst das eine tun und braucht das andere nicht zu
lassen. Variatio delectat – Hund wie Führer. Der Gebrauchshund muß infolge
geistiger Beweglichkeit die Fähigkeit besitzen, sich rasch auf die im Augenblick gegebene Arbeitsweise um- und einzustellen. Je besser er das kann, um
so größer ist sein Zucht- und Arbeitswert.

Es bereitet immer wieder Freude, wahrzunehmen, wie rasch der unverdor-
bene junge Hund es lernt, seine *Suche* Wind, Deckung und Gelände möglichst
anzupassen. Besteht das richtige Einvernehmen zwischen Hund und Führer,
so fällt auch auf, wie fein der Hund auf jegliche Bewegungen des Führers
reagiert. Dabei ist es eine Leichtigkeit, den Hund durch Wink und Wendungen zu leiten und zu lenken. Pfiff und Zuruf soll man auf ein Mindestmaß
beschränken. Werden sie zu oft und laut gegeben, so wirken sie auf das Gehör des Hundes wie eine schwere Zügelfaust aufs Pferdemaul; sie hemmen
oder stumpfen ab – je nach der Härte des betroffenen Tieres.

Je lautloser ein edler, schneller Hund sich führen läßt, desto feiner ist der
Reiz und um so eindrucksvoller auch der Anblick des Zusammenspiels von
Hund und Führer.

Nachdem wir anfangs den Hund durch auffällige Sichtzeichen – durch Mitgehen schräg gegen den Wind und Winke – zu planmäßiger Suche angeleitet
haben, erfüllen Wendungen und unauffällige Winke diesen Zweck sehr bald
allein.

Bevor der Hund zur Suche ausholt, wird er kurz durch »Halt« versammelt.
Für ihn das Zeichen, daß er sich »im Dienst« befindet, und damit ein Appell
an seine Unterordnung. Feld nehmen darf er erst auf »los« und Wink. Nie
darf geduldet werden, daß der Hund auf älterer Wittrung bohrt und stochert

oder daß er sich, anstatt zu suchen, für irgendwelche Nebensächlichkeiten interessiert. Versucht er, irgendwo umherzuschnüffeln, so pfeifen wir ihn an und dirigieren ihn ermunternd »weiter«. Nie darf er bummeln oder bohren! Der zur Arbeit angesetzte Hund soll *zügig* suchen.

Um Lässigkeiten vorzubeugen, muß von vornherein darauf geachtet werden, daß vom Hunde jede Deckung sogleich in voller Breite und in angemessener Gliederung der Suche unter Wind genommen wird; kein Zipfel, keine Ecke darf da übergangen werden.

Ist der suchende Hund schräg gegen Wind am Rand der Deckung angelangt, so gibt der Führer, sich gleichzeitig vom Seiten- in den Stirnwind wendend, einen leichten Wink nach vorn. Auf diese Weise lernt der Hund das richtige Wenden.

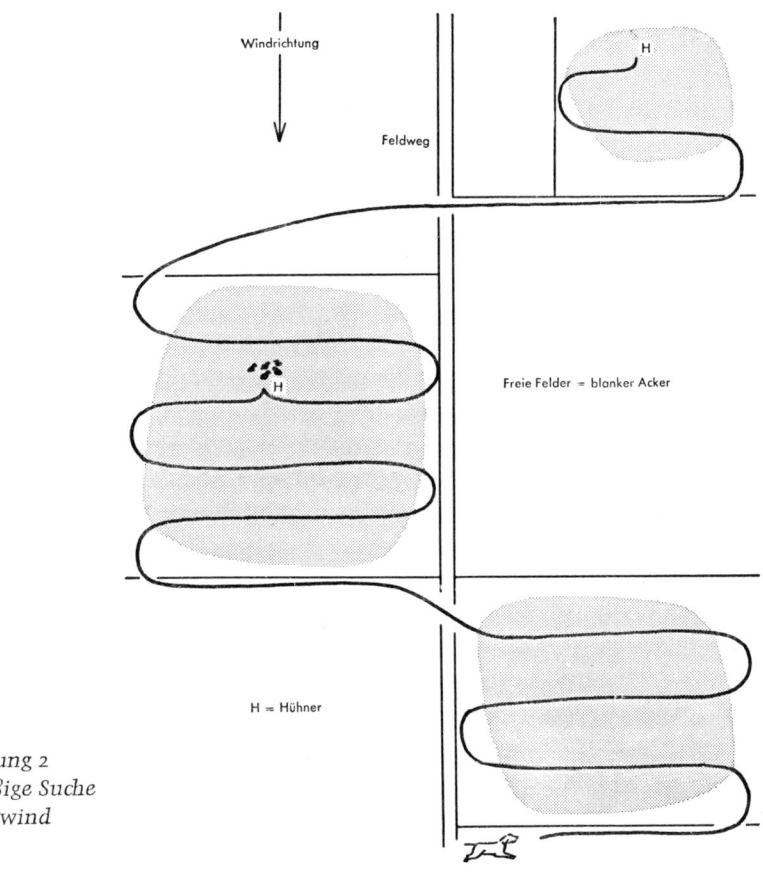

Windrichtung

Feldweg

H

Freie Felder = blanker Acker

H = Hühner

Darstellung 2
Planmäßige Suche
bei Stirnwind

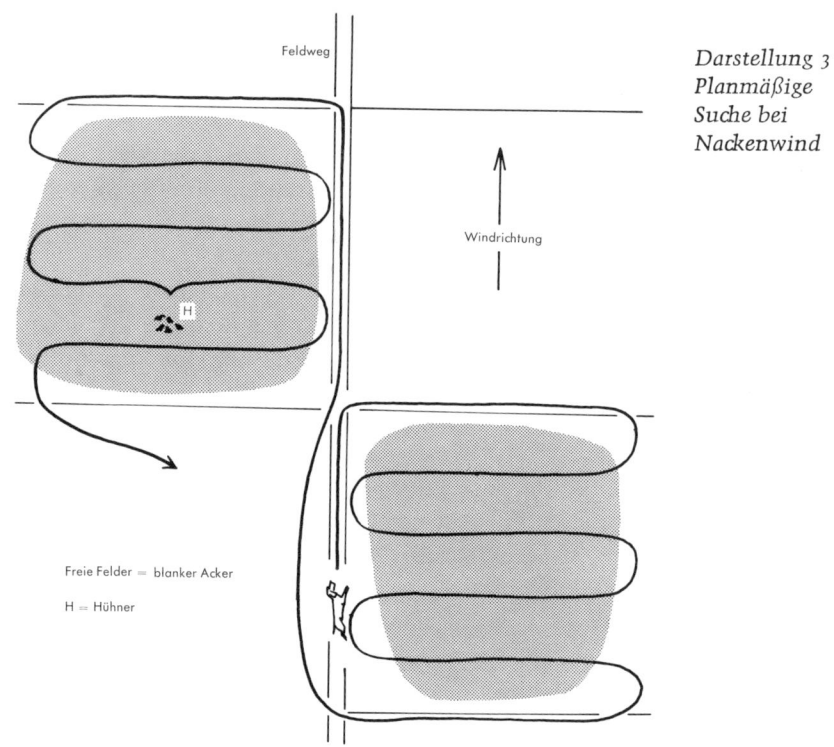

Feldweg

Windrichtung

Freie Felder = blanker Acker

H = Hühner

Hat der Hund infolge dieser Hilfe gegen Wind gewendet, so macht der Führer, indem er sich vom Hunde abkehrt, eine Seitenschwenkung. Was bewirkt, daß der Hund, den Führer seitlich überholend, in der so gewiesenen Richtung weitersucht. Sobald der Hund den nächsten Wendepunkt erreicht hat, wendet sich der Führer wieder deutlich in den Wind, gibt dabei erneut dem Hunde einen Wink nach vorn und setzt die Hilfen in besagter Weise fort, um sich — bei wunschgemäßer Reaktion des Hundes — allmählich auf geringste Zeichen zu beschränken.

Auf diese Weise lernt der Hund es leicht, eine Deckung planvoll abzusuchen (Darstellung 2). Je öfter er dabei an Wild kommt, um so mehr gewinnt er an Erfahrung. Bestrebt zu finden, holt er sich in allen Fällen selber Wind und weiß bald Deckung und Gelände auszunutzen. Das geht so weit, daß er, von der Ecke eines Feldes aus mit Nackenwind zur Suche angesetzt, sich am Rande dieser Deckung geradenwegs entfernt, um dann, im Gegenwinde kreuzend, das Feld in Richtung auf den Führer abzusuchen (Darstellung 3). Das ist Übungs- und Erfahrungssache. Ein Hund, dessen Kunst soweit ge-

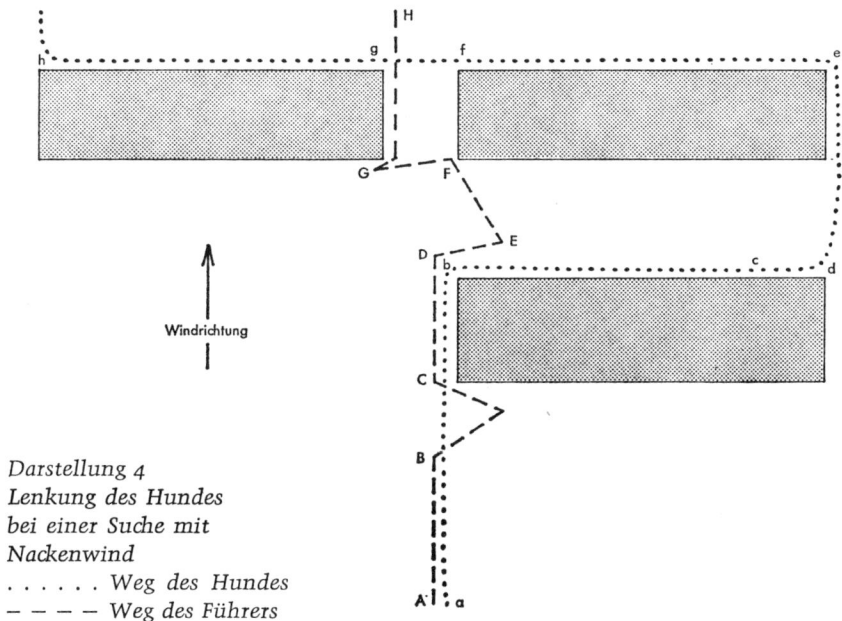

Windrichtung

Darstellung 4
Lenkung des Hundes
bei einer Suche mit
Nackenwind
. . . . . . Weg des Hundes
– – – – Weg des Führers

diehen ist, bedarf nur noch geringer Hilfen. Ein Zurücknehmen der Schulter genügt dann häufig schon, um ihm die Richtung anzudeuten, in der er nunmehr suchen soll.

Vergleiche hiermit auch *Darstellung 4* (Lenkung des Hundes bei einer Suche mit Nackenwind)! Die Skizze dazu entwarf der im Spätherbst 1962 viel zu früh aus dem Leben geschiedene erfahrene Jäger und Gebrauchshundmann Forstmeister TH. FRÖHLICH, Frankenberg/Eder, zu seinem in Nr. 12/59 der »Pirsch« veröffentlichten Beitrag »Die Suche junger Gebrauchshunde auf der VJP«.

Nach Fröhlich »ist es ein besonderer Genuß, einen Hund mit wirklich guter Suchveranlagung im Felde zu beobachten, wenn der Wind von hinten kommt. Die Veranlagung, Wind zu holen und dabei doch in Kontakt mit dem Führer zu bleiben, wird viel deutlicher sichtbar, ebenso aber auch das, was der Führer falsch macht. Es kann sehr eindrucksvoll sein, wenn der Führer mit Nackenwind geht und der Hund von ihm aus so weit geradeaus läuft, daß er hinter der nächsten Deckung einschwenken kann, um diese mit gutem Wind abzusuchen. Das wird der Hund aber nur zeigen, wenn sein Herr auf die Ecke einer Deckung und nicht auf die Mitte einer Breitseite zugeht. Macht er diesen Fehler, dann wird der Hund unnötig veranlaßt, in die Deckung mit Nackenwind vorzustoßen (bei sehr großen Schlägen könnte das natürlich schon einmal nötig sein), damit ein unnötiges Risiko des Herausstoßens von Hühnern zu übernehmen und auf die Dauer überhaupt die Scheu vor dem Überspringen des Deckungsrandes zu verlieren. Außerdem muß er nach dem Einschwenken zur Quersuche hinter dieser Deckung einen Weg doppelt machen. Wahrscheinlich wird er nur eine Hälfte des Stückes absuchen.

In unserer Skizze sei einmal ein Fall von Suche mit Nackenwind dargestellt. Natürlich gibt es dazu im Gelände hundertfache Variationen. Es soll nur einmal gezeigt werden, welche Möglichkeiten der feinen, dem Laien unmerklichen Hilfen es gibt, die Suche des Hundes zu unterstützen, zu lenken und zur Geltung zu bringen. Wir nehmen an, daß ein Führer die Aufgabe bekommt, mit Nackenwind in einem Gelände vorzugehen, in dem drei Äcker mit Deckung vor ihm liegen. Führer und Hund gehen von A. a aus. Der Hund läuft mit dem Wind vor, um hinter die erste Deckung zu kommen; ist er bei b, dann muß der Führer bei B schon die kleine Rechtsschwenkung vollzogen haben, um die Neigung des Hundes, hinter die Deckung einzuschwenken, zu unterstützen. Ist der Hund aber bei d, dann muß er seinen Herrn in Bewegung Richtung DE sehen, um nicht in Versuchung zu kommen, rechtsherum zum Ausgangspunkt zurückzulaufen oder linksherum zwischen den Deckungen zu seinem Herrn, den er bei D oder E etwa stehen sieht oder vermutet. Ist er richtig nach e gelaufen, dann wird er wieder durch Richtungsänderung des Herrn EF zur entsprechenden Wendung Richtung ef veranlaßt. Bei f sieht er dann seinen Herrn in Bewegung FG, was ihn veranlaßt, seine Richtung fgh beizubehalten.«

Forstmeister Fröhlich glaubt, erfahrenen Jägern nichts Neues zu sagen, wenn er seinen Ausführungen schließlich hinzufügt, »daß die dem Hunde angewölfte Eigenschaft, bei der Suche den Wind zu berücksichtigen und auszunutzen, in direkter Beziehung zu seiner Nase steht. Hunde mit gutem Suchenstil werden wohl immer auch eine gute Nase haben und vor allem die für den Jäger so wertvolle Neigung, die Nase mehr als die Augen zu gebrauchen und sich darauf zu verlassen.«

Die Zuverlässigkeit im *Vorstehen* ist nötigenfalls infolge der empfohlenen Durcharbeit auf Halt ohne sonderliche Schwierigkeiten zu erreichen.

Hat der Hund die Hühner in der Nase und macht er Miene, sie herauszustoßen, so wirken wir schlagartig auf ihn ein, indem wir ihn zu Boden trillern. Dann nähern wir uns langsam. Erst wenn wir bei dem Hunde sind, wird er mit verhaltenem »so ist's brav« ganz leicht ermuntert. Dann darf er nachziehen, so ruhig und behutsam, wie sich das gehört. Das Hörzeichen dazu ist ein gedehntes »vorwärts«. Wir ziehen selber mit, in leicht gebückter Haltung und mit der rechten Hand zur Folge animierend. Den Hund behalten wir dabei stets fest im Auge, um ihn, sobald er heftig werden will, sofort mit Halt zu stoppen. Streichen die Hühner ab, so heißt es wieder Halt, und zwar so unverzüglich, daß sich beim Hund im Zuge der Gewöhnung die Verknüpfung bildet: Das Abstreichen der Hühner selbst bedeutet Halt.

Sind die Hühner abgestrichen, lassen wir den Hund so lange liegen, bis die Hochspannung, in die die Hühner ihn versetzten, wieder abgeklungen ist. Dabei empfiehlt es sich, den Hund, bevor er weitersuchen darf, mit einem Brocken zu belohnen.

So lernt der Hund durch fortgesetzte Übung mit festem Vorstehen und beherrschtem Nachziehen korrektes Verhalten vor abstreichendem Federwild.

Klappt es einmal nicht, geht die Passion mit dem Jüngling durch, ist also der Beutetrieb stärker als der Unterordnungstrieb, so geschieht von uns aus *zunächst* gar nichts. Auf keinen Fall wird jetzt der Hund, nachdem er wieder zu uns kam, ob törichter Vermenschlichung »gestraft«! Er wird vielmehr *in aller Ruhe* angenommen. Dann gehen wir selbander weiter — ganz so, als ob nichts vorgefallen wäre, was uns auch nur im mindesten erschüttern könnte. Und doch sind wir unausgesetzt darauf bedacht, die nächste Chance zur Einwirkung mit Halt auf Trillerpfiff nachhaltig wahrzunehmen! Und diese bietet sich, sobald ein Reiz den Hund erregt, der Anblick eines flüchtigen Hasen etwa. Dann trillern wir, um *gleichzeitig* mit Gerte und Korallen gründlich einzuwirken und anschließend an langer Leine die ganze Übung »Halt auf Trillerpfiff« sehr nachdrücklich zu wiederholen.

Auf dieses Exerzitium wird in besagter Form so oft zurückgegriffen, wie der Hund den Triller überhört.

Wissen wir, wo Hühner liegen oder eben eingefallen sind, so gehen wir sie unter Ausnutzung des Windes, mit dem Hunde an der langen Leine, an. Wir sind dann in der Lage, unverzüglich einzuwirken, sobald der Hund sich unerwünscht verhält.

Benimmt der frei geführte Hund sich bei der Arbeit einwandfrei, steht er die Hühner also sauber vor, und zieht er ruhig nach, so ist das zwar sehr brav; wir lassen dies den Hund jedoch nur in verhaltener Form erfahren, indem wir den Ermunterungslaut, das »so ist's brav«, derart zum Ausdruck bringen, daß sich in seinem Klang Ermunterung und Drohung mischen. Der Hund hat dafür ein sehr feines Ohr! Klingt ihm das »Lob« zu rein, so faßt er es nur als Ermunterung auf. Bei einem jungen Hund mit dem gehörigen »Drang nach vorn« kann das sehr leicht bewirken, daß er sich infolge der Ermunterung plötzlich der ihm angelegten unsichtbaren Fesseln ledig fühlt und seinem Temperament die Zügel schießen läßt. Wir sparen uns deshalb Ermunterung pp. im wesentlichen bis zum Abschluß seiner Arbeit auf.

Anders, wenn der Hund vor Wild infolge angewölfter Hemmung gar zu große Vorsicht zeigt; dann brauchen wir mit der Ermunterung bei der Arbeit nicht zu sparen. Im Gegenteil, hier ist sie durchaus angebracht.

Zwischen den genannten Gegensätzen gilt es, bei der Einarbeit sehr sorgsam zu sondieren. Wie weit man da im einzelnen ermuntern oder bremsen muß, ist Sache des Gefühls, dessen Feinheit bei der Abrichtung so ungeheuer wichtig ist. Man hat es oder hat es nicht.

Ist der Hund im Vorstehen so fest und zuverlässig, daß er nicht mehr einzuspringen oder nachzuprellen wagt, sich also auch beim Abstreichen der Hühner einwandfrei verhält, so umschlagen wir das von ihm vorgestandene Wild. Dazu beschreiben wir mit einem Radius von etwa 40 Meter einen Halbkreis um den Hund. Auf diese Weise treten wir die Hühner selbst heraus und sind dabei bestrebt, sie zwischen uns und Hund zum Aufstehen zu bringen, wie später bei der Hühnerjagd. Zugleich behalten wir den Jüngling fest im Auge, um blitzschnell auf ihn einzuwirken, sobald er sich nicht wunschgemäß verhält. Beim Aufstehen der Hühner heißt es automatisch »halt«. Ein Überhören dieses Hörzeichens darf grundsätzlich nicht hingenommen werden. Die Konsequenz erfordert vielmehr nachdrückliche Wiederholung der empfohlenen Lektion.

War die Arbeit von Anfang bis zu Ende einwandfrei, so belohnen wir den im Halt verharrenden Hund, nachdem die Hühner abgestrichen und am Horizont verschwunden sind, mit Zuspruch »so war brav« und einem Brocken.

Diese Ermunterung ist um so wichtiger, je weicher der Hund veranlagt ist. Gemeint ist Weichheit als besondere Empfindlichkeit gegenüber den Einwirkungen des eigenen Führers. Ein solcher Hund braucht durchaus nicht wesensschwach zu sein — wesensschwach im Sinne nervlichen Defekts. Einer meiner besten Hunde — ein Treu- und Trautgesell von sehr gesunder Wesensart, ja Härte — war als Glied der Meute »Mensch und Hund« seinem »Kopfhund« gegenüber ausgesprochen weich. Trotzdem ging er drauf und dran, wenn's galt, und scheute weder Dorn noch Dickicht, ja kannte, wenn wir jagten, keine Rücksicht auf sich selbst. Und doch war diese edle Drahthaarhündin trotz besagter Härte geradezu mimosenhaft empfindlich gegenüber ihrem eigenen Herrn. Ein hartes Wort genügte schon, um »Hesta« restlos einzuschüchtern. Anderseits war sie für Lob und Liebeln außerordentlich empfänglich. Es galt deshalb, bei ihrer Abrichtung die Einwirkungen peinlichst zu begrenzen und ihr, sobald sie sich erwünscht verhielt, sofort ein freundliches Gesicht zu zeigen, dabei mit liebevollem Zuspruch nicht zu sparen. Die Gefahr, daß diese Hündin unerwünscht verknüpfte, war infolge ihrer ausgesprochenen Empfindsamkeit sehr groß — trotz der Passion, die sie beseelte. So hat sie bei der Einarbeit im Felde infolge meiner Einwirkungen kurze Zeit *geblinkt*. Die Hündin stutzte dabei fast unmerklich, wenn ihr Hühnerwitterung in die Nase kam, und suchte pausenlos, als ob sie nichts von dieser wahrgenommen hätte, weiter.

Die Korrektur war denkbar einfach: Ich nahm die Hündin freundlich an die Leine und ließ dann ihren firmen Partner »Buschmann« suchen. Der vielbewährte Langhaarrüde fand und zeigte uns die Hühner rasch. Liebelnd und ermunternd führte ich nun »Hesta« neben ihn und versetzte sie durch eigenes entsprechendes Verhalten in gehörige Spannung. Sie stand und zog dann, als die Hühner liefen, sauber mit. Beim Abstreichen der Hühner drückte ich sie sanft zu Boden und war ihr dann so gut wie einer liebenswerten Jungfer nach dem ersten Kuß. Das Praliné vertrat bei ihr ein saftiger Brocken. Dasselbe wurde dann zur Sicherheit noch einmal wiederholt — mit dem Erfolg, daß »Hesta« niemals wieder blinkte.

Die Hündin suchte, fand und stand im Felde mit derselben Sicherheit, mit der sie sich auf Spur und Fährte als Schweißarbeiter und Verlorenbringer in der Praxis immer wieder auszuzeichnen wußte. P. van Gülpen hat das seinerzeit bestätigt. Er prüfte »Hesta« nicht nur auf ihrer ersten Schweißprüfung auf natürlicher Hochwildwundfährte, sondern auch auf der Gebrauchsprüfung im Felde. Auf dieser war die Hündin sonst schon durchgeprüft und kam im Feld als letzte dran. So jagten wir mit »Hesta« lustig Hühner, wobei trotz vorgeschrittener Tageszeit noch gut ein halbes Dutzend in die Schlingen kam.

Abb. 26 Übung des Vorstehens mit Hilfe eines zuverlässigen älteren Hundes

Beim Einarbeiten eines jungen kann die Hilfe eines älteren, erfahrenen Hundes überhaupt sehr nützlich sein. Indem er findet und die Hühner zuverlässig vorsteht oder festmacht, verschafft er uns die beste Möglichkeit, den jungen Hund an langer Leine gegen Wind ans Wild heranzubringen. Wir sind dann gänzlich Herr der Lage. Der junge Hund ist an der langen Leine fest in unserer Hand. Wir sind deshalb imstande, den Jüngling auf besagte Weise direkt anzuleiten, auch nötigenfalls sofort zur Einwirkung bereit, sobald er die gegebenen Zeichen zu festem Vorstehen und ruhigem, verhaltenem Nachziehen nicht in gehöriger Weise respektiert oder sich beim Abstreichen der Hühner nicht augenblicklich niederlegt (Abb. 26).

Sucht der ältere Hund, so bleibt der Jüngling an der Leine und umgekehrt. Gleichzeitiges Schnallen beider würde dazu führen, daß sich der jüngere dem älteren als dem Kopfhund einfach anhängt und sich ganz auf ihn verläßt. Dazu kämen noch die Fehler, die der Jüngling aus Passion oder auch aus Neid begehen könnte — beim Winken einer Hasenblume oder wenn sein Partner Wild gefunden hat. Sieht der angeleinte Jüngling dessen Arbeit zu, so genügt das schon, um ihn in erwünschter Weise anzuregen. Vor allem aber haben wir dabei die Möglichkeit, den jungen Hund mit Vorbedacht an Wild zu bringen, sobald der ältere gefunden hat, und zwar, wie eben ausgeführt, *ausschließlich an der langen Leine*. Das übt und wirkt erzieherisch! Selbstvertrauen gewinnt der Jüngling nebenher — nicht anders aber als in wohlgeleiteter *Allein*arbeit.

Bei dieser Art der Führung dauert es nicht lange, und der Hund steht zuverlässig durch, auch wenn der Führer weit entfernt ist. Das vorsichtige Nacharbeiten auf Geläuf ergibt sich dann von selbst. Wird der Hund dabei — auf den gedehnt gegebenen Zuspruch »vorwärts« — etwas heftig, so bremst man ihn sofort mit Triller oder Zuruf »Halt«. Auch hier macht Übung bald den Meister, sofern der Hund nur die erwünschte feine Nase hat.

Bei zunehmender Sicherheit und Zuverlässigkeit muß man dem Hunde einige Freiheit lassen, die es ihm ermöglicht, bestimmte Fertigkeiten zu entwickeln, wie beispielsweise das geschickte Festmachen der abgelaufenen Hühner. Sollte ihm hierbei auch wirklich hin und wieder mal ein Fehler unterlaufen, so ist das gar kein Unglück. Je mehr Passion ein Hund hat, um so leichter unterläuft ihm mal ein Schwupper. Die Möglichkeit, verbessernd einzugreifen, haben wir ja stets. Hierzu ein Beispiel: Laufen die Hühner mit Seitenwind ab, und folgt der Hund mit tiefer Nase dem Geläuf, anstatt abzubrechen und, unter Wind flankierend, vorzugreifen, so trillern wir ihn kurz zusammen und dirigieren ihn im Halbkreis unter Wind des Geläufs oder der abgelaufenen Hühner. Auf diese Weise lernt er das Flankieren, das ihn in den Wind der vorzustehenden Hühner bringt und ihn davor bewahrt, sie auf Geläuf herauszubohren.

Zur Paarsuche mit einem *zuverlässigen* Partner wird der Hund erst dann geschnallt, wenn er in Unterordnung und Gehorsam, im Finden, Vorstehen und Nachziehen so sicher ist, daß wir uns ganz und gar auf ihn verlassen können — nicht früher! Dann lehren wir ihn auch das *Sekundieren*. Er hat dann auf Entfernung mitzustehen oder haltzumachen, sobald der andere »im Anschlag liegt«, auch wenn er selbst das Wild nicht in der Nase haben kann (Abb. 27). Manchen — meist sensiblen — Hunden ist das Sekundieren angewölft; sie tun es ganz von selbst. Die meisten müssen es jedoch erst lernen. Das Zeichen ist der Trillerpfiff, sobald der Partner anzieht oder vorsteht. Er bleibt es, bis der Hund mit Hilfe dieses Hörzeichens verknüpft hat, daß schon der Gesichtsreiz »Vorstehen des Partners« für ihn Halt bedeutet und so selbst zum Zeichen wird.

Zwei Hunde, die sich ideal ergänzten, sich auch im Felde prachtvoll sekundierten, waren die eben erwähnte nervige Drahthaar-Schönheit »Hesta-Cranzin« 3038 und der braune, typisch ebenso schöne deutsch-langhaarige Gebrauchsprüfungssieger »Hasso vom Müritzstrand« 3547. Jagd auf Oktoberhühner war mit diesen beiden Trautgesellen ein besonderes Vergnügen. Zur Paarsuche geschnallt, nahm jeder Feld für sich; keiner kam dabei dem Partner

Abb. 27 Sekundieren

in die Quere. Stand einer vor, sekundierte ihm der andere unverzüglich. Die Entfernung spielte dabei keine Rolle. So jagten wir die vollbeflogenen Hühner, die um diese Jahreszeit schlecht halten, systematisch matt, bis sie schließlich hielten. Und war es auch nur ein halbes Dutzend Hühner, das wir nach solchem spätherbstlichen Jagen mit nach Hause brachten, was aber in den Schlingen hing, war ansehnliches Wild. Auch in Figur und Farbe ist das volle, ausgeschilderte Oktoberhuhn mit dem im fahlen Sommerkleid nicht zu vergleichen.

Das *Umschlagen* lernt der Hund am ersten beim Buschieren, wenn das vorgestandene Wild sich drückt. Beim Herankommen des Führers bricht der Hund dann ab, umschlägt das Wild und steht es auf der anderen Seite, also mit dem Winde vor, so daß es zwischen Hund und Führer liegt.

Vereinzelt zeigen intelligente Hunde das Umschlagen auch im Felde, um das gefundene und erst vorgestandene Wild am Ablaufen zu hindern. Eine solche eindrucksvolle Arbeit sah ich letztmals im Oktober 1951 im Emsland von Stephan Schilgens Drahthaarrüden »Elmar aus dem Brook« 7677 Vbr. Einen Fasanenhahn, den er erst vorgestanden hatte und der, wie »Elmars« Nacharbeit ergab, in einer Rübenbreite vor ihm abgelaufen war, umschlug er regelrecht. Aus dem Nachziehen abbrechend, verließ der Hund mit Seitenwind das Stück, um in der Randfurche mit Stirnwind etwa 50 Schritt geradeaus zu ziehen. Dann bog er wieder in die Rüben ab und zog mit Nackenwind die Stelle an, an der der Hahn nach seiner Schätzung liegen mußte und auch lag. Als der Hund dort wieder vorstand, traf sein ernster, feierlicher Blick zuerst den Führer. Dann äugte »Elmar« wieder vor sich in die Rüben. Damit wollte er zum Ausdruck bringen: Komm schon ran und tritt ihn raus; hier vor mir — zwischen dir und mir — muß ja der Gockel liegen! So etwas nennt man Jagdverstand, und dieser drückte sich in »Elmars« ganzer Arbeit aus. Die Art und Weise, wie er dabei alles anzupacken wußte, zeugte nicht nur von besonderer Routine; hier offenbarte sich auch ausgesprochene Intelligenz.

Erwähnt sei hier auch das sehr seltene *Annoncieren,* das Verweisen von gefundenem Federwild. Nachdem der Hund es eine Zeitlang vorstand, bricht er ab und sucht den Führer auf, um diesen an das Wild heranzuführen, das dann vom Hunde wieder angezogen und fest vorgestanden wird. Eine Eigenschaft, die dem im ersten Weltkriege erloschenen Englisch-Setterstamm des Zwingers »Tricolore« eigen war. Züchter dieser Dreifarb-Setter war Konsul Stolterfoth in Riga, ein tüchtiger Jäger, der im Herbst in seiner baltischen Heimat mit Vorliebe auf Schneehühner und junges Birkwild jagte, wobei ihm seine Annonceure im dortigen Busch- und Moorgelände von denkbar großem Nutzen waren.

Über dieses »Verweisen« auf der Hühnersuche, wie es einst in den baltischen Ostseeprovinzen geübt wurde, teilt A. v. FERSEN in Nr. 5/1959 der »Pirsch« u. a. folgendes mit:

»Pointer und Setter wurden mehr oder weniger zu Gebrauchshunden ausgebildet. Sie mußten sicher apportieren, im Schilfwasser stöbern und bei Treibjagden als Verlorenbringer dienen. Da auf der Hühnersuche besonders das Birkwild fast immer in schwer übersehbarem Gelände lag, wo man den Hund oft gänzlich aus den Augen verlor, war man genötigt, durch Hinterherlaufen die Verbindung mit dem suchenden oder schon irgendwo vorstehenden Hunde zu halten, was oft sehr ermüdend war. Da kam den Jägern im Baltikum eine Eigenschaft einiger Pointer-, seltener Englisch-Setter-Stämme zunutze: das *Verweisen* gefundenen Wildes oder, wie es bei uns damals hieß, das *Annoncieren*.

Die Anlage zu dieser Eigenschaft lag den genannten Hunden schon im Blut und vererbte sich ziemlich sicher, mußte aber durch eine sinngemäße Abführung geweckt und durch viel Praxis gefördert und vervollkommnet werden. Das Verweisen bestand darin, daß der Hund bei der Suche vor gefundenem Wild das Vorstehen von selbst vorsichtig abbrach und zu seinem Herrn zurückkehrte, um diesen dann, vorlaufend und sich immer wieder nach ihm umsehend, zum Wilde zu führen. Bei diesem Verweisen hörte das Hinterherlaufen des Jägers auf. Man konnte ruhig darauf warten, daß der oft lange Zeit außer Sicht suchende oder vorstehende Hund zurückkam und den Jäger zum Wild führte.«

Und weiter schreibt v. FERSEN über seine Pointerhündin »Käthe«:

»Nachdem ›Käthe‹ langes und festes Vorstehen erst an der Leine, dann frei gelernt hatte, rief oder winkte ich sie beim Vorstehen zu mir zurück, zuerst wiederum mit Hilfe der langen Leine, allmählich aber auch frei. Je fester die Hündin mit der Zeit vorzustehen gelernt hatte, um so unwilliger wollte sie sich von der erregenden Witterung lösen. Ich mußte sie zuerst fast mit Gewalt an der Leine zurücknehmen. Aber allmählich lernte sie es doch, ja sie sah sich bald schon nach kurzem Vorstehen nach mir um, und damit hatte ich gewonnen. Stand ›Käthe‹ vor, und fand sie mich dann beim Umschauen nicht, weil ich mich verbarg, so kam sie bald zurück, um mich zu suchen und mich dann, indem sie sich immer wieder nach mir umsah, zum Wild zu führen. Viel schwerer löste sie sich vom Wilde, wenn sie mich sehen konnte. Fast schien es mir, als wollte sie sagen: Ja, komm du doch her; du siehst ja, daß ich Wild gefunden habe und vorstehe; warum soll ich da erst noch mal zu dir zurückkehren? — Blieb ich aber in der Ferne stehen, die Hündin mit erhobenem Arm zurückwinkend, so brach sie doch nach mehrmaligem Sichumwenden das Vorstehen ab und kam, wenn auch erst zögernd und immer wieder stehenbleibend, zurück. So spielte sich das Annoncieren allmählich ein, und als ›Käthe‹ im dritten Felde stand, konnte ich mich todsicher auf ihr Verweisen verlassen. Ich habe im Laufe der Jahre noch zwei Töchter von ›Käthe‹ geführt. Beide waren im Verweisen gleich vollkommen wie ihre Mutter.«

Daß sich der Hund sowohl beim Abstreichen der Hühner als auch auf Schuß ganz einwandfrei verhält und das geschossene Huhn erst apportiert, wenn ihm das Hörzeichen dazu gegeben wird, ist äußerst wichtig (Abb. 28). Sehr lästig ist die *Schußhitze*, die bei einem oberflächlich dressierten und lässig geführten Hunde so überhandzunehmen vermag, daß sie über kurz oder lang in Besessenheit ausartet. Dieses Laster ist um so schwerer wieder zu beheben, je mehr es einen Hund beherrscht. Es stört beim Jagen ungemein. Gesetzt den Fall, die Hühner stehen einzeln auf, was in dichter Deckung — wie hohem Graswuchs, Seradella usw. — öfter vorkommt, so wirft der Hund, der auf den Schuß hin einspringt, um das zuerst beschossene Huhn sofort zu apportieren oder dem gefehlten nachzuprellen, die anderen, die sonst noch halten würden, durch sein Ungestüm in kurzer Zeit restlos heraus. Damit verpatzt er seinem Führer die günstige Gelegenheit, mehrmals zu Schuß zu kommen, gründlich. Als weitere Begleiterscheinung dieses Lasters, die nicht weniger übel ist, nenne ich das Knautschen, das bei vorhandener Anlage durch Schußhitze sehr rasch hervorgerufen und gefördert wird.

Und schließlich ist es der Verlust der Ruhe nach dem Schuß, der den Hund so aufgeregt und heftig macht, daß er zu konzentrierter Arbeit als Verlorenbringer nicht mehr fähig ist.

Das mag genügen als Beweis für die Notwendigkeit der unbedingten *Ruhe nach dem Schuß*.

Es gilt deshalb, der Schußhitze von vornherein durch peinliche Dressur und konsequente Führung vorzubeugen.

Wie im Abschnitt »Halt« schon ausgeführt, hat der Hund auf Anschlag mit der Flinte haltzumachen. Auf Schuß muß er im Halt verharren. Geworfene und blind beschossene Gegenstände darf der Hund, wie später das vor ihm geschossene Wild, erst bringen, wenn er dazu aufgefordert wird, nicht eher! Wie man das übt, ist im genannten und im fünften Abschnitt dieses Buches schon behandelt.

Infolge unserer Einarbeit im Frühjahrsfeld ist der junge Hund bereits daran gewöhnt, vor abstreichenden Hühnern haltzumachen und, unseres Winks gewärtig, stets so lange auf dem Fleck zu bleiben, bis er weitersuchen *darf*. Er wird sich dann auch ohne die empfohlene Vorübung im Halt auf Anschlag usw. noch beherrschen, wenn im Herbst das erste Huhn vor ihm ge-

Abb. 28 *Ruhe beim Abstreichen der Hühner und auf Schuß*

schossen wird. Trotzdem ist diese Übung nicht nur vorsorglich zu exerzieren;
sie ist und bleibt auch späterhin die Sicherung für *alle* Fälle, die unverzüglich
eingeschaltet werden kann, sobald sich eine Lockerung und damit die Notwendigkeit ergibt, den angenommenen Fehler schnellstens abzustellen. Und
darauf kommt es immer wieder an!
Die ersten Hühner, die vor dem Hund geschossen werden, nimmt man vorteilhaft selbst auf. Zur Festigung seiner Ruhe bleibt der Hund solange liegen.
Alsdann entfernen wir uns mit dem Hunde und legen ihn in Deckung ab.
Nach einer Weile darf er das geschleppte oder wieder weggeworfene Huhn
selbst suchen und uns bringen. Ein solches Exerzitium, das auch später hin
und wieder vorgenommen werden kann, erzieht zur Ruhe. Der Hund erfährt
alsdann von neuem, daß er auf Schuß am Fleck zu bleiben und erst auf Hörzeichen »apport« zu bringen hat.
Bewahrt der Führer auch beim Jagen selber die so nötige Ruhe, so teilt sich
diese auch dem Hunde mit. Ein aufgeregter Schießer ist als Hundeführer gänzlich ungeeignet und verdirbt in Kürze selbst den besten Hund.
Fällt ein geschossenes Huhn in hohe, dichte Deckung, so steigt die Wittrung
langsam wie in einem Schacht darin empor. Erst beim Überfließen breitet sie
sich mit dem Winde aus. Unter diesen Umständen empfiehlt es sich, den
Hund erst einige Minuten nach dem Schuß zum Apportieren aufzufordern.
Auch an sonstigen überwindigen oder windgeschützten Stellen, wie in Gräben, Löchern, Mulden usw., kann der Hund das Huhn erst finden, wenn die

Wittrung in den Wind gestiegen ist. Und das kann, je nach Tiefe oder Enge dieser Stellen, zehn Minuten oder länger dauern.

Ist ein Huhn geflügelt, so wird der Hund es um so sicherer finden, je ruhiger er die Arbeit aufnimmt. Zur Nacharbeit auf Wundgeläuf muß er die Nase gut herunternehmen; mit hoher Nase könnte er das abgelaufene Huhn ja nur durch Zufall finden. Versucht er das, so trillern wir ihn unverzüglich nieder. Indem wir ihn danach erneut zum »Anschuß« dirigieren, heißt es wieder »such verloren apport«. Jede Aufgeregtheit sofort niederhaltend, lassen wir den Hund erst dann aus dem Bereich der Flinte, wenn er sichtlich das Geläuf verfolgt. Er muß von vornherein erfahren, daß nur dieses zur ersehnten Beute führt. Wir kennen dabei »keine Uhr und keine Eile«, nur Gründlichkeit! Mit anderen Worten: Ist ein Huhn geflügelt, so gilt die Weiterarbeit ihm allein. Da gibt's kein Lockerlassen, bis das Huhn zur Strecke ist. Das muß dem Hund zur eisernen Gewohnheit werden. Mit den Erfolgen steigert sich bei ihm auch die Routine, so daß wir uns nach konsequenter Einarbeit sehr bald auf ihn verlassen können.

Stellen sich besondere Hindernisse in den Weg, wie unbewachsene, trockene Stellen, auf denen das Geläuf nicht steht, so lassen wir den Hund durch Vorgreifen die Schwierigkeiten überwinden. Ob solcher Unterstützung wird er sich in Kürze selbst zu helfen wissen. Er klammert sich dann weiter ans Geläuf und bleibt deshalb bemüht, den abgerissenen Faden durch angespanntes Bögeln wieder aufzunehmen. Hat er den Bogen erst einmal heraus, so geht ihm auch ein alter, verzwickten Laufens kundiger Hahn so ohne weiters nicht durch die Binsen.

Mein Kurzhaarsieger »Rauck-Mauderode-Westerholt« 4658, ein Rüde, der anerkanntermaßen den sogenannten großen Suchenstil besaß, fand einmal einen solchen alten Hahn in einem Grabendurchlaß. Die Strecke, die der Hahn bis dorthin kreuz und quer gelaufen war, nachdem ich ihm die eine Handschwinge zerschossen hatte, betrug fast einen Kilometer! Fünfzig Meter vor dem Durchlaß hatte er den trockenen Graben angenommen.

Zu besonderer Meisterschaft im Verlorenbringen geflügelter Hühner brachte es mein Langhaarrüde »Buschmann vom Rüdenhay« 2156 Vbr. Mit ihm ging mir in langer Praxis nur ein einziges Huhn verloren, und zwar bei großer Trockenheit auf märkischem Dünensand.

Jede gute Arbeit, die der Hund in wechselvoller Praxis als Verlorenbringer leistet, ist ein Gewinn für ihn und uns. Er wächst uns damit immer mehr ans Herz. Und das Bewußtsein, daß wir ihm auch bei der Arbeit nach dem Schuß vertrauen dürfen, befriedigt und erfreut uns ebenso, wie wir uns später mit Vergnügen solcher Leistungen erinnern.

7 | Die Arbeit nach dem Schuß

Der Stolz des Jägers sei sein Hund;
bringt der verloren, was da wund,
und jagt er, was da krank, zu Stand,
so ist das Waidwerk Hand in Hand.

Je ausgeprägter und absoluter bei einem Hunde der *Spurwille* ist — der Wille, einer Spur durch dick und dünn, über alle Knöpfe und Knoten zu folgen und ungeachtet aller Schwierigkeiten drauf und dran zu bleiben —, um so besser ist er für die Arbeit nach dem Schuß veranlagt. Korrektes, zuverlässiges Bringen erlernt der Hund durch Abrichtung und Übung. Liegt ihm die Freude am Apportieren schon im Blute, so lernt er es sogar verhältnismäßig leicht. Im Gegensatz dazu vermag auch ein geschickter Abrichter den Hund nicht spurwillig zu machen, wenn dieser es nicht von Natur aus ist. Er kann den Spurwillen nur wecken und fördern sowie durch fortgesetzte zielbewußte Übung der Fährtenarbeit seines Hundes einen hohen Grad von *Sicherheit* verleihen. Damit erschöpft sich aber seine Kunst, die er überhaupt nur dann anwenden und entfalten kann, wenn ihm die Zucht in der Veranlagung des Hundes die nötigen Voraussetzungen dafür schuf.

Auch die *Schärfe* muß beim Hund als Anlage vorhanden sein. Fehlt sie ihm, so ist er für die Arbeit nach dem Schuß nur sehr bedingt verwendbar. Ein flüchtender angeflickter Fuchs kann bei der Nachsuche nur dann zur Strecke kommen, wenn der Hund ihn fängt und würgt. Erst dann vermag er ihn zu apportieren. Ähnliches gilt für jede Hatz an angeschweißtem Rehwild; erst wenn der Hund das Reh niedergezogen und mit Drosselgriff gewürgt hat, kann er es totverweisen oder als Totverbeller seine Stimme ertönen lassen. Nicht minder zu bedenken ist auch, daß sich krankes Rot- und Schwarzwild in der Regel nur vor einem scharfen Hunde stellt. Und faßt der Hund nicht zu, so können Hetzen auf Rotwildkälber, schwache Schmaltiere und weibliches Damwild leicht ins Uferlose gehen.

Sehr wesentlich für die Arbeit nach dem Schuß ist eine weitere Eigenschaft, die gleichfalls angewölft sein muß: *der Laut des Hundes bei der Hetze.* Es sei hier gleich bemerkt, daß dieser Hetzlaut nichts, aber auch gar nichts mit dem sog. losen Hals zu tun hat, wie er beispielsweise einem Totverbeller eignen muß. Es gibt Hunde, die bei der Hetze stumm sind und stumm bleiben, obwohl ihnen sonst das Herz auf der Zunge sitzt. Und umgekehrt könnten wir über Hunde berichten, die zwar locker spurlaut jagen, aber bei sonstigen Gelegenheiten kaum zum Lautgeben zu bewegen sind. Daneben sind uns ebenso viele spurlaute Hunde bekannt, die sich auch aus anderem Anlaß leicht bewogen fühlen, von ihrer Stimme ausgiebig Gebrauch zu machen. Mit anderen Worten: Während »Rustan« stumm jagt, aber beim Anblick der gefüllten Futterschüssel Laut gibt, daß die Wände wackeln, jagt »Rino« laut wie eine Bracke, ist aber sonst verschwiegen wie ein Grab, und die geschwätzige »Rita« wird aus jedem Anlaß laut — sowohl beim Jagen auf der Hasenspur als auch bei irgendwelcher anderen Gemütserregung. Und »Rolf« sagt überhaupt nichts. Sich lautlich mitzuteilen, liegt ihm nicht. Er beschränkt sich da auf andere Ausdrucksformen. Hetzlaut und loser Hals aus sonstigem Anreiz sind also, wie wir sehen, erblich ganz getrennte Eigenschaften. Sie können zwar in einem Hund vereinigt sein, die Regel ist das aber nicht.

Beim Hetzlaut des Hundes unterscheidet man zwischen *Spur-* und *Sichtlaut.* Der wahre Prüfstein ist bei ihrer Unaufdringlichkeit als Reiz allein die Hasenspur. Auf Schalenwildfährte und Kaninchenspur jagen nicht selten auch solche Hunde noch laut, wenn auch vielleicht nur »hochwindlaut«, die auf der Hase*nspur* nichts von sich hören lassen, ja hinterm Hasen höchstens sichtlaut sind.

Oberforstmeister Friess, der geistige Vater der Zucht des Deutschen Wachtelhundes, war zugleich auch einer der besten Kenner des jagenden Hundes. Er vertrat die These, daß der am Hasen wirklich und *locker* spurlaut jagende Hund eine feine Nase haben muß. Hunde, die beim Jagen zu viel an ihre Nase denken müssen, sind nach den eingehenden Beobachtungen dieses sehr erfahrenen Praktikers im Laut behindert. Womit aber selbstverständlich nicht gesagt sein soll, daß ein nur sichtlauter oder stummer Hund infolgedessen eine weniger feine Nasen haben muß. Frieß' Behauptung, die sich mit der Ansicht manches alterfahrenen Brackenjägers decken dürfte, gilt nur für den Unterschied im Spurlaut selbst. Allerdings: Ein Hund, der weiterläutet, wenn er die Spur verschossen oder ganz verloren hat, ist *waidlaut,* was auch als Wesensfehler gilt. Die Brackenjäger des Nordens nennen solche Hunde sehr bezeichnend schwatzhaft und merzen sie aus.

Die Ansicht, daß sichtlautes Jagen in seinem Wert oder Unwert dem stummen etwa gleichzusetzen sei, ist in jedem Falle übertrieben. Ja, ich kenne sehr erfahrene Hochwildjäger und Schweißhundführer, die sowohl für das Stöbern auf Sauen als auch für Hetzen bei der Schweißarbeit gegenüber dem locker fährtelauten Hund den sichtlauten oder den Hund bevorzugen, der erst dann fährtelaut wird, wenn das Wild vor ihm flüchtig wurde. Dann wissen sie, daß der Hund am Stück ist und ihm sozusagen auf den Schalen folgt. Den losen »Vorlaut« wollen sie nicht hören; er kann ja durch ein ganzes Jagen gehen, das vom Wild bereits verlassen ist. Und das Wild weiß immer, wo sich der Hund jeweils befindet, in welchem Abstand er auf seiner Fährte jagt. So wird ein krankes Stück so lange und so weit wie möglich auf den Läufen bleiben. Es kann dabei durch Widergänge, Annehmen von Wasserläufen und dergleichen die Hatz noch sehr verlängern und erschweren.

Trotzdem: Wer jemals mit einem *am Hasen* zuverlässig spurlauten Hunde vielseitig gejagt hat, wird ohne weiteres zugeben, daß der *Spurlaut ein besonderer Vorzug* des damit begabten Hundes ist. Man weiß da stets, wohin das Wild sich wandte, und kann dementsprechend planen, wenn man die Pässe oder Wechsel kennt. Es kann auch nicht bestritten werden, daß das Stöbern auf Hase oder Fuchs mit einem Hunde, der nicht locker spurlaut jagt, eine mehr als zweifelhafte Sache ist. Sichtlaut an Hase oder Fuchs im dicken Zeug besagt nur, daß der Hund etwas gefunden und zugleich gesehen hat. Nicht mehr! Kaum, daß der Laut ertönte, reißt er auch schon wieder ab. Genauso ist es bei der Arbeit auf der Wundspur. Man weiß da nie, wohin die Hetze geht. Und wie wichtig ist es doch, zu wissen, welchen Weg die Hetze beispielsweise hinter einem kranken Fuchs genommen hat, wenn Reineke entkam und man den Bau kennt, den er noch erreicht und angenommen haben kann! Vom stummen Hund erfährt man außerhalb des Blickfelds mangels des akustischen Signales überhaupt nichts. Und was beunruhigt das Wild wohl mehr beim Stöbern als das Jagen eines stummen Hundes! In seiner Angst vor unliebsamer Überraschung weiß es nie, wo sich der böse Feind im Augenblick befindet. Dagegen zeigt sich immer wieder, daß gesundes Rehwild öfter nur beiseite, aus dem Wind tritt oder um den Hund herumzieht, wenn er läutend eine Spur verfolgt. Und gilt ihm selbst die laute Jagd, so »spielt« es häufig mit dem Hunde, besonders wenn es sich dabei um einen Hund von niederer Bauart handelt, der mit seinen kürzeren Läufen keine sonderliche Schnelligkeit entwickeln kann. Das Wild vernimmt ihn ja und weiß so immer, wo er sich befindet. So ist selbst Rotwild öfter gar nicht oder nur mit Mühe zu bewegen, einen größeren Einstand zu verlassen.

Der Spurlaut ist nichts anderes als das ausdrucksfähige akustische Signal des Hundes an den Meutepartner über Jagdbeginn und den allein vom Wild bestimmten Gang des Jagens. Der Meutepartner braucht durchaus kein anderer Hund zu sein; auch seinen Führer sieht der Hund als solchen an. Der Ton macht auch beim Spurlaut die Musik, der ein geübtes, mit der Unterschiedlichkeit der Klangabstufung wohlvertrautes Ohr sehr viel entnehmen kann, so auch die Wildart, der die Hetze jeweils gilt. Das Läuten auf der Spur verhält sich im Vergleich zum Sichtlaut wie das Horn zur Hupe.

Nach diesen einleitenden Feststellungen zur *Spur- und Fährtenarbeit* selbst! Den *Grad der Veranlagung* zur Spurarbeit prüfen kann man nur von Fall zu Fall, nachdem das Interesse des Hundes an der Hasenspur geweckt ist und im Spurwillen entfaltet und bekundet wird. Damit haben wir schon angedeutet, daß wegen ihrer Forderungen an Nase und Trieb des Hundes auch hier als *Prüfstein einzig und allein die Hasenspur* in Frage kommt, auf die der Hund durch überlegte Nutzung aller Möglichkeiten planvoll einzustellen ist.

Keine andere Wildspur oder -fährte verlangt vom Hunde so viel »Drang nach vorn« und so viel Fähigkeit zu angespannter Folge wie die Fluchtspur unseres biederen Meisters Lampe. Man braucht sich nur die filzig dicht und weich behaarten Sohlenflächen seiner Zehen anzusehen und braucht dann nur die leichten Eindrücke, die seine Spur auf bindigem Boden hinterläßt, mit denen anderen Wildes zu vergleichen! Dann läßt sich schon ermessen, wie schwach allein die Bodenwitterung sein muß, die er als Duft von angedrückter und verletzter Erde oder angeknickten Pflanzenteilen hinterläßt.

Mitteilsamer und für die Hundenase in erster Linie leitend dürfte eine andere Wittrungskomponente sein, die Art- und Eigenwittrung, die der Hase an den Sohlenflächen trägt. Da in Lampes Zehenballen keine Spur von Duftdrüsen zu finden ist, die Ballen vielmehr nur Erhabenheiten sind, die durch die starken Haarwurzeln der dichten Haarbürsten gebildet werden, so muß die Art- und Eigenwittrung seiner Sohlenflächen anderen Ursprungs sein. Der Innsbrucker Biologie-Professor und fein beobachtende Jäger S. SCHUMACHER VON MARIENFRID vermutet diesen im Sekret eines Lagers von Duftdrüsen, das der Hase an der Innenseite seiner Backen in einer rinnenförmigen, mit borstenartigen Haaren ausgekleideten Vertiefung birgt. Wenn sich der Hase »wäscht«, wobei er sich gleichmäßig von hinten nach vorn, also gegen den Strich, über die Backen fährt, so dürfte er die Sohlenflächen seiner Vorderläufe damit parfümieren.

Sog. Platzmarkierungsorgane des Hasen, deren Sekrete für die Hundenase bei der Spurarbeit auch leitend werden können, sind die nur stecknadelkopfgroße Pigmentdrüse, die sich nahe der Nasenspitze in der Nasenhaut befindet, sowie die als Analdrüsen bezeichneten Duftdrüsen in der Gegend des Weidlochs. Während diese mit dem Boden in Berührung kommen, wenn der Hase sitzt, rutscht oder einen Kegel macht, dient jene dadurch einer Platzmarkierung, daß sie der Hase, nachdem er sich dazu ein wenig aufgerichtet hat, durch behutsam reibende Bewegungen mit Zweigen oder Halmen in Berührung bringt.

All das zu wissen, ist sehr wichtig, wenn man aus der Arbeit seines Hundes und allem, was er uns dabei zu zeigen hat, die richtigen Schlüsse ziehen will.

Es gibt auch kaum ein anderes Wild, das so gerissen Spuren läuft wie unser Hase. Biologisch und als Wild ist Lampe überhaupt viel interessanter und viel liebenswerter, als die meisten ahnen. Man muß es selbst gesehen haben, welcher taktischen Kniffe, welcher Finten und Raffinessen er sich bedient, um den seiner Spur folgenden Hund im Jagen aufzuhalten oder zu beirren. Ein scharfer Haken, alsdann ein langer Widergang, dem anschließend ein weiter Absprung mit dem Winde folgt — ein solcher Spurverlauf bedeutet einen Knoten! Lösen kann ihn nur ein Hund, der bei eisernem Spurwillen über das angewölbte *Rezept des jagenden Hundes* verfügt, die Fähigkeit, durch Bogenschlagen unter Wind die Fortsetzung der Spur zu finden und so wieder mittelbaren Anschluß an den Hasen zu gewinnen.

Sogar von einem tödlich angeflickten Hasen sah ich einen Absprung, der ihm kaum noch zuzutrauen war. Der Hase war mit halbem Wind schwerkrank an einem Ackerstück entlanggeflüchtet. Dann sprang er mit dem Winde über einen Feldweg ab, ohne diesen zu berühren! Das zeigte auch die Nachprüfung im Schnee. Der Hase hatte sich dann bald gedrückt. Eine Kurzhaarhündin, die der Wundspur gut gefolgt war und den Absprung sauber eingebögelt hatte, stach den Hasen dort und griff ihn schon nach kurzer Hatz.

Wie weckt man nun im jungen Hunde das Interesse für die Hasenspur?

Was flüchtet, löst im Raubtier und Bewegungsseher Hund mit dem Beutetrieb den Drang zur Folge aus. Mit anderen Worten: Was da flüchtet, will er hetzen, mit dem Endzweck, es zu fangen und zu fressen. Der Junghund hetzt deshalb zuerst aufs Auge. Es gibt Hunde, die sich für Spur und Fährte erst nach einigen Hetzen interessieren, die auf Sicht begannen. Liegt dem Hund die nötige Passion im Blute, so nimmt sein Wille, durchzuhalten, um an das angejagte Wild heranzukommen, im Laufe dieser Hetzen ganz beträchtlich zu. Schließlich ist er um die Fortsetzung der Folge so bemüht, daß er sie auch dann nicht aufgibt, wenn ihm der gehetzte Hase aus dem Auge kam. Er besinnt sich unwillkürlich seiner Nase und — hängt sich an die Spur! Je weiter er ihr folgt, je mehr der Hund bestrebt ist, sie auch dort zu halten, wo die Folge schwierig wird, und sich beim Überschießen oder gänzlichem Verlust der Spur durch Bogenschlagen wieder einzufädeln, um so ausgesprochener ist der *Spurwille* des Hundes. Und dieser ist's, der ihm bei Jagdverstand und feiner Nase in *richtiger Hand* sehr bald die *Sicherheit* verleiht, die ihn zum künftigen Verlorenbringer stempelt. Ein solcher Hund hat auch das Zeug zum guten Schweißarbeiter.

Ist im Hunde das Interesse für die Hasenspur erwacht, nimmt er sie ohne weiteres auf, und hält er sie, so ist der Augenblick gekommen, ihn methodisch darauf einzustellen. Um es kurz zu wiederholen: Die ersten Sichthetzen verfolgen lediglich den Zweck, im Hunde einmal die Passion zu wecken und zum andern die Verknüpfung herzustellen, daß der Hase nicht davonfliegt, sondern auf der Erde bleibt und weiterläuft, und daß die Hetze ihren Fortgang nehmen kann, ja an Reiz durchaus nichts einbüßt, wenn »man« sich dazu entschließt, auf Nase umzuschalten und der hinterlassenen Spur durch dick und dünn zu folgen. Infolgedessen wird der Hundeführer sich bemühen, dem Junghund diese ersten zweckbestimmten Hetzen möglichst dort zu bieten, wo der aufs Auge angejagte Hase in Kürze außer Sicht gerät. Den Hund dabei erst schnallen, kurz bevor der Hase in die Deckung springt! Dann abwarten, wie sich der Hund verhält. Gebraucht er seine Nase, um der Spur zu folgen, und bemüht er sich, sie notfalls einzubögeln oder auf die Stelle, wo die Spur verlorenging, zurückzugreifen, so ist schon viel gewonnen, auch wenn die Spurarbeit zunächst nicht weiter geht als etwa 50 Schritt. Sobald aber der Hund versucht, mit hoher Nase sich zurechtzufinden, faselt oder planlos stürmt, pfeifen wir ihn unverzüglich ab oder trillern ihn zusammen. Wir leinen ihn dann wieder an, um ihn, soweit das dann noch möglich ist, am Riemen für die Spur zu interessieren. Ist aber der verfolgte Zweck erreicht, im Hunde das Interesse am Hasen und der Hasenspur geweckt, so muß es künftig unsere Sorge sein, ihn an Sichthetzen nach Möglichkeit zu hindern. Das ist mitunter nicht ganz leicht, zumal in ebenem, übersichtlichem Gelände, solange es im Felde noch an Deckung fehlt. Dort sieht der Hund den Hasen häufig schon auf größere Entfernung, und hetzt er ihn, so bleibt er öfter kilometerweit mit ihm in Blickverbindung. Ein Hund, der in einer solchen Gegend seiner Hetzlust ungezügelt frönen darf, stellt sich dabei naturgemäß aufs Auge ein. Das Interesse an der Hasenspur, wie überhaupt die Lust zu hetzen, verliert er dabei um so schneller, je mehr Gelegenheit zum Hetzen er erhält. Hier bleibt nur eines übrig: den Hund im Halt auf Trillerpfiff so festzumachen, daß wir ihn jederzeit an einer unerwünschten Hetze hindern können.

Wie früher schon betont: Die Unterordnung des Hundes unter den Willen des Führers, mit anderen Worten seine Führigkeit, soll so gefestigt und verfeinert werden, daß der Hund im Felde auf Pfiff oder Trillerpfiff von jeder unerwünschten Hasenhetze abgehalten werden kann. Wohlgemerkt: von jeder *unerwünschten* Hasenhetze, wozu die Sichthetze auf jeden Fall gehört, sobald sie den ihr zugedachten Zweck erfüllt hat. Dies besagt schon, daß *dem Hunde das Interesse am Hasen und damit an der Hasenspur unter allen Umständen erhalten* werden soll. Ein solcher Grad der Unterordnung ist im allgemeinen nur durch Starkzwang zu erreichen. Schulmäßig muß der suchende Hund auf Trillerpfiff »zusammenklappen wie ein Taschenmesser«. Versagt er, wenn ihm Lampe mit der Blume winkt — und das tut ein passionierter Teufel, wie wir ihn uns wünschen, anfangs immer —, so wird die Übung, wenn der Hund zurückgekehrt ist, mit allem Nachdruck wiederholt, aber *erst, wenn nach dem Anleinen des Hundes einige Zeit verstrichen ist!* Was bezweckt, daß der Hund das Exerzitium nicht mit seiner Rückkehr von der Hasenhetze in Verbindung bringt.

Nichts darf dem Hunde bei der Rückkehr von der Hatz verraten, daß wir etwa ungehalten sind. Seines Ungehorsams ist er sich ja gar nicht mehr bewußt! Weshalb der Führer sich auch äußerlich beherrschen muß. Wer durch irgendwelche unbeherrschte Gesten Mißmut oder Ärger zu erkennen gibt, darf sich nicht wundern, wenn der Hund entsprechend reagiert und sich als ausgezeichneter Bewegungsdeuter so verhält, wie wir uns an seiner Stelle auch verhalten würden.

Läßt der Gesichtsreiz »flüchtiger Hase« den Hund den Trillerpfiff trotz solcher Unterordnungsübungen auch fürder überhören, so bedienen wir uns eines stärkeren Mittels. Wir greifen zu Dressurhalsband und langer Leine. Indem wir diese in der Schlaufe ihres freien Endes mit Gegenzug fest in der Hand behalten, lassen wir den hetzenden Hund mit Schwung »in die Korallen springen«. Der damit verbundene Hautreiz kann aber beim Hunde die erwünschte Verknüpfung nur dann herstellen, wenn, *zeitlich mit dem Sprung zusammenfallend, als Hörzeichen der Trillerpfiff ertönt!* Nur auf diese Weise kann der Hund verknüpfen, daß nicht das Hasenhetzen, sondern lediglich das Überhören des Pfiffes Schmerz erregt. Unterläßt der Abrichter im gegebenen Augenblick den Pfiff, so muß dies beim Hunde zwangsläufig zu der unerwünschten Verknüpfung führen, daß Hasenhetzen weh tut. Im Hinblick auf die künftige Verwendung des Hundes als Verlorenbringer liegt das Fehlerhafte dieser Unterlassung auf der Hand. Dasselbe gilt dem Sinne nach für jede andere Ein- und Fernwirkung mit Starkzwang, beispielsweise für den Kettenwurf, den Postenschuß mit der Zwille und endlich, nach Erschöpfung aller anderen Mittel, auch für den als ultima ratio anzuwendenden »Hemmschuß« spitz von hinten auf die Kruppe mit *feinem Schrot* und *halber* Pulverladung. Es gilt auch in besonderem Maße für das neuerdings so vielbenutzte Teletaktgerät, mit dem bei Nichtbeachtung des Gesagten schon mancher gute Hund zeitweilig oder ganz verdorben wurde. Ein Stromstoß, der, weil übereilt gegeben, nicht mit dem Hörzeichen zusammenfällt, zu dessen augenblicklicher Befolgung der damit bedachte Hund gezwungen werden soll, führt leicht zu einer Katastrophe, *zumal vor Wild!* Es ist ja logisch, daß eine solche grundverkehrte Ferneinwirkung, die meistens auf Vermenschlichung beruht, den Hund niemals erwünscht verknüpfen lassen kann. Im Gegenteil, denn je sensibler dieser ist, um so schwerer wiedergutzumachen sind bei ihm die Folgen einer solchen unbedachten Prozedur.

Ich betone: *Halt* ist das Mittel, um den Hund von einer unerwünschten Hetze abzuhalten. Halt auf jedes in Betracht kommende Zeichen — auf Zuruf, Handhoch oder Trillerpfiff (Abb. 25). Das Interesse für den Hasen und die Hasenspur darf keinesfalls darunter leiden. Ansonsten brauche ich den Hund ja nur nach Anlage der Zwangsriemen in Haltlage am Hasenlager für eine halbe Stunde oder länger abzulegen und mich zu entfernen. Eine Marter, die noch rascher wirkt als das von manchen angewandte Kriechenlassen bis zur Sasse. Ich wende beides ganz bewußt nicht an und warne grundsätzlich davor, und zwar in dem Bestreben, alles zu vermeiden, was den Hund im Zusammenhang mit Hasenwittrung irgendeine Unannehmlichkeit erfahren lassen könnte.

Trotz aller Exerzitien im Halt und aller Einwirkungen an der langen Leine sind manche Hunde nicht vom Hetzen abzuhalten. Bei ihnen ist der Beutetrieb, die Hetzpassion, so stark, daß sie im Augenblick die Unterordnung aufhebt, sofern die Hunde nicht den Zug der langen Leine spüren. Äußerstes Mittel ist hier, wie gesagt, der stellvertretenden Einwirkung, also dem Pfiff oder Zuruf, dadurch Geltung zu verschaffen, daß man sie ursprünglich unterstreicht, also beispielsweise den Trillerpfiff im gleichen Augenblick ertönen läßt, da den hetzenden Hund der Stromstoß oder der mit gebotener Vorsicht anzuwendende Hemmschuß spitz von hinten auf die Kruppe trifft. Das läßt den Hund über kurz oder lang erwünscht verknüpfen »Überhören des Halt verursacht Schmerz«, ohne daß die Hetzpassion an sich und das Interesse für den Hasen unter diesem Hautreiz leiden. Das Gegenteil wäre nur zu erreichen, wenn besagte Einwirkung allein erfolgen würde, also ohne das akustische Signal, was den Hund dann unerwünscht verknüpfen lassen müßte: Hasenhetzen schmerzt.

Es ist wesentlich einfacher, den Junghund völlig hasenrein zu machen, und zwar von vornherein. Er ist dann bald so hasenrein, daß für ihn allein das Sichtigwerden eines Hasen »halt« bedeutet. Das wäre aber nicht im Sinne seiner künftigen Verwendung bei der Arbeit nach dem Schuß. Für den späteren Schweißarbeiter und Verlorenbringer ist fortgesetzte, zielbewußte Arbeit auf der Hasenspur unschätzbar. Die *Hasenreinheit* kann deshalb bei ihm nur *Angelegenheit der Unterordnung* sein, nicht Grundsatz wie beim Spezialisten.

Die Passion für den Hasen darf dem Hunde also niemals ausgetrieben werden. Je mehr er sie infolge Unterordnung unter den Willen des Führers zügeln muß, um so größer ist sein Interesse für die Hasenspur: »Ach dürft' ich dich, wie wollt' ich dich...«

Hunde, die öfter Gelegenheit haben, sich in einer ausgesprochenen Hasengegend richtig satt zu hetzen, werden, wenn sie einigermaßen intelligent sind, meist in kurzer Zeit von selber hasenrein. Die Krummen interessieren sie dann überhaupt nicht mehr, denn die Hunde haben verknüpft, daß ihre Hetzen zwecklos sind. Das Interesse für den Hasen kommt erst wieder mit der Hasenjagd, mit dem Hetzen, Fangen und Bringen angeflickter Hasen. Ist der Hund an und für sich spurwillig, und wird er richtig geführt, also möglichst nicht auf sichtige Hasen, sondern erst nach Anfallen der Wundspur geschnallt, so kann in Anbetracht der reichlichen Gelegenheit schon in verhältnismäßig kurzer Zeit ein brauchbarer Verlorenbringer aus ihm werden. Denn auf gesunde Spuren changieren solche Hunde ohne weiteres nicht. Aber meistens läßt die Hundeführung auf größeren, streckenreichen Hasenjagden, sog. Hasenschlachten, viel zu wünschen übrig. Um mit dem Einbringen krankgeschossener Hasen ja keine Zeit zu verlieren, werden die Hunde in der Regel gleich zur Sichthetze geschnallt, oder es wird mit ihnen erst am nächsten Tage frei verloren nachgesucht. Verlorenbringer — Hunde also, die sich an die Wundspur klammern — zeitigt diese Art der Führung nicht.

Die besten Spurarbeiten zeigen häufig Hunde, die aus Revieren stammen, deren Feldgelände unübersichtlich, also wellig oder bewachsen ist. Ich denke dabei auch an Feldgehölze, Remisen, Hecken, Wallhecken und Knicks. Weite Sichthetzen sind hier nicht möglich. Der flüchtige Hase ist in einer Zeit von nullkommanichts aus dem Gesichtsfeld des Hundes verschwunden. Zudem hat er die Angewohnheit, nicht weit geradeaus zu laufen, sondern spätestens nach Passieren der nächsten Deckung einen Haken zu schlagen. So bleibt dem Hunde, wenn er richtig hetzen will, nichts anderes übrig, als sich an die Spur zu heften. Das Gelände zwingt ihn also, sich in jedem Falle auf die Nase zu verlassen. Je weniger Hasen das Revier bevölkern, um so größer ist der Anreiz für den passionierten Hund, bei jeglicher Gelegenheit den Krummen gründlich auf den Schwung zu bringen. Das Abgehen des Hasen ist dann immer nur das optische Signal zu einer lustigen Hetze auf der Spur.

Hunde, die aus solchen Revieren stammen, werden bei gleicher Veranlagung anderen, die den Hasen sattsam kennen, auf der Hasenspur stets überlegen sein — es sei denn, der Abrichter beugt bei letzteren einer Übersättigung im

Hetzen und der Einstellung aufs Auge schon beizeiten vor. Die Maßnahmen, die hierbei zu ergreifen sind, habe ich geschildert. Ich will die weitere Methode des Einarbeitens auf der Hasenspur jetzt so skizzieren, wie sie mich die grüne Praxis lehrte, und wie ich sie schon wiederholt beschrieben und empfohlen habe, erstmals gelegentlich der 26. Hauptversammlung des Jagdgebrauchs-hundverbandes am 3. Februar 1930 im Bayernhof zu Berlin. Angelehnt an die bewährte Hirschmann-Schule, die Einarbeit des Schweißhundes auf kalter gesunder Fährte, ist sie durchaus natürlich. Ich habe sie seit Jahr und Tag erprobt, und die Erfolge, die ich und andere ihr zu danken haben, sind mir Beweis genug für ihre Gangbarkeit und ihre Angemessenheit auch an die Vorbereitungen zur eigentlichen Feldarbeit des jungen Vorstehhundes. Das Verfahren ist mit diesen absolut vereinbar. Es zügelt ja den Hund und wirkt auf diese Weise jeglicher Verwilderung entgegen.

Ist der Hund so fest in unserer Hand, daß er den Trillerpfiff auch dann mit Halt quittiert, wenn er zu einer Hasenhetze eben angesetzt hat, so üben wir mit ihm ganz zielbewußt die *Riemenarbeit auf der Hasenspur*. Den Vorgeschmack für diese Übung können wir dem Hunde vorher schon vermitteln. Der Zeitpunkt dazu ist gekommen, sobald der Springinsfeld erfahren hat, daß die Spur des Hasen ein zwar unsichtbarer, aber mit der Nase wahrnehmbarer Faden ist, an dem entlang der hetzbeflissene Hund dem Hasen immer näher kommt.

Man schlägt mit solchen Übungen zwei Fliegen mit einer Klappe, indem man einmal die Spursicherheit fördert und zum andern den Hund *riemenfest* macht, was auch für spätere Schweißarbeiten in der Praxis äußerst wichtig ist.

Schon beim Abdocken des Schweißriemens und beim Anlegen der Schweiß-halsung verknüpft der Hund sehr bald, daß es jetzt einer Arbeit mit tiefer Nase gilt. Wir lassen den Hund mit dem rechten Vorderlauf über den Riemen treten, so daß die Halsung nur die obere Halspartie belastet, sobald der Hund mit tiefer Nase ansucht. Dazu kommen als weitere, für den Hund bedeutsame Merkzeichen das gemimte Betrachten der Spur durch den Führer, das Auswerfen des Schweißriemens mit der rechten Hand nach hinten, während die linke Hand den vorerst kurzgefaßten Riemen festhält, und dann — in Verbindung mit dem Hörzeichen »such vorhin« — die zum Boden weisende Handbewegung.

Sobald der Hund die Spur mit tiefer Nase anfällt, geben wir ihm Riemen. Dieser gleitet dabei durch die linke Hand. Die weitere Riemenführung sei feinfühlig-elastisch und immer so, daß sich der Hund beim Fortbringen der Spur ganz ungehemmt entwickeln kann. Hat er uns etwas zu *zeigen*, verhält er also bei der Arbeit, um beispielsweise eine Bodenstelle oder einen Grashalm eifrig zu bewinden, so greifen wir am Riemen nach und lassen uns zu ihm herab, immer mit dem Zuspruch »so brav, mein Hund, laß sehn«. Auf diese Weise lernt der Hund erfahren, daß wir uns für alles interessieren, was er findet und auf diese ausdrucksvolle Weise zeigt. Er wird dann kurz gestreichelt, wobei auch der Ermunterungslaut »so brav« nie fehlen soll, und darf dann weitersuchen.

Auch diese Anregung zum Zeigenlassen ist äußerst wichtig für die spätere Schweißarbeit am Riemen.

Geht bei der Riemenarbeit ein anderer als der gesuchte Hase in Sichtnähe des Hundes ab, so heißt es »halt«. Weiterarbeit auf der Ansatzspur erst, wenn der Hase verschwunden ist und der Hund sich beruhigt hat. Auf keinen Fall darf dem Hunde gestattet werden, auf die Spur des anderen Hasen zu changieren. Lieber trage man ihn ab!

Gelingt es, den gesuchten Hasen bei der Riemenarbeit zu »stechen«, so heißt es wieder »halt«, und dabei wird am Riemen nachgegriffen und der Hund ganz sanft ermuntert und geliebelt. Er muß erfahren, daß wir mit seiner Leistung sehr zufrieden sind. Alsdann wird am liegenden Hunde der Schweißriemen durch die Halsung gezogen. Ein Weilchen, nachdem der Hase aus dem Blickfeld des Hundes verschwunden ist, wird die Riemenarbeit bis zur frisch verlassenen Sasse oder dem Punkt, an dem der Hase flüchtig wurde, und dann möglichst noch ein Stück darüber hinaus fortgesetzt. Dann wird das eine Riemenende losgelassen. Der Riemen gleitet durch die Halsung, und der Hund ist, ohne daß er es gleich merkt, zur Spurhetze geschnallt. Dieses kann auch dann geschehen, wenn der Hase abging, ohne daß wir es bemerkten. Der Eifer des Hundes auf der warmen Spur sagt uns ja, wann wir ihm die Spurhetze gestatten dürfen.

Wer auf diese natürliche Weise Hunde am Riemen einarbeitet, wird bald die Erfahrung machen, daß der Hund um so weniger zum Changieren, also zum Überwechseln auf eine andere, auch wärmere Spur oder Fährte neigt, je weiter er die Ansatzspur rein gearbeitet hat. Mitunter genügen schon hundert Meter. Dabei bildet sich mit der Zeit eine gewisse Zähigkeit im Dranbleiben und Festhalten heraus.

Wollen oder können wir dem Hunde zu belohnendem Abschluß einer guten Riemenarbeit die Lust der Spurhetze nicht bieten, so wird er unter Liebeln und ermunterndem Zuspruch *abgetragen*. Dazu umfassen wir ihn mit dem rechten Arm, die Hand am Brustkern, und tragen ihn so ab (Abb. 33). Einige Schritte über Wind der Spur stellen wir ihn wieder auf die Läufe. Ein leckerer Brocken dient nach guter Arbeit als Ersatz für die entgangene Hetze.

Nicht immer geht die Arbeit glatt vonstatten, z. B. dort, wo Wiese oder Saat mit unbewachsenem, trockenem Boden wechselt, auf dem die Spur nicht steht. An solchen Stellen, wo die Folge schwierig oder gar unmöglich wird, sind wir deshalb bemüht, dem Hund durch Vorgreifen zu helfen. Und dieses immer wieder — so lange, bis er sich nach anfänglichem Rückwärtskreisen oder sonstigen vergeblichen Versuchen von selbst dazu entschließt, die Fortsetzung der Spur umschlagend einzubögeln. Auch das ist wichtig für die spätere Schweißarbeit! Zu solcher Unterstützung und zu möglichster Kontrolle durch den Führer empfiehlt es sich, dem flüchtigen Hasen vorher mit dem Auge möglichst weit zu folgen und sich genau zu merken, welche Punkte im Gelände er passiert.

Mit der Ausarbeitung einer Hasenspur werden wir bei den ersten Gelegenheiten schon beginnen, nachdem der Hase, den der Hund natürlich nicht gesehen haben darf, verschwunden ist. Es empfiehlt sich auch, für die Übungen im Anfang Geländeteile und Wetterlagen zu wählen, die der Nasenarbeit günstig sind. Erschwerungen in den Anforderungen an die Nase und den Spurwillen des Hundes sucht man vorteilhaft von Fall zu Fall.

Dem Hunde bei der Arbeit immer Riemen geben, und zwar so viel wie möglich! Es gilt, ihn ja nicht zu behindern bei der Suche und ihm gewandt zu folgen — nicht nur auf der Spur, sondern auch solange und soweit er sich bemüht, sie nach Verlust erneut zu finden. Das fördert außer seinem Trieb zur Folge auch den Drang, sich notfalls selbst zu helfen.

Wir bleiben stehen, bei Hingabe des ganzen, nur an der Schlaufe festgehaltenen Riemens, falls der Hund einmal infolge irgendwelcher Schwierigkeiten nicht mehr weiterkommt und sich dann um die Fortsetzung der Arbeit nicht bemüht. Wir sprechen ihm dabei mit »Such vorhin, mein Hund!« ermunternd zu, folgen ihm jedoch nicht eher, als bis er richtig weitersucht und zeigt, daß er die Spur jetzt wiederfinden oder weiterbringen will. Sonst tragen wir ihn ab und greifen vor, um quer zur Fluchtrichtung des Hasen in einer Gegend vorzusuchen, von der wir glauben, daß die Spur dort wieder steht und sie der Hund aufs neue anfallen und halten wird. Faseln lassen wir den Hund auf keinen Fall.

Eine Hasenspur steht, oder sie steht nicht. Das hängt in erster Linie vom Wetter ab (Luft- und Bodenfeuchtigkeit und -temperatur), von Bodenbeschaffenheit und Bodenbewuchs sowie von anderen Faktoren, die wir noch nicht kennen. Wechsel im Stehen der Spur, also in der Stärke der Spurwitterung, können infolgedessen im Verlauf derselben Spur eintreten.

In weiser Vorsorge von Mutter Natur sind die Spuren von Junghasen und trächtigen Häsinnen kaum wahrnehmbar für eine Hundenase, selbst wenn die äußeren Voraussetzungen der Spurarbeit sonst günstig sind.

Über das Thema »*Stehen von Spur und Fährte*« ist schon viel Tinte geflossen. Auch wenn man alle Faktoren kennt, die auf das Stehen, die Intensität der Spur- und Fährtenwittrung, von Einfluß sind, »ist Scent (Wittrung) eine Frage, die häufig über unseren Verstand geht«. Daß heißes, trockenes Wetter oder scharfer Frost und staubiger, sandiger oder felsiger Boden ohne Pflanzenwuchs die Spurarbeit erschweren, ja unter Umständen unmöglich machen, und daß bei Pulverschnee, bei Glatt- und Rauheis und auf frisch gefallenem Herbstlaub keine Fährte steht — das alles wissen wir. Es ist uns auch bekannt, daß kalter, scharfer Wind und föhniges Wetter störend wirken, während mäßige Bodenfeuchtigkeit die Spurarbeit erleichtert und der Hund bei Weich- und Schlackschnee auch ganz alten Fährten spielend folgt.

Aber unter gewissen Boden- und Wetterverhältnissen klebt die Wittrung sozusagen, auch ohne daß man nach den eben genannten Erkenntnissen eine Erklärung dafür hat; erst wenn sie sich entwickelt und steigt, wird die Spurwittrung für die Hundenase wahrnehmbar. Immer wieder kann man es erleben, daß selbst feinnasige, spursichere Hunde eine frische Spur achtlos überlaufen, nachdem man selbst das Wild vorher passieren sah! Der Hund fällt entweder die Spur überhaupt nicht an oder versucht lange vergeblich, sie fortzubringen. Erst nachdem er längere Zeit darauf verwendet hat — Minuten oder gar eine Viertelstunde —, steht plötzlich die Spur, und der Hund verfolgt sie mühelos.

Sicher beruhen solche Erscheinungen auf dem Temperaturunterschied von Luft und Boden. Auf diesen ist ja auch zurückzuführen, daß die Spur in den Morgenstunden (sog. Nachtspur) und am Nachmittag am besten steht. Deshalb nehme ich zum Üben der Riemenarbeit auf der Hasenspur mit Vorliebe den Einlauf wahr, und zwar an erhöhten Stellen, wo der zu Holze rückende Hase im Felde schon auf größere Entfernung sichtbar wird.

Nach eingehenden Erfahrungen, die in früherer Zeit im In- und Ausland auf Reitjagden gesammelt wurden, steigt die Wittrung, wenn die Lufttemperatur höher ist als die des Erdbodens. Ist die Luft kälter als der Boden, so klebt die Wittrung und wird spärlich abgegeben. In diesem Falle kann die Spur nur von Hunden aufgenommen und fortgebracht werden, die ebenso feinnasig wie spurwillig sind. Steht die Spur so, daß sie der spursichere Hund noch gerade wahrnehmen kann, so pflegt der Temperaturunterschied von Luft und Boden sehr gering zu sein. Frischer Schneefall und aufgehender Frost begünstigen das Stehen der Spur, weil die Wittrung infolge der plötzlichen Lufterwärmung steigt. Andererseits gilt plötzlich hervorbrechende Sonne nach Nebel und starkem Taufall nicht als günstig, denn mit der Bodenfeuchtigkeit verflüchtigt sich die Wittrung dabei allzu rasch. Windstille und fallender

Nebel, der die Wittrung gewissermaßen konzentriert dicht über dem Erdboden hält, bieten alle Voraussetzungen für eine gute Fährte.

Wir sehen, daß das Stehen einer Hasenspur viel weniger von deren Alter abhängt als von diesem oder jenem der geschilderten Begleitumstände. Um uns in Zweifelsfällen Klarheit zu verschaffen, ob und wie sie steht, brauchen wir ihr mit dem Hunde nur ein Stück zu folgen. Vor Aufnahme der Arbeit wird am Ansatzpunkt ein Bruch gelegt. Die ganze Art und Weise, wie der Hund sie aufnimmt und dann fortbringt, ob mühelos und zügig oder stockend, sagt uns schon, ob wir ihm am Riemen weiter folgen sollen oder gut tun, damit noch zu warten — *je nach dem Leistungsstand des Hundes* etliche Minuten, eine Viertel-, halbe oder, wenn die Umstände besonders günstig sind, gar eine ganze Stunde. Tragen wir den Hund zu späterer Fortsetzung der Arbeit ab, so empfiehlt es sich, auch diese Stelle zu verbrechen.

Man muß da jeweils selber wissen, was der Hund schon kann und was wir weiterhin von ihm erwarten dürfen. Überfordern dürfen wir ihn nie und dürfen auch nichts überstürzen! Es gilt vielmehr, darauf bedacht zu sein, daß der Hund der Riemenarbeit auf der Hasenspur in keinem Falle überdrüssig wird. Sie muß ihm Freude machen. Ja, schon das Abdocken des Riemens soll ihm Lust verheißen. Die stärkste Einwirkung ist notfalls »Halt«. Sonst wird dem Hund, wenn angebracht, in angemessener Weise zugesprochen — entweder liebevoll ermunternd (»so ist's brav!«) oder mahnend (»Ruhe!«).

Zwei solcher Übungen im Zeitraum von acht Tagen sind genug, doch schon bei einer in der Woche kann man es belassen.

Bleiben wir zunächst noch bei der Arbeit auf der Hasenspur, denn diese ist so wichtig, weil sie immer wieder interessant ist und wir ohne sie beim Jagdgebrauchshund nie zu einem wirklich zuverlässigen Verlorenbringer und auch Schweißarbeiter kommen. Sie gilt für uns als A und O der Arbeit nach dem Schuß.

Ebenso bedeutungsvoll wie interessant ist stets der *Übergang von der gesunden auf die Wundspur*. Bisher erfuhr der Hund bei seiner Arbeit immer wieder, daß die Gesundspur nie zu dem von ihm erstrebten Ziel, zu Beute, führt. Die Hetze, die der Riemenarbeit hin und wieder folgen durfte, war zwar lustig, aber »greifbar« war das Resultat doch nie. Da plötzlich macht der junge Rüde eine andere Erfahrung! ... Doch greifen wir nicht vor und schildern erst mal, wie es dazu kam.

Mit der Pracht und Fülle seiner Farben war der Herbst ins Land gezogen. Die Hirschbrunft war bereits verklungen, und wir gingen noch vor Büchsenlicht mit unserm Hunde in bestimmter Absicht auf den Haseneinlauf.

Wir führten die von Albert Preuß geerbte Keilerbüchse 8,15/46 R mit Block-verschluß und festmontiertem, kleinem Zielfernrohr zweieinhalbfacher Ver-größerung. Ihre Schußleistung war ausgezeichnet. Sie ergab mit P-Pulver und Rundkopf-Bleigeschoß auf hundert Meter Mokkatassenstreuung. Die richtige Munition, um beim Morgeneinlauf einen Hasen mit der Büchse zu erlegen.

Der Hund ist abgelegt. Der erste Hase, der im Dämmerlicht zu Holze rückt, ist für einen Schuß zu weit. Der zweite kommt uns besser. Wir merken uns genau die Punkte im Gelände, die er jetzt passiert: da, unterhalb des Rains, ein grauer Findling, dort ein im Wonnemond vom Bock zerfegter Kadikbusch usw. usf. Gemächlich hoppelnd, zwischendurch ein wenig mümmelnd, rückt der Hase immer näher. Jetzt sitzt er breit auf etwa 70 Schritt. Die Büchse spricht, »flupp« klingt der Kugelschlag, der Hase zeichnet, hat die Kugel mit-ten drauf. Sechzig Schritte flitzt er geradeaus, dann kippt er um und zeigt die weiße Unterseite. Den Anschuß wissen wir genau.

Bei der Stille, die noch herrscht, und dem feinen Bodennebel hat die Suche keine Eile. Ruhig gehen wir zum Hund und dann mit ihm im Bogen über Wind zu jenem grauen Findling, den wir uns ja merkten. In seiner Nähe wird der Hund erst abgelegt, alsdann der Riemen abgedockt und alles andere so vorgenommen, wie ich es hier schon beschrieben habe. Der Hund weiß jetzt genau, worum es geht: die Nase hat er schon am Boden. Sein ganzer Ausdruck ist Erwartungsspannung. »Such vorhin!« Der Riemen gleitet durch die Linke, der Hund sucht interessiert und ruhig auf der Spur. Hin und wieder — wohl immer an den Mümmelstellen — hat er mir etwas zu zeigen. »Laß sehn, mein Hund, so brav!« Und zügig geht die Suche weiter. So kom-men wir dem Anschuß immer näher. Ich freue mich im stillen und bin ge-spannt auf das, was bald erfolgen wird. Und richtig — da! Der Hund liegt mit dem Bauch am Boden. Er verweist und schnuppert, daß es eine Wonne ist! Ich greife nach am Riemen und lasse mir das alles zeigen, den Schweiß, die Wolleflöckchen und was da sonst noch irgendwie verlockend duftet: »Ah, mein Hund, so brav, laß sehn!«

Des Hundes Eifer hat sich jetzt verdoppelt. Das durch den Schweiß erregte Raubtier meldet sich in ihm. Der Rüde liegt im straffen Riemen. Er möchte vorwärts, aber darf nur langsam weitersuchen. So stemmt er sich nach vorn und kriecht dabei mehr, als er schreitet — fast so wie auf Geläuf von Feder-wild. Und dabei gibt es immer noch etwas zu zeigen: ein schweißbenetztes Distelblatt, zwei schweißverklebte Grannen usw. Und jetzt — ja, was ist das? Weiß Gott, der Hase selbst, der warme, unberührte Hase mit dem so an-ziehenden Duft nach frischem Schweiß! Ein Griff — bei aller Festigkeit doch mehr ein Tasten nach etwa noch vorhandenem Leben. Mit raschem Wechsel faßt der Hund von neuem zu: »Apport — so brav, mein Hund!« Der Hund bringt seinen ersten Hasen, und dieser wird ihm unter sehr viel Liebeln abgenommen. Und immer wieder wird der Hund getätschelt und geliebelt, und immer wieder heißt es »So ist's brav, mein Hund!«

Der Hase wandert danach in den Rucksack, und der Rucksack-Außentasche entnehmen wir das erste Frühstück. Die Hälfte davon kriegt der brave Hund.

Was dieser heute sinnfällig erfahren durfte, ist derart wichtig für seine weitere geistige Entwicklung als Gebrauchshund, daß es im hundlichen Erleben als Markstein zu bewerten ist. Der Hund hat nämlich so ganz eindeutig verknüpfen können, was Wundwittrung als Beigeruch der Spur für ihn als Raubtier zu bedeuten hat. Die Erfahrung registriert der Hund gedächtnismäßig. Wir können sie auf eine Formel bringen, die da lautet: Schweiß verheißt dem Hunde die ersehnte Beute.

Was wir bis jetzt im Hunde fügten, ist ein gutes Fundament, auf dem sich sehr erfolgreich weiterbauen läßt. Jede, auch die kleinste Möglichkeit, den Hund zu üben, wird genutzt. Es empfiehlt sich aber nicht, den Hund im ersten Felde schon auf einer Feldtreibjagd zu führen. Nicht nur, weil im Winter die Spur im freien Felde im allgemeinen schlechter steht als auf bewachsenem Boden und im Windschutz; im Felde wird der junge Hund auch öfter abgelenkt, er sieht zu viel und verliert ob all des Trubels, der mit einer Feldtreibjagd verbunden ist, auch leicht die Ruhe. Diese aber braucht er als Verlorenbringer. Ein durch Umwelteindrücke erregter junger Hund vermag sich für die Arbeit auf der Wundspur nicht gehörig zu versammeln. Die eine oder andere Waldtreibjagd und hin und wieder auch das Schießen einiger Hasen auf der Suche, allein oder in kleinstem Kreise, sind willkommene Gelegenheiten, den Hund mit Sorgfalt als Verlorenbringer in die Praxis einzuführen. Hat er im Walde wenigstens ein Dutzend Hasen regelrecht verlorenapportiert, nachdem er diese — anfangs auch nach einiger Anleitung am Riemen — auf der Wundspur fand, so weiß er schon, worauf es ankommt, sobald der Führer ihn mit »such verloren apport« zu einer Wundspur legt.

Der größte Fehler, mit dem man alle Vorarbeit in kurzer Zeit zunichte machen kann, ist die + + + Unsitte, den Hund auf Sicht zu schnallen, kaum daß der Schuß gefallen ist! Das »Schuß raus — Hund los«, wie man es auf Feldtreibjagden leider Gottes immer wieder sieht, verdirbt in Kürze selbst den besten Hund. Um den Hund nicht unnütz zu erregen, ihm vielmehr Ruhe und die innere Bereitschaft zum Verlorenbringen zu erhalten, darf er bei einer Treibjagd auch grundsätzlich keinen Hasen apportieren, der im Feuer lag. Es gibt dabei für ihn nur *eine Arbeit:* das Verlorenbringen, und dies bei Haarwild samt und sonders auf der Wundspur.

Einen Vorteil bieten Nachsuchen im Felde: Man kann sie hin und wieder kontrollieren — besonders dann, wenn man über den Verlauf der Wundspur schon im Bilde ist. Sieht man da, daß der Hund die Spur verloren hat und zur Freiverlorensuche übergeht, ohne um das Wiederfinden oder Einbögeln der Spur bemüht zu sein, so ertönt sofort ein Triller, der ihn zu Boden und zur Ruhe zwingt. Wir greifen danach entweder zurück oder suchen mit dem Hunde vor, wobei er niemals heftig werden darf. Er muß dabei erfahren: Diese Suche gilt allein dem Wiederfinden der verlorenen Wundspur. Erst wenn die gefunden ist und der Hund sie hält, lockern sich für ihn die Zügel wieder.

Einen zuverlässigen Verlorenbringer führt in der Regel nur, wer eigenen Beutetrieb zu zügeln weiß und sich deshalb grundsätzlich nicht dazu verleiten läßt, den Hund zu einer Sichthetze zu schnallen. Ein zünftiger Jäger weiß genau, was ihm sein guter Hund bedeutet, und vermeidet demzufolge alles, was ihm dies zweite »Ich« verderben könnte. Gleichzeitig ist er mit Passion und Fleiß bemüht, alle Möglichkeiten wahrzunehmen, die sich ihm zu fort-gesetzter Übung seines Hundes

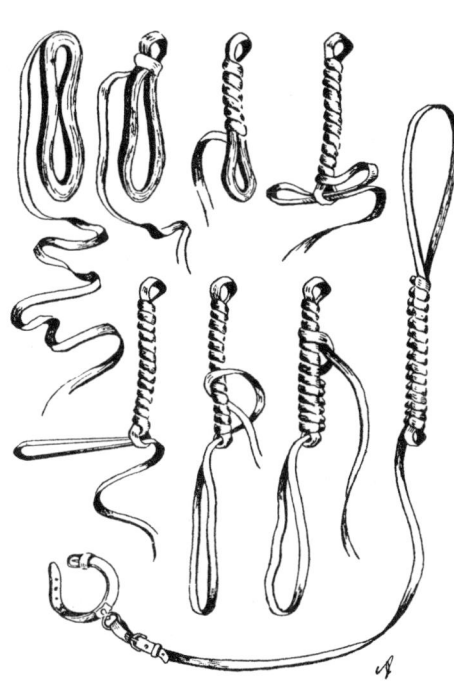

bieten. Krankgeschossenes Wild, das er mit gutem Hund zur Strecke bringen konnte, gilt ihm als Waidmann mehr als Schützen-ruhm und Schießen. Diese Hal-tung stempelt ihn zum wahren Jäger.

Ein Schweißriemen, wie ihn von jeher in Vollendung Meister DALLMANN, Celle, auch für klei-nere Hunde liefert, ist für den Rüdemann ganz unentbehrlich. Man sehe sich da nur einmal die Strippen an, die häufig auf Ge-brauchssuchen Verwendung fin-den, als Schweißriemen-Ersatz, womöglich noch mit Kettenhal-sung!!! Der Anblick solchen Zu-behörs genügt allein schon zur Be-urteilung des respektiven Hunde-führers.

Nicht weniger wichtig als der

Abb. 29 Aufdocken des Schweiß-riemens

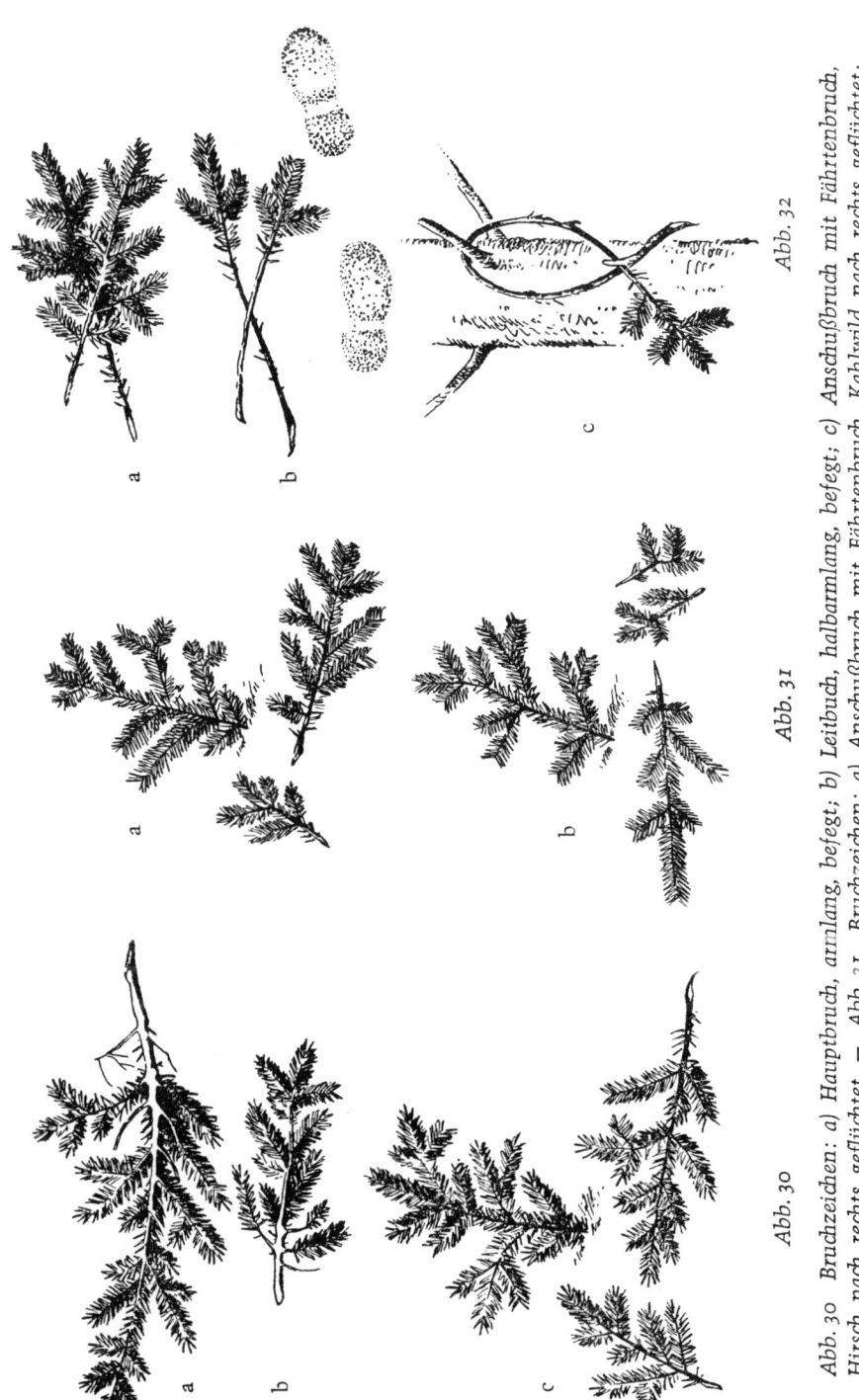

Abb. 30

Abb. 31

Abb. 32

Abb. 30 Bruchzeichen: a) Hauptbruch, armlang, befegt; b) Leitbruch, halbarmlang, befegt; c) Anschußbruch mit Fährtenbruch, Hirsch nach rechts geflüchtet — Abb. 31 Bruchzeichen: a) Anschußbruch mit Fährtenbruch, Kahlwild nach rechts geflüchtet; b) Anschußbruch mit Fährtenbruch, Fluchtrichtung unbekannt — Abb. 32 Bruchzeichen: a) Wartebruch; b) Warten wurde aufgegeben; c) Warnbruch

dauerhaft gearbeitete, mit Vaseline geschmeidig gehaltene, stets nur an der Luft zu trocknende Schweißriemen ist die zugehörige zweckbestimmte Halsung. Breit und elastisch, hat sie einen flachen, starken Messingring mit Wirbel, so daß sich der in diesen eingeschnallte Riemen bei der Arbeit nicht verdrehen kann. Die Halsung bleibt am Riemen. Sie wird nur im Zusammenhang mit ihm gebraucht (Abb. 29). Schnallen wir den Hund zu einer Hetze, so halsen wir ihn nach gerechtem Brauche ab. Die Halsung könnte sonst den Hund gefährden.

Der Schweißriemen sei möglichst lang, für Schweiß- und Vorstehhunde wenigstens acht Meter. Mir selbst genügt das nicht, weshalb ich mir den eigenen Schweißriemen auf elf Meter verlängern ließ. Bei solcher Riemenlänge hat der Hund die Möglichkeit, sich bei der Arbeit ungehemmt und so in bester Weise zu entfalten — auf freien Flächen beispielsweise, wo die kalte Fährte Wind und Sonne ausgesetzt war und infolgedessen stellen- oder streckenweise nicht mehr steht, so daß dem Hunde gar nichts anderes übrigbleibt, als öfter tastend und sondierend hin und her zu suchen, vorzubögeln oder, wenn auch das nicht hilft, zu abermaliger Nacharbeit auf den letzten Anhaltspunkt zurückzugreifen. Zu alledem bedarf es einer Freiheit, deren sich der Hund nur dann erfreuen kann, wenn der Riemen die gehörige Länge hat und man ihn dem Hunde hingibt.

Und geht die Arbeit glatt vonstatten und in eine Dickung, so greift man, wo der Riemen sich verfangen könnte, bis zu halber Riemenlänge vor und läßt ihn einfach gleiten, um dann vorzulaufen und den Riemen wieder aufzunehmen oder notfalls drauf zu treten. Sollte er sich doch verfangen haben, reißt man ihn im Weiterschreiten frei. Ein Riemen, der nicht lang genug ist, kann bei solcher Führung leicht entgleiten. Was unbedingt vermieden werden muß, zumal es für den Hund die schlimmsten Folgen haben kann.

Ebenso geläufig wie die Handhabung des Schweißriemens müssen dem Rüdemann auch alle für Fährtenarbeit und Nachsuchen in Betracht kommenden Bruchzeichen sein (Abb. 30—32).

Jede Gelegenheit zu einer Riemenarbeit wird von uns grundsätzlich wahrgenommen, nicht nur auf der Hasenspur, sondern auch auf kalter gesunder Hochwild-Einzel-, also nicht auf Rudelfährte, allenfalls mit Ausnahme der Doppelfährte Alttier—Kalb. Fährtenalter im Freien — je nach Bodenbewuchs und Wetter — mindestens zwei Stunden! Im Walde, wo sich im Windschutz der Bestände auch die Körperwitterung des Wildes länger hält, sei die Fährte bei Beginn der Arbeit möglichst noch einmal so alt. Voraussetzung ist auch hier, daß man imstande ist, die Arbeit weitgehend zu kontrollieren. Es muß also der Hundeführer vorher den Wechsel des Stückes entweder genau be-

Abb. 33   Abtragen

obachtet oder ihn durch Abfährten auf Wegen und Gestellen einwandfrei
bestätigt haben. Nur auf diese Weise und indem er sich die Fährte hin und
wieder zeigen läßt, ist er in der Lage, beim Hunde ein Changieren, ein Überwechseln auf Verleitungsfährten, zu verhindern. Der Hund, der das versucht,
wird unter energischem »laß ziehn« von der Verleitungsfährte *abgezogen*.
Man greift alsdann mit ihm ein Stück zurück und legt ihn, wo die Arbeit
vorher richtig war, erneut zur Ansatzfährte, um den Hund auf diese Weise
anzuhalten, die Ursprungs- über die Verleitungsfährte fortzubringen.
Eine Hetze auf gesunder Hochwildfährte wird dem Hunde anschließend an
eine Riemenarbeit selbstverständlich nie gewährt. Führt der Hund ans Wild
heran, was sich immerhin einmal ereignen kann, und tritt es vor ihm fort,
so heißt es »halt«. Er wird danach beruhigt und unter Liebeln von der warmen Fährte abgetragen (Abb. 33).
Von der Fährte abgetragen wird der Hund auch stets, sobald die Richtigkeit
der Folge nicht mehr nachzuprüfen ist. Das Liebeln in Verbindung mit dem
Zuspruch »so war brav« darf nach einer guten Arbeit nie vergessen werden,
nachdem man zur Beendigung der Suche vor die Hundenase einen Brocken in
die Fährte warf.
Als einer der erfolgreichsten Führer des Hannoverschen Schweißhundes lieferte

Oberförster K. Bergien in Nr. 11/1959 der »Pirsch« einen beachtlichen Beitrag »Über die Arbeit auf kalter gesunder Fährte«.

Er schreibt dort u. a.: »Um seinen Hund eine kalte Gesundfährte arbeiten zu lassen, ist es nicht einmal nötig, *beobachtete* Einzelfährten zu haben. In jedem Revier wird eine einigermaßen brauchbare Spürbahn vorhanden sein, die durch einen Bestand führt, der das Arbeiten einer Fährte erlaubt. Bei der Anlage von Spürbahnen ist uns Schweißhundführern in den letzten Jahren der moderne Waldwegebau sehr entgegengekommen. Durch das Abschälen der Bankette, Herstellen von Profilen, Neuanlage von Erdwegen mit Hilfe moderner Wegebaumaschinen sind kilometerlange vorzügliche Spürbahnen entstanden, die durch den laufenden Einsatz dieser Maschinen auch ständig instandgehalten werden. Ein weiterer Vorteil der Motorisierung für die Schweißhundhaltung. Auf diesen kilometerlangen verwundeten Wegerändern wird sich doch wohl irgendwo eine Fährte finden, die gearbeitet werden kann. Die nicht beobachteten Fährten haben sogar den Vorteil, daß sie nicht nur eine Übung für die Hundenase sind, sondern auch das Auge des Führers schulen. Kontroliert muß die Arbeit des Hundes auf jeden Fall werden, und da ist es selbst in dem weichen Boden eines Fichten-Stangen- oder -Altholzes nicht so ganz einfach, die Fährte eines bestimmten Stückes Rotwild mit dem Auge zu halten. Aber diese Übung und Schulung des Auges wird dem Führer im Ernstfall, d. h. während der Arbeit auf der Wundfährte, sicherlich sehr von Nutzen sein.

Neben der Freude an der Arbeit des Hundes kann das Arbeiten auf der Gesundfährte aber auch jagdlich sehr reizvoll sein. Wer die Gewohnheiten seines

Abb. 34
Untersuchen des Anschusses

Wildes kennenlernen will, muß sich zunächst über die Wechsel des Wildes orientieren. Die Arbeit auf der kalten Gesundfährte ist wohl die beste Gelegenheit hierzu. Jagdlich stört sie überhaupt nicht, da ja nur über freie Flächen oder durch lichte Stangen- oder Althölzer gearbeitet wird.

Das Arbeiten auf der kalten Gesundfährte kann zu jeder Jahreszeit durchgeführt werden. Nur hohe Schneelage vereitelt diese Arbeit. Der Hund muß bei Sturm, Regen und Sonnenschein arbeiten können und muß auch mit den verschiedensten Bodenverhältnissen fertig werden. Ich sehe auch keinen zwingenden Grund, nicht während der Verfärbezeit des Wildes zu arbeiten. In Alt- und Stangenhölzern hängt kein ausgefallenes Haar umher, das den Hund verleiten könnte, die Nase hochzunehmen. Haar, das auf oder neben der Fährte liegt, wird er interessiert bewinden und so seinem Führer verweisen. Eine ausgezeichnete Übung für das Verweisen, das sonst auf der kalten Gesundfährte gar nicht geübt werden kann. Angenehm ist es auch, diese an sich jagdlich tote Zeit mit intensiver Arbeit auf der Gesundfährte zu überbrücken, um mit seinem Hund für die bald anschließende Jagdzeit gerüstet zu sein.«

Die Arbeit auf gesunder kalter Fährte bietet auch vortreffliche Gelegenheit, die *Vorsuche* zu üben. Der Zeitpunkt dafür ist gekommen, sobald der Hund nach einiger Übung auf gesunder Fährte kalte Hochwildfährten ohne weiteres anfällt.

So lassen wir den Hund die uns bereits bekannte Fährte, die es gerade aufzunehmen gilt, selbst suchen — am besten längs des nächsten Weges, den das Stück gekreuzt hat. Vor Beginn der Suche — möglichst etwa hundert Meter über Wind des Kreuzungspunktes — wird der halbe Riemen abgedockt und, wie bei jeder Fährtenarbeit, zwischen den Vorderläufen des Hundes durchgezogen. Dann regen wir den Hund mit »such vorhin« und zu Boden weisender Handbewegung an, mit tiefer Nase vor uns herzusuchen. Sobald er die Fährte gefunden hat und anfällt, greifen wir am Riemen vor und lassen sie uns zeigen, und zwar mit Zuspruch »So ist's brav; laß seh'n, mein Hund!«. Wobei wir selbst die Trittsiegel leicht tastend mit der flachen Hand berühren. Sind diese klar geprägt, so haben wir die Möglichkeit, sie uns zu merken. Was für spätere Kontrollen und nötigenfalls auch weitere Vorsuchen von Nutzen ist. Erst jetzt, nachdem er sie gezeigt hat und wir sie verbrochen haben, darf der Hund der Fährte folgen. Zuspruch: »Danach, mein Hund!«

Zeigt uns der Hund bei einer Vorsuche gerechte, also Hochwildfährten, denen er nicht folgen soll, so sehen wir uns diese unter Zuspruch an, tragen ihn dann aber ab. Ein Zeichen für den Hund, daß wir mit ihm zufrieden sind, er recht gehabt hat und wir uns damit begnügen wollen.

Abb. 35
Schweißhund wird nach Aus-
werfen des Schweißriemens mit
weisender Hand zur Fährte gelegt

Interessiert der Hund sich offenbar für Dinge, für die er sich nicht interessieren soll, so verleiden wir ihm dies mit Riemenruck und »pfui«.

Jede Möglichkeit zu einer Totsuche, und sei sie noch so kurz, muß wahrgenommen werden, jedoch nicht früher als wenigstens zwei Stunden nach dem Schuß. Dabei ist äußerst wichtig, daß der Hund nicht eher weitersuchen darf, als bis der Anschuß von ihm gründlich untersucht ist und er uns die Pirschzeichen gezeigt hat, sowohl die Eingriffe des Wildes als auch besonders Schweiß und Schnitthaar. Um sein Interesse dafür zu erregen, untersuchen wir den Anschuß vor Beginn der Arbeit selbst. Dazu legen wir uns hin oder knien nieder. Dem in der Nähe abgelegten Hund entgeht das nie. Es regt ihn an, sobald er kann, dort mit der Nase eifrig nachzuspüren, wo sein »Kopfhund« vorher etwas suchte (Abb. 34).

Bekanntlich kommt es öfter vor, daß Stücke auch mit guten Schüssen — mit dem Tod im Leibe — eine Strecke flüchten, ehe sie zusammenbrechen. Jede dabei hinterlassene Fährte ergibt auch dann die Möglichkeit zu einer kurzen Übungssuche, wenn das Stück inzwischen abgefahren wurde. Deshalb sei dem angehenden Rüdemann empfohlen, alle guten Jäger seiner Nachbarschaft um Mitteilung zu bitten, sobald sich eine solche Übungsmöglichkeit ergeben hat. Der Anschuß ist zu diesem Zweck vom Schützen zu verbrechen, der Aufbruch nach Verblendung und Verwitterung mit der leergeschossenen Patronen-

*Abb. 36   Elastische, dem Hunde mehr und mehr Riemen gebende Führung
des Schweißriemens*

hülse am Fährtenende zu belassen. Kann man die Suche heute nicht machen, so tut man's morgen oder übermorgen, und zwar dann möglichst in den Morgen- oder Abendstunden.

Verläuft die Fährte einmal gegen den Wind, so daß der Hund vom Aufbruch Wind erhält und so versucht ist, gleich mit hoher Nase darauf loszuziehen, so heißt es immer wieder »halt« und, sobald der Hund sich wieder für die Fährte interessiert, mit weisender Handbewegung »so ist's brav — such verwundt«. Auf diese Weise zwingt man ihn, die Nase tief zu nehmen.

Ist der Hund am Aufbruch angelangt, so greifen wir am Riemen nach. Der Hund wird nun geliebelt und ermuntert. Er wird alsdann, genau wie nach dem Finden eines Stückes, abgetragen und über Wind des Aufbruchs abgelegt. Dann machen wir ihn mit der Milz genossen (Abb. 39).

Zum Anschneiden verleitet das *Genosenmachen* nicht, sofern der gut erzogene Hund an jedem Stück erfährt, daß er es höchstens an der Drossel würgen darf, wenn dies der Führer übungshalber will oder gestattet. Jedes Rupfen ist verpönt. Der leiseste Versuch dazu wird sofort mit »pfui« und Gertenhieb geahndet. Fressen darf der vor der roten Arbeit über Wind und außer Sicht des Stückes abgelegte Hund nur das, was ihm der Führer eigenhändig reicht. Das Genossenmachen mit der Milz oder in der hohlen Hand gereichten Schweißgerinseln ist für den Hund in seinem angewölften Drang nach Schweiß ganz zweifellos ein starker Anreiz, und dieser wirkt sich dann auch auf die Schweißarbeit als solche aus.

Besonderes Interesse behält der Hund für eine Wildart, auf die er in der Praxis seine erste richtige Schweißarbeit verrichten durfte, zumal wenn es zu einer Hetze und das Stück dabei durch ihn zur Strecke kam. So ist die erste Schweißarbeit auf einen Frischling oder Überläufer, den der Hund zu Stande hetzen und dann packen konnte, für einen scharfen Hund als Eindruck unauslöschlich.

Was ich hier ausdrücklich betonen möchte: Der Hund verknüpft mit äußeren Reizen die Bedeutung, die sie für ihn haben, dabei von sich aus immer richtig;

Abb. 37 Schweißhund fällt eine Fährte an ...

Abb. 38 ... und verweist Schweiß

Abb. 39   Genossenmachen

die ungeheuer wichtige Frage ist nur, ob für uns erwünscht! Das aber liegt an
uns. Unerwünscht verknüpfen muß der Hund auch, wenn man zu Exerzitien,
die mit Zwang verbunden sind, statt der hier angebrachten langen Leine
den Schweißriemen verwendet. Schon *das Abdocken des Schweißriemens soll
dem Hunde Lust verheißen*, die darin besteht, daß er sich in Bälde in den
Riemen legen und mit tiefer Nase auf der Fährte suchen darf. Folgt aber
dem Abdocken zuweilen eine Zwangeinwirkung, z. B. ein regelrechtes, mit
Nachdruck vorgenommenes Exerzitium im Halt, so bildet sich beim Hunde
als naturgemäße Folge die Verknüpfung, daß dem Gegenstand doch nicht zu
trauen ist. Entsprechend wird er sich verhalten. Die Verknüpfung, die beim
Hunde Ängstlichkeit bewirken kann, muß daher als unerwünscht vermieden
werden. Und niemals darf der Hund durch grundverkehrte Anwendung des
Riemens einen Schmerz verspüren! Ein Schlag damit hat mindestens zur
Folge, daß der Hund dem Schweißriemen mißtraut. Er ist deshalb als grober
Fehlgriff unter allen Umständen zu unterlassen.
Abgesehen von der Wittrung einer heißen Hündin, ist wohl nichts so anziehend und so verlockend für die Hundenase überhaupt und deshalb bei der
Spur- und Fährtenarbeit so verleitend wie *Rehfährten* und Kaninchenspuren.
Deshalb ist die gesunde Rehfährte, auch kalt, für den Zweck der Einarbeit
des Hundes nicht nur ungeeignet, sondern unzweckmäßig. Die gesunde Rehfährte darf der Hund nur zeigen; folgen darf er ihr grundsätzlich nicht. Versucht er dies, so ziehen wir den Hund mit »pfui« und jähem Ruck zu uns
herum.

Die Schweißhundführer wissen sehr genau, warum sie ihren Hochwild-spezialisten selbst einer Rehwild-Wundfährte nur ungern oder überhaupt nicht folgen lassen. In ihren Augen gilt die Rehfährte als nicht gerecht, weil sie den Reiz, den diese »süße« Fährtenwitterung auf die Hundenase ausübt, kennen. Sie sind deshalb bemüht, diesem Anreiz zum Changieren beizeiten wirksam zu begegnen. Versucht ein Schweißhund, sich für eine Rehfährte zu interessieren, so wird er mit »pfui Reh« von dieser abgezogen.

Wie kommt es nun, daß just beim Reh die Fährtenwitterung so verlockend wirkt? Den Trittsiegeln der Hinterläufe aufgeprägt ist ein spezifischer Geruch, der im Sekret der großen Duftdrüsen im Zwischenzehensäckchen seinen Ur-sprung hat. Durch den Druck der Zehen wird das Sekret beim Gang wie in der Flucht herausgepreßt. Es benetzt dabei die Schalen und den Boden. Wäh-rend dieses Zwischenzehensäckchen schon beim Kitz vorhanden ist, fehlt es unserem anderen Schalenwild. Wir kennen es als sackförmige Einstülpung der Zwischenzehenhaut der Hinterläufe, die durch starke Drüsenlager auf-fallend verdickt ist. Mit den übrigen Cerviden teilt das Reh ein zweites Duft-organ, die Laufbürste an der Außenseite der Hinterläufe. Ihr Sekret wird an Gestrüpp und Gräsern abgestreift. Daher ist anzunehmen, daß funktionell die Laufbürste beim Reh das Zwischenzehensäckchen unterstützt.

Selbstverständlich nehmen wir mit dem Gebrauchshund jegliche Gelegenheit zu einer *Schweiß*arbeit auf Rehwild wahr. In jedem Falle muß die Fährte kalt sein, ausgenommen später nach Bewährung unseres Hundes, wenn es sich um einen Laufschuß handelt, mit dem das Stück am besten durch sofor-tige Hetze zu bekommen ist.

Ein Hund, der auf der Hasenspur, vielleicht auch auf der Hochwildfährte, ganz systematisch in der Weise vorbereitet wurde, wie ich sie geschildert habe, ist auch für die Schweißarbeit auf Rehwild bestens vorgeübt. Nach Möglich-keit vermeide man es aber, daß der Hund als erste Arbeit eine Hetze kriegt.

Kam durch unsern jungen Hund ein Reh bei einer Totsuche zur Strecke, so üben wir sofort mit ihm den Drosselgriff. Zu diesem Zweck ergreifen wir den Kopf des Rehes an den Lauschern, um durch schüttelnde Bewegungen den Hund zum Packen und zum Würgen anzuregen. Faßt er dabei herzhaft zu, um festzuhalten und mit Klammergriff zu würgen, so können wir der ersten Hetze unbesorgt entgegensehen — vorausgesetzt, der Hund vereint mit körper-licher Ausdauer den Drang, ans kranke Stück zu kommen, den Willen also, der ihn auf der Fährte unaufhaltsam vorwärtstreibt.

Ein raubzeugscharfer Hund, der auf der Hasenspur nicht locker läßt, den Hasen sticht und danach wendet, hat auch das Zeug, bald nach dem Schuß ein laufkrankes Reh, Damtier oder Rotwildkalb einzuholen und niederzuziehen.

Abb. 40   Drosselgriff

Wie man aber den mindestens anderthalbjährigen, noch unerfahrenen Hund
— er mag so scharf sein, wie er will — zunächst nur schwaches Raubzeug
würgen läßt, so sollen auch die ersten Hetzen auf krankgeschossenes Schalenwild möglichst nicht zu schwer sein. Der Hund muß bei der nötigen Schärfe
hier wie dort mit seiner Aufgabe leicht fertig werden können. Das nämlich
stärkt sein Selbstvertrauen. Auch soll die Raubzeugschärfe eines Hundes möglichst schon erprobt sein, bevor man ihn das erste Mal zu einer solchen Hetze
schnallt.

Der Gebrauchshund soll ja an der Drossel niederziehen (Abb. 40), soweit es
sich um Schweißhetzen auf Rehwild, Rotwildkälber oder weibliches Damwild
handelt — also auf Wild, das sich überhaupt nicht oder ungern stellt. Tut er
das, so wird er in der Regel auch ein stärkeres Rottier oder einen Hirsch zu
Stande jagen und dann stellen. Ich kannte aber sehr gut einen Vorstehhund,
der trotz wüster Hetzpassion und ausgeprägter Raubzeugschärfe einen Hirsch
zunächst nicht stellte. Einem solchen gegenüber war der Rüde irgendwie gehemmt, obwohl er jedes kranke Alttier stellte und angeschweißte Rotwildkälber ohne weiteres an der Drossel niederzog. Besagte Hemmung überwand
der Hund jedoch, und zwar nach einer Beihetze an einen schon gestellten
Hirsch. Indem er so dem anderen Hund beim Stellen assistierte und durch
dessen Beispiel lebhaft angeeifert wurde, kaufte er sich Schneid. Auf diese
Weise stärkte sich bei ihm das Selbstvertrauen, das ihn in nächster Folge
einen kranken Hirsch allein zu Stande hetzen und dann schneidig bis zum
Fangschuß stellen ließ.

Die schwersten Schweißhetzen erfordern vorderlaufkranke Stücke, die sich an die Fortbewegung auf drei Läufen schon gewöhnten. Je kürzer so ein Lauf-schuß sitzt, je mehr deshalb das Stück den kranken Lauf noch zur Erhaltung der Balance benutzen kann, um so schwerer wird die Hetze, die dann oft genug ins Blaue geht und resultatlos endet.

Der Hannoversche Schweißhund als Gesell des hirschgerechten Jägers muß zwar wildscharf sein und ist es in der Regel auch, soll jedoch nicht nieder-ziehen. Nur Hochwildfährten sind für ihn gerecht — im Gegensatz zum Baye-rischen Gebirgsschweißhund, der auch auf kranker Rehfährte verwendet wer-den darf. So soll er krankgeschossenes Hochwild ausdauernd und schneidig stellen, ohne aber zuzufassen. Dies aus Gründen eigener Sicherheit. Stellt der Schweißhund nämlich einen Hirsch, so könnte er bei scharfen Faßversuchen leicht geforkelt werden. Nur Wild, das sich nicht stellen oder wieder flüchtig werden will, soll der Hund durch raschen Zugriff in die Hessen, den sog. Wolfsgriff, dazu zwingen, um aber blitzschnell wieder loszulassen und rück-wärts oder seitlich auszuweichen, sobald das Stück herumfährt und sich stellt.

Die ersten Hetzen, die ein Schweißhund macht, sollen deshalb niemals schwachen Stücken gelten, natürlich auch noch keinem Hirsch. Ein Kalb z. B., auch ein schwaches Schmaltier pflegt sich ohne weiteres nicht zu stellen. So verleiten beide einen scharfen Hund zum Niederziehen — im Gegensatz zu Alttieren und Spießern, die sich ungleich leichter stellen und etwaigen Faß-versuchen mit Hilfe ihrer Vorderläufe wirksam zu begegnen wissen. Eine Abwehr, die dem Hund von vornherein zum nötigen Respekt verhilft.

Jede Hetze auf ein krankes Stück Schalenwild regt den Hund bis zu gewissem Grade auf, je nach Temperament den einen mehr, den andern minder. Des-halb ist es wichtig, das seelische Gleichgewicht des Hundes so bald wie mög-lich wiederherzustellen — wenn irgend angängig, schon in den nächsten Tagen. Das beste Mittel hierzu ist als A und O der ganzen Schweißarbeit der Zwang zur Ruhe am Riemen.

Ein Übungsmittel, das uns hierzu überall und immer zur Verfügung steht, ist die *künstliche Rotfährte*. Die Möglichkeiten, eine solche herzustellen, sie anfangs leicht zu machen und allmählich zu erschweren, sind so mannig-faltig, daß sie im allgemeinen bei der Abführung des Hundes gar nicht zu ent-behren ist.

Daß der Hund Wildschweiß vor Rinder-, Hammel- oder Schweineblut bevor-zugt, dürfte hinreichend erwiesen sein. (Vgl. meine Arbeit »Über Fährten-probleme und die erschwerte künstliche Schweißfährte zur jagdnahen Aus-gestaltung der Schweißprüfungen«, als grundlegende Betrachtung erschienen in Nr. 15, 16 und 17 / 1957 der »Pirsch«, sowie mein Referat »Über die

Abb. 41 Standlaut

Versuche auf künstlicher Rotfährte des Landesverbandes Bremen im Deutschen Jagdschutzverband«, erschienen 1957 im Walther Boettcher Verlag, Bremen.) Die künstliche Schweißfährte ist zwar ein Behelf, aber gerade deshalb müssen wir bemüht sein, sie so naturnah wie nur möglich anzulegen.

In der Prüfungs- und Richterordnung des Schweißhundverbandes heißt es am Schluß der Prüfungsbestimmungen für die Vorprüfung auf künstlicher Rotfährte: »Wenn auch die künstliche Schweißfährte kein vollwertiger Ersatz der kalten gesunden Fährte sein kann, so ist sie doch ein brauchbarer Notbehelf für die Einarbeitung der Junghunde. Man kann künstliche Schweißfährten ähnlich kompliziert anlegen, wie es krankgeschossene Stücke praktizieren. In wildarmen Revieren ist der Schweißhundführer gezwungen, sich der künstlichen Schweißfährte zu bedienen, um den Schweißhund nicht verliegen zu lassen.« Was bezüglich dieser Art der Vorprüfung für den Schweißhund gilt, kann ohne weiteres auf die Einarbeit und Prüfung aller anderen Hunde übertragen werden, zu deren Aufgaben auch die Arbeit nach dem Schuß gehört.

Wie alle Nasenleistungen, die wir vom Jagdgebrauchshund fordern, hat auch die auf Schweiß den Vorzug, daß sie für den Hund als Raubtier biologisch, d. h. lebenslogisch ist. Schon für den Junghund hat die Wittrung von Schweiß — wie überhaupt von Blut — besonderen Reiz. Diesen kann sie nur verlieren, wenn sie sich bei Übungen im Bringen, Totverweisen oder Totverbellen mit Arbeiten auf Schleppen oder Kunstfährten verbindet, die dem Hunde zur

Gewohnheit wurden. Dann geht der Reiz verloren, den sonst ein Hund bei Wittrung von Schweiß aus seinem Beutetrieb heraus empfindet. Infolgedessen wählt der Hund zu möglichst mühelosem Finden des ausgelegten Wildes oder Gegenstandes die Wittrung, die am besten leitet, der er aus Erfahrung am bequemsten folgen kann. Bei nicht genügend alten Schleppen oder künstlich hergestellten Fährten ist das in solchen Fällen vorwiegend die Spur des Schleppen- oder Fährtenlegers. Wobei es wenig auszumachen scheint, ob sich der Mann normal bewegte oder ob er zur Vermeidung seiner eigenen Spur auf Fährtenschuhen oder Stelzen ging.

Auf die Spur des Fährtenlegers als Fährten-»Beigeruch« kommen wir hier noch zu sprechen.

Gern sei zugegeben, daß der Gebrauch genügend hoher Stelzen das Hinterlassen menschlicher Wittrung am Bodenbewuchs verhindert. Das Stelzengehen aber will gekonnt sein und strengt an. Nicht jeder Körper ist solcher Kunst und Anstrengungen fähig, zumal in schwierigem Gelände. Stelzen sind auch meistens nicht zur Hand, wenn man sie gerade braucht, z. B. im Revier, nachdem ein Stück erlegt ist und wir mit der uns zur Verfügung stehenden Zeit die Möglichkeit zum Legen einer Fährte sofort nutzen wollen. Beim Stelzengehen dürfte auch das Spritzen mit der Flasche nicht ganz einfach und das Tupfen nahezu unmöglich sein.

So aufschlußreich auch die verschiedenen Versuche mit der Stelzenfährte waren, für Einarbeit und Prüfung hat sie sich nicht eingeführt. Wie eben dargetan: Die Schwierigkeiten im Gebrauch der Stelzen sind für unsere Zwecke viel zu groß. Praktisch bewähren kann sich aber nur, was einfach ist.

Zur Einarbeit des Hundes auf sog. Tagfährte empfiehlt sich aber immer, Bestände ohne Grünwuchs und Durchforstungsreisig oder blanke Flur zu wählen. So kann auch ohne Stelzen das verhindert werden, was man mit ihrer Hilfe zu vermeiden sucht.

Der ursprünglich von Forstsekretär AUST-TILLOWITZ konstruierte Fährtenschuh ermöglicht die Fortbewegung des Fährtenlegers auf Wildläufen und so bei Verwendung frischer, von Schweiß sorgfältig gereinigter Läufe auch das Legen künstlicher »Gesundfährten«. Diese Eingriffe in Verbindung mit der an den Läufen haftenden Wildwittrung machen zwar die Fährte natürlicher und für den Hund anziehender als die Menschenspur, bedeuten aber nach eigenen vergleichenden Beobachtungen gegenüber der Druckfläche des beschuhten menschlichen Fußes für die Nase des Hundes keine Erschwerung der Arbeit auf künstlicher Rotfährte — im Gegenteil. Je kleiner eine Fläche, um so größer ist der Druck, den eine Last auf diese ausübt, in unserem Fall der Eingriff. Es ist also für den Zweck nicht abträglich und für uns selbst bequemer, wenn wir zum Legen künstlicher Schweißfährten weder Stelzen noch Fährtenschuhe benutzen, sondern uns in natürlicher Ungezwungenheit bewegen. Dabei sind als Fußbekleidung zwecks Verringerung der Wittrungskomponenten Gummistiefel Lederschuhen vorzuziehen. Abgesehen davon, daß bei ersteren die Reinigung von anhaftendem Straßenschmutz und sonstigen Trägern ortsfremder Gerüche vor dem Legen einer Fährte unschwer vorgenommen werden kann, schließen sie den Fußgeruch hermetisch ab und entbehren des Geruchs nach Leder wie nach Fett und sonstigen Lederpflege- oder Schuhputzmitteln.

Unsere Bemühungen gipfeln ja in dem Bestreben, den Hund unter Ausnutzung seines Beutetriebes durch planvolle Einarbeit so auf Schweiß einzustellen, daß er dieser Wittrung vor jeder anderen den Vorzug gibt und ihr auch unter schwierigsten Umständen zu folgen sucht. Das aber ist nur möglich, wenn wir, mit leichtesten und leichten Aufgaben beginnend, die Forderungen mit der Zunahme der Sicherheit des Hundes immer höher schrauben. Wobei die Sicherheit nur dann herbeizuführen und zu festigen ist, wenn wir den Hund schon früh durch Selbsterfahrung und durch Zwang erkennen lassen, daß es für ihn von Nachteil und daher ganz zwecklos ist, Verleitungen zu folgen. Mögen diese noch so frisch sein und verlockend duften, allein die *Ansatzfährte* führt zum Ziel, mag sie so alt sein, wie sie will; nur *Schweiß* verheißt ersehnte Beute! Das und nichts anderes ist es, was der Hund im Wege folgerichtiger Abführung verknüpfen soll.

Wir üben deshalb nur *zuerst* in wildreinem Gelände. Hat dann der Hund erfaßt, worum es geht, so bringen wir ihn in der Folge bei *dauerndem Geländewechsel* immer wieder in Versuchung, zu changieren, um ihn schließlich jeder überhaupt nur möglichen Verleitung auszusetzen. Wir müssen selbstverständlich in der Lage sein, die Arbeit stets genau zu kontrollieren. So wesentlich es ist, daß der Hund aus sich heraus die nötige Erfahrung sammelt und bei Verleitung und an schwierigen Stellen stets Gelegenheit erhält, sich selbst zurechtzufinden — der Möglichkeit, den Gang der Arbeit sorgfältig zu überprüfen und, falls nötig, rechtzeitig verbessernd einzuwirken, dürfen wir uns nie begeben.

Für die Anlage der künstlichen Rotfährten dürfte Wildschweiß Haustierblut in jedem Falle vorzuziehen sein. Unterschiede macht der Hund, wie schon bemerkt. Beim Aufbrechen des frisch erlegten Stückes wird der warme Schweiß mittels Trichters in einer sauberen Flasche aufgefangen. Diese wird, damit der Inhalt nicht gerinnt, etwa zehn Minuten lang geschüttelt, und zwar sofort. Mit Borsäure (in Pulverform) oder notfalls Kochsalz können wir den Schweiß bei kühler Aufbewahrung einige Wochen frisch erhalten. Ein Teelöffel auf eine Flasche genügt von jedem dieser Konservierungsmittel. Das Kochsalz ist vor Beigabe in etwas Wasser aufzulösen.

Tiefgekühlter Schweiß hält sich ohne jedes Konservierungsmittel unbegrenzt, ohne daß er dadurch seine artgemäße Wittrung verliert. Wie spezifisch diese sich bei Tiefkühlung erhält, zeigen ja auch alle in frischem Zustand eingefrorenen natürlichen Wundfährten bei aufgehendem Frost. Auch wenn eine solche Fährte Wochen alt ist — nachdem es taute, steht sie plötzlich wieder, und der erfahrene Hund verfolgt sie mühelos. Allerdings zersetzt sich tiefgekühlter Schweiß, nachdem er wieder aufgetaut ist, unter sonst gleichen Verhältnissen rascher als Schweiß, der nicht gefroren war.

Als Gerät zum Legen der künstlichen Schweißfährte kommt praktisch nur der Tupfstock mit dem zugehörigen Schwämmchen und dem Schweißbehälter (am besten einem Honigglas mit Schraubverschluß, das leicht im Rucksack mitzuführen ist) oder die Spritzflasche in Frage. Spritzverschluß: ein Korken mit einem Federkiel als Röhre, die auf beiden Seiten einige Zentimeter übersteht.

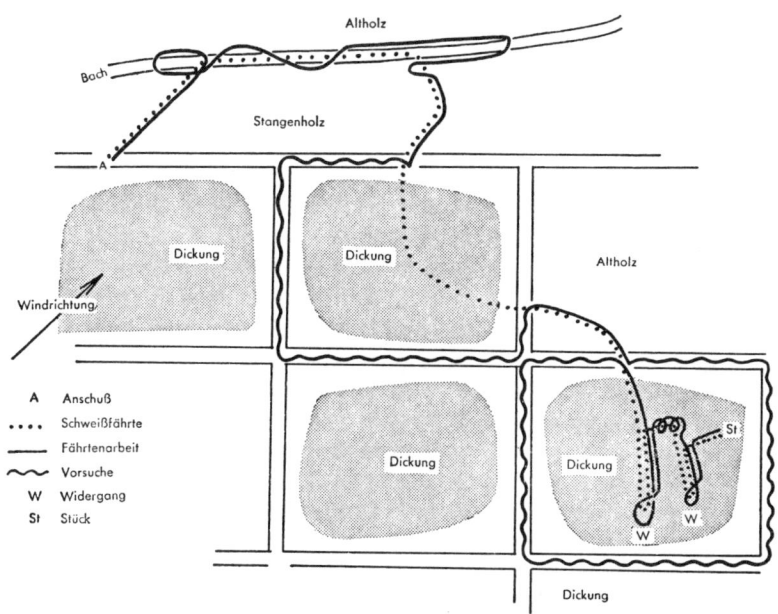

Darstellung 5   Mit gutem Hund gerecht durchgeführte Nachsuche. Das beschossene Stück wurde zunächst mit dem Winde flüchtig — mit dem Winde, um erfahren zu können, was hinter ihm vorging. Aus demselben Grunde bettete es sich nach dem letzten Widergang unter Wind seiner Fährte

Man tupft mit einem x-beliebigen Stock, an dessen unterem, gespaltenem Ende mit Hilfe einer Kordel ein zentimeterdickes Stück von einem Gummischwamm befestigt ist, das die Größe etwa eines Fünfmarkstückes hat.

Man braucht beim Tupfen ohnehin nur wenig Schweiß; der Schweißverbrauch ist wesentlich geringer als beim Spritzen. Das Höchstmaß ist für tausend Meter nur ein Viertelliter, wenn das Schwammstück nach dem Eintauchen am Rande des Behälters abgestrichen und dann so getupft wird, wie man mit dem Krückstock schreitet: in regelmäßigem Abstand von zwei Schritt, mit Wiedereintauchen nach je zehn Tupfern. Tupft man mit demselben Abstand, um nur alle 50 Schritt von neuem einzutauchen, so reicht für 1500 Meter ein Tassenkopf voll Schweiß. Es läßt sich so der Schweißverbrauch beim Tupfen — je nach Absicht — bestens regulieren. Um die Witterungsstärke der verschiedenen Tupfer für die Hundenase möglichst ähnlich zu gestalten, trage ich die Tupfer mit dem frisch getränkten Schwämmchen möglichst fein und dann — mit Abnahme des Schweißes — allmählich immer stärker auf.

Bei entsprechend fortgeschrittener Sicherheit des Hundes kann man die Fährte dadurch schwieriger gestalten, daß man das Schwämmchen weniger oft in Schweiß eintaucht oder auch in größerem Abstand und mit streckenweiser Unterbrechung tupft, so daß der Hund gezwungen ist, den Verlauf der Fährte am Boden abzutasten, um etwaige Fehlstrecken durch Bögeln festzustellen und durch Vorgreifen zu überbrücken. Wie in der Praxis, wenn die Fährte auf Wegen usw. streckenweise nicht mehr steht, oder wenn das kranke Stück einen Graben oder Bachlauf angenommen hat und darin eine Strecke fortgezogen ist, um dann zurückzuwechseln oder auf der anderen Seite auszusteigen.

Wie alle künstlich hergestellten Fährten ist auch die Tupffährte nichts anderes als ein Behelf. Man kann aber den Hund in Anbetracht des wenigen Schweißes, der dabei gebraucht wird und der sich in willkürlich gewählten Abständen *immer nur am Boden* findet, zu größerer Genauigkeit und Sorgfalt bei der Arbeit zwingen, als das auf gespritzter Fährte möglich ist, bei deren Herstellung der Schweiß oft auch an Zweigen oder Gräsern haften bleibt. Dabei lernt der Hund, sich sorgsam auf der Fährte fortzutasten — von Punkt zu Punkt — und Schweiß zu zeigen. Was für die Arbeit in der Praxis ungeheuer wichtig ist!

Zum Tupfen läßt sich Schweiß auch dann verwenden, wenn er schon geronnen ist.

P. van Gülpen erwähnte auf dem Verbandstag 1929 in Berlin lobend, wie ausdrucksvoll meine »Hesta-Cranzin« bei der von ihr gewonnenen Schweißprüfung auf natürlicher Damwildwundfährte in Kummersdorf 1928 beim Fortbringen einer schwierigen, fast schweißlosen übernächtigen Wundfährte durch warme Rudelfährten hindurch jeden, auch den unscheinbarsten Tropfen Schweiß verwies. Auf die Frage, wie ich das erreichte, nannte ich als Rezept die Tupfspur, wie ich sie auch hier geschildert habe.

Die *übernächtige* Tupfspur, hergestellt mit einem Stückchen Pansen, ist im allgemeinen noch schwieriger zu halten als die mit Schweiß. Ihre Wittrung haftet auf die Dauer weniger als diese. Ein ausgewaschener Pansen läßt sich leicht durch Trocknung konservieren. Am besten verwahrt man ihn danach in einer Blechbüchse mit luftdicht schließendem Deckel. Das zum Tupfen abgeschärfte Stück braucht vor Benutzung nur mit etwas heißem Wasser überbrüht zu werden. Es wird dann wieder weich.

Am Ziel kann man den Hund mit einem Pansenstück genossen machen. Diese Möglichkeit, sich zur Herstellung der Tupfspur auch kleiner Pansen- oder Wildbretstücke zu bedienen, macht uns beim Einarbeiten unserer Hunde ganz unabhängig vom Vorhandensein von Wildschweiß oder Haustierblut.

Wie schon angedeutet, sind die ersten Fährten so zu legen, daß sie der Junghund ohne sonderliche Mühe ausarbeiten kann: die erste etwa hundert Meter geradeaus, mit reichlich Schweiß, Beginn der Arbeit schon zwei Stunden später; die nächste, wenn der Hund die erste Fährtenarbeit zur Zufriedenheit erledigt hat, hundert Meter länger, mit einem Haken und so fort. Dann tupfen wir allmählich weniger Schweiß. Schließlich hat ein Viertelliter Schweiß für einen Kilometer zu genügen. Wir lassen auch die Fährten, gleichlaufend mit sonstiger Erschwerung, ganz allmählich älter werden. Mindestalter grundsätzlich zwei Stunden. *Allgemeine Fährtenrichtung mit dem Winde.* Es werden weitere Haken eingelegt im stumpfen, rechten, schließlich auch im spitzen Winkel. Fährten, die wir morgens legten, lassen wir den Hund am Abend ausarbeiten, andere, die nachmittags gezogen wurden, erst am nächsten Morgen usw. Je sicherer der Hund sich bei der Arbeit zeigt, um so länger lassen wir die Fährten liegen, je nach der Wetterlage 24 oder 48 Stunden. *Mit Fährtenlänge und Gelände immer wechseln!* Es kommt zunächst viel weniger auf die Länge einer Fährte an als vielmehr darauf, daß der Hund ihr zielbewußt und ruhig bis ans Ende folgt, nach Überwindung aller eingeflochtenen Schwierigkeiten. Das erstaunlich gute Ortsgedächtnis unserer Hunde zwingt zu dauerndem Geländewechsel. Dadurch erhalten wir dem Hunde auch die *Freude an der Arbeit.* Variatio delectat! Das Interesse eines Hundes, der immer in denselben, der Wohnung nächstgelegenen Geländeteilen solche Arbeiten verrichten soll, stumpft ab.

Offene, vom Wind berührte müssen mit geschützten Lagen, unbewachsener mit bewachsenem Boden wechseln. Die Fährten müssen auch gelegentlich durch Dickungen und Gräben führen und diese dabei auf der Sohle auch ein gutes Stück der Länge nach passieren. Solche Unterschiede in bunter Mannigfaltigkeit innerhalb derselben Fährte verlangen ein gerüttelt Maß an Vorbereitung. Folgt der Hund hier mühelos der Fährte einen oder einige Meter unter Wind, so muß er dort die Nase in die Fährte stecken, weil er keinen Seitenwind erhält. Und wo die Fährte nicht mehr steht, bleibt ihm nichts anderes übrig, als vorgreifend die Fortsetzung derselben einzukreisen. Fähigkeiten, über die der Hund verfügen muß, wenn er später mit den unterschiedlichen Gegebenheiten einer schwierigen Arbeit in der rauhen Praxis fertig werden soll.

Wie schon erwähnt, ist es wichtig, den Verlauf der Fährte jeweils sorgsam abzustecken oder sonstwie zu markieren. Ständige Nachprüfung der Richtigkeit der Arbeit seines Hundes ist dem Führer nur auf diese Weise möglich.

Die ersten Fährten tupfen wir in möglichst wildfreiem Gelände. Später ist es immer wünschenswert, daß der Hund durch Wild verleitet wird; wie schon bemerkt, sind wir sogar bemüht, ihn zur Förderung und Festigung seiner Sicherheit auch hierbei jeglicher Verleitung auszusetzen. Deshalb legen wir die Fährten schließlich dort, wo in der Regel Wild zu stehen oder wenigstens zu wechseln pflegt. *Schweißsicherheit* ist ohne die Verleitung durch gesundes Wild und ohne die durch sie gegebene Gelegenheit zur Korrektur am Riemen

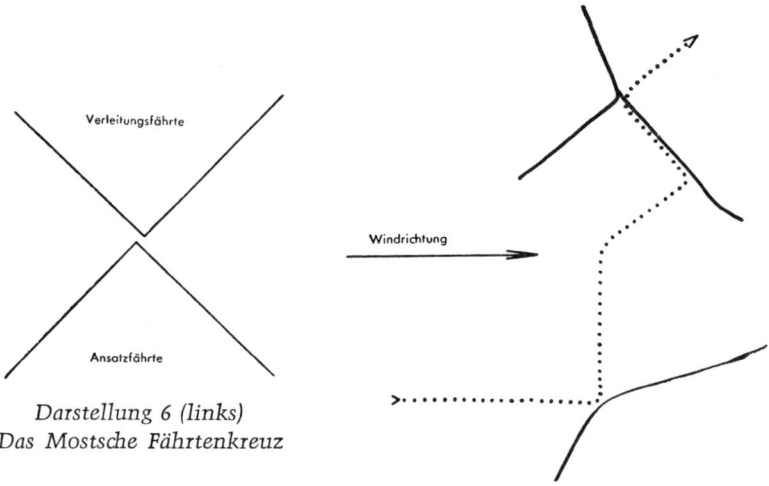

Darstellung 6 (links)
Das Mostsche Fährtenkreuz

Darstellung 7 (rechts) *Künstliche Schweißfährte, an Haken zweier Wildwechsel herangeführt und rechtwinkelig vor ihnen abgebogen, so daß sie mit den Wechseln Fährtenkreuze bildet*

gar nicht zu erreichen. Ist der Hund infolge der Verleitung aufgeregt, so heißt
es »halt«. Der Hund bleibt liegen, bis er sich beruhigt hat und sich auf Zuspruch anschickt, seine Arbeit wieder aufzunehmen. Stärkere Einwirkung im
Falle wirksam werdender Verleitung nur bei harten Hunden mit übermäßigem Temperament. Ein solcher Hund verträgt dabei auch einen Gertenhieb.
Auf jeden Fall wird er mit »pfui, laß ziehen« energisch abgezogen. Folgt er
auf »such verwundt« der Ansatzfährte weiter, so heißt es automatisch, sanft
ermunternd, »so ist's brav«.

Ich führe solche Fährten mit Vorliebe an viel begangene Wildwechsel heran,
und zwar in Form des *Mostschen Fährtenkreuzes*, bei dem die rechtwinkelig
einbiegende Verleitungsfährte die rechtwinkelig abbiegende Ansatzfährte im
Scheitelpunkt der beiden Fährtenwinkel geradeaus verlängert (siehe Darstellung 6 und 7). Der Hund darf dann dem Wechsel ruhig einige Meter
folgen. Worauf es ankommt, ist, daß sich der Hund, nachdem er den Verlust
der Ansatzfährte festgestellt hat, durch Bogenschlagen selbst verbessert. Tut
er das nicht, so muß er dazu angehalten werden. Der Hund wird deshalb
abgezogen und etwa 40 Meter vor der Kreuzung wieder auf der Ansatzfährte
angelegt. Und dieses wird so lange wiederholt, bis er sich dazu entschließt,
den Wechsel aufzugeben und die verlorene Fährte einzubögeln. Solche Übungen sind äußerst wichtig. Die Möglichkeit dazu gibt ganz allein die zielbewußte Einarbeit am Riemen.

*Je älter eine Fährte, um so stärker ist die Wirkung jeder frischeren Ver-
leitung!*

Viel Kopfzerbrechen bei der Einarbeit auf Schweiß macht immer noch der
Beigeruch der Spur des Fährtenlegers. Steht eine Fährte einige Stunden,
und trug der Fährtenleger Gummistiefel, was immer zu empfehlen ist, so
dürfte auf der Fährte Menschenwittrung für die Hundenase nicht mehr
wahrzunehmen sein. Nur die Wittrung des beim Schreiten eingedrückten
oder verletzten Bodens und zertretener Pflanzenteile kann sich neben der
leitenden, also der Schweißwittrung, als sog. Bei- oder Begleitgeruch bemerkbar machen. Dieser kann sogar, wie schon erwähnt, auf nicht genügend alter
Fährte als die bis dahin stärkere Wittrungskomponente für den Hund in
erster Linie leitend werden; er wird es in der Regel auch bei allen Hunden,
die viel Übung auf der Schleppe haben. Er braucht es aber nicht, wenn man
beizeiten vorbeugt und den Hund gewissermaßen zwingt, sich lediglich an
Schweiß zu halten.

Dazu empfehle ich, hin und wieder ein geeignetes Gelände, das also möglichst offen ist, vor Herstellung der Schweißfährte stellenweise oder ganz
gitter- oder schachbrettartig zu vertreten. Kreuzt man danach mit dieser auf

genau markierter Strecke die vertretenen Flächen anfangs schräg und legt man später auch die Haken durch besagte Fährtennetze, so ist der Hund gezwungen, sich bei seiner Arbeit ganz ausschließlich an den hinterlassenen Schweiß zu halten. Andernfalls verheddert er sich sozusagen in den Maschen oder stößt ins Leere. Auf diese Weise lernt der Hund durch die ihm aufgezwungene Selbsterfahrung, daß ihn allein der »rote Faden« leitet und alles andere, wenn auch stärker duftend, nur fehlleitendes Beiwerk ist.

Spurwillige Hunde, die den mit anderen Übungen verbundenen »Schleppenrummel« noch nicht kennen oder niemals kennenlernen, wie beispielsweise unsere Teckel, sind infolgedessen bei der Arbeit ganz von ihrem Beutetrieb beherrscht. Sie pflegen deshalb auch auf frischerer Fährte im allgemeinen mehr auf Schweiß als auf die Spur des Fährtenlegers anzusprechen, was auch entsprechende Versuche — wie die von KLITZING — schon ergeben haben. Es ist ja ganz natürlich, daß sie jener mehr erregt, als sie diese reizen kann.

Wie dem aber auch sei, die Spur des Fährtenlegers vermag dem Hunde auch auf älteren Fährten eine Stütze zu gewähren, deren er sich notfalls gern bedient. Sie wird den Hund sofort dann wieder leiten, wenn der »rote Faden« geruchlich schwächer und daher schwieriger zu halten oder streckenweise unterbrochen ist.

Das Fährtenalter, bei dem die Spur des Fährtenlegers so verblaßt, daß der Hund gezwungen ist, sich für die Folge ganz auf Schweiß zu konzentrieren, scheint bei günstiger Wetterlage und bewachsenem Boden mit etwa 18 Stunden zu beginnen. Das zeigten im Herbst 1957 anläßlich der erschwerten Schweißprüfung im Sachsenwald auch die mit besten Hunden durchgeführten Versuchsarbeiten.

Die günstigsten Bedingungen, unter denen sich menschliche Fährten bis zum Alter von 24 Stunden halten, sind nach MOST Erdboden, der mit Gras und anderen Pflanzen bewachsen ist, und feuchte Luft bei mäßigen Winden, ohne Sonnenbestrahlung.

Es empfiehlt sich sehr, auch bei der Arbeit auf künstlicher Rotfährte hin und wieder die *Vorsuche* zu üben. Wie die Übung durchzuführen ist, wurde bei Erläuterung der Arbeit auf gesunder kalter Hochwildfährte schon geschildert. Jetzt lassen wir den Hund auf gleiche Weise entweder den an einem Weg- oder Bestandsrand liegenden Anschuß suchen, oder wir greifen vor, nachdem der Hund nach wenigstens 200 Meter Riemenarbeit von der Fährte abgetragen wurde. Es wird dann längs des nächsten Querwegs mit ihm vorgesucht. Dabei findet er die Fährte wieder. Bevor er dieser aber weiter folgen darf, lassen wir sie uns von ihm am Kreuzungspunkt in schon empfohlener Weise zeigen. Was immer wichtig ist.

Man mag im Anlegen von Kunstfährten ein Künstler sein und diese noch so raffiniert gestalten, der mit der Wildfährte vertraute Hund empfindet doch, daß bei jenen schon der Kopfhund Mensch die Hand im Spiele hatte, das Ganze doch kein richtiges Jagen ist. Es besteht für mich auch gar kein Zweifel, daß die geübte Hundenase konservierten Schweiß, selbst wenn er frisch ist, von richtigem Wundschweiß wohl zu unterscheiden weiß. Dieser haftet ja auch mehr als Schweiß oder Blut in ausgerührtem (defibriniertem) oder chemisch ungerinnbar gemachtem Zustand.

So kann die Kunstfährte — von welchem Standpunkt man sie auch betrachten mag — auf die Hundenase nie den Reiz ausüben, den diese *ceteris paribus* von einer natürlichen Schweißfährte oder Wundspur empfängt.

Deshalb müssen wir bemüht sein, die Arbeit auf der Kunstfährte für das Raubtier Hund im Enderfolg so anziehend wie möglich zu gestalten. Der Hund muß immer wieder die Erfahrung machen, daß er am Fährtenende etwas findet, was ihn reizt. Die trockene, ausgestopfte Rehhaut, die er sattsam kennt, ist ohne jeden Reiz für ihn. Es sei denn, daß wir dieser einen Reiz verleihen, und zwar in Form begehrter *Brocken!* Diese sollten, entsprechend der Natur des Hundes, stets in Fleisch bestehen. Ein ausgesprochener Leckerbissen ist für jeden Hund ein saftiges Stück vom Rindermagen. Sind solche Brocken gerade nicht zu haben, so greifen wir zu Trockenfleisch, das ja bekanntlich auch mit Vorliebe gefressen wird. Maßgebend für die Wahl der Brocken ist immer der Geschmack des Hundes, der vor der Arbeit niemals satt sein darf. *Plenus venter non studet libenter.*

Die Brocken werden in die frisch mit Schweiß bespritzte Rehhaut praktiziert, die der Hund, nachdem er hingefunden hat, grundsätzlich nur beschnuppern darf. Dabei lassen wir ihn unter wiederholtem »so war brav« und Liebeln unsere Freude spüren. Er wird dann über Wind der Rehhaut abgetragen. Nachdem er abgelegt ist, sieht der Hund uns in Erwartungsspannung zu, wie wir die Brocken sehr gemächlich aus der Rehhaut holen. Dann machen wir den Hund genossen, indem wir ihm die Brocken *reichen.* Auch dabei wird mit Liebeln und Ermunterung nicht gespart.

Ergibt sich eine Möglichkeit dazu, so können wir die Fährte auch so legen, daß sie an einem frisch erlegten Stück oder dessen Aufbruch endet. Es empfiehlt sich dann, sie mit dem Schweiß und gegebenenfalls auch auf dem letzten Wechsel dieses Stückes an das Ziel heranzuführen oder an den Anschuß, falls das Wild vor dem Zusammenbrechen noch eine Strecke geflüchtet war. So geht dann die künstliche in eine natürliche, den Hund zum Erfolg führende Wundfährte über.

Oberförster BERGIEN schreibt in Nr. 11/1959 der »Pirsch« in seinem bereits zitierten Beitrag »Über die Arbeit auf kalter gesunder Fährte«:

»Sehr gern habe ich von den Hunden Schwarzwild arbeiten lassen, das hier nur als Wechselwild und dann meist nur in einzelnen Stücken vorkommt. So habe ich einmal über eine Woche lang täglich die Fährte eines zwei- bis dreijährigen Keilers gearbeitet — schließlich weniger zur Übung des Hundes als vielmehr, um die Gewohnheiten dieses Stückes kennenzulernen. Dabei stellte ich fest, daß der nächtliche Weg, den der Keiler bei seiner Suche nach Fraß zurücklegte, gar nicht so lang war, wie es häufig von unserm Schwarzwild angenommen wird. Manchmal waren es nur 800 bis 1200 Meter vom Verlassen des Tageseinstandes bis zum Einwechsel meist in dieselbe Dickung. Dabei hat die Sau unwahrscheinlich wenig gebrochen. Da es mich schließlich reizte, den Keiler zu erlegen, brachte ich ihn endlich nur auf Grund dieser genauen Beobachtung zur Strecke. Jetzt mußte aber auch der Hund für seinen Eifer belohnt werden, mit dem er tagelang die kalte gesunde Fährte des Keilers gearbeitet hatte. Da ich den Keiler vor der Erlegung auf etwa 200 Meter anwechseln sah und außerdem eine dünne, unterbrochene Schneedecke lag, die es erlaubte, die Fährte mühelos noch einige hundert Meter rückwärts zu halten, so lüftete ich vorsichtig den Keiler, ohne meine Stiefelsohlen mit Schweiß in Berührung zu bringen, und befestigte ein kleines Stück des Gescheides an einem etwa zwei Meter langen Stock. Mit diesem frischen Gescheideteil markierte ich auf der gesunden Keilerfährte, so weit rückwärts wie möglich, zunächst einen Anschuß und tupfte dann, der Fährte folgend, mit Hilfe des Stockes, etwa zwei Meter neben ihr schreitend, bis zu dem gestreckten Stück und verwandelte so die Gesundfährte in eine Wundfährte. Dieses Beispiel führe ich hier an, da ich, wenn immer möglich, zu jedem von mir gestreckten Stück, das im Feuer oder nach wenigen Fluchten zusammenbrach, eine solche künstliche Wundfährte lege. Selbstverständlich kann diese gelegte die natürliche Wundfährte nicht ersetzen. Sie bietet gegenüber der reinen Tupffährte aber wesentliche Vorteile. Die Fährtenwitterung ist vorhanden, die Schweißwitterung stammt von demselben Stück, und der Hund kommt am Ende der Arbeit zu einem Erfolg. Dann ist er beim Aufbrechen des Stückes dabei und wird gebührend genossen gemacht. Der Beutetrieb wird wachgehalten und befriedigt! Ein Gesichtspunkt, der unbedingt beachtet werden muß, auch bei der Arbeit auf der kalten gesunden Fährte. Für jede auch noch so kurze Arbeit muß der Hund greifbar belohnt werden. Irgendeinen Happen für seinen Hund sollte daher ein Schweißhundführer immer in der Tasche haben.«

Ein solcher Fund ist für den Hund natürlich von besonderem Reiz. Überhaupt ist es der Findigkeit und Phantasie des Hundeführers überlassen, jegliche Gelegenheiten, die sich ihm zur Übung seines Hundes bieten könnten, ausfindig zu machen und zu nutzen.

Kurz gesagt: *Auch die Arbeit auf der Kunstfährte soll dem Hunde immer wieder Lust verheißen.*

Für das *Verlorenbringen auf der Schleppe* ist als Vorübung sehr angebracht das Suchen und Bringen von verlorenen Gegenständen und ausgelegtem Wild auf der Rückfährte des Führers. Wie man das exerziert, habe ich unter »Apport« auf S. 48 ff. ausführlich geschildert. Für einen Hund, der diese Übungen beherrscht, birgt das Verlorenbringen auf der Schleppe keine sonderlichen Schwierigkeiten. Die Rückfährte des Führers allein zu halten ist ja unter sonst gleichen Umständen schwieriger als das Spüren nach geschlepptem Wild. Es genügt deshalb, wenn man die Anweisungen, die ich für das Üben des Verlorenbringens auf der Rückfährte gegeben habe, auf das Verlorenbringen auf der Schleppe überträgt. Selbstverständlich wird der Hund, bevor wir eine Schleppe ziehen, von Anfang an so abgelegt, daß er davon nichts sehen kann. Der Hund soll auf Entfernung bringen, wobei die Schleppe ihn zum Wilde leitet, das er alsdann auch außer Sicht des Führers aufzunehmen und zu bringen hat. Man kann die Schleppen späterhin so kompliziert gestalten, daß der Hund, um sie zu halten, sich öfter nicht nur zu genauer Folge konzentrieren, sondern sich auch immer wieder selbst verbessern muß. So wird sie mehr als nur ein Übungsmittel zur Vervollkommnung des Hundes im Apportieren. Hinter zuverlässigem Bringen nämlich steht erwiesenermaßen für den Hund das unbedingte Muß — auch dann, wenn es ihm nach Verknüpfung mit den lustbetonten Folgen der verlangten und vollbrachten Leistung Freude macht. Demzufolge bietet uns die Schleppe eine weitere, sehr willkommene Möglichkeit — nämlich die, im Hunde mit dem schulmäßig entfachten Trieb zum Bringen auch den Finderwillen anzuregen und zu fördern, der für jegliche Verlorenbringerarbeit in der Praxis so besonders wichtig ist.

Das freie Halten auch von schwierigen Schleppen muß dem Hunde um so leichter fallen, je ausgeprägter sein Spurwille ist und je sorgfältiger die Einarbeit am Riemen war, die er schon genießen durfte. Unwillkürlich wird er dann auch das, was er am Surrogat der Schleppe lernte, auf die Praxis übertragen.

Betonen möchte ich auch hier, daß ein Wild erst dann geschleppt werden darf, wenn der Hund die betreffende Wildart anstandslos apportiert. So ist die Arbeit auf der Fuchsschleppe so lange Unsinn, wie der Hund den Fuchs rein schulmäßig nicht ohne weiteres bringt.

Versagt der Hund aus irgendeinem Grunde, so greifen wir zur Korrektur auf

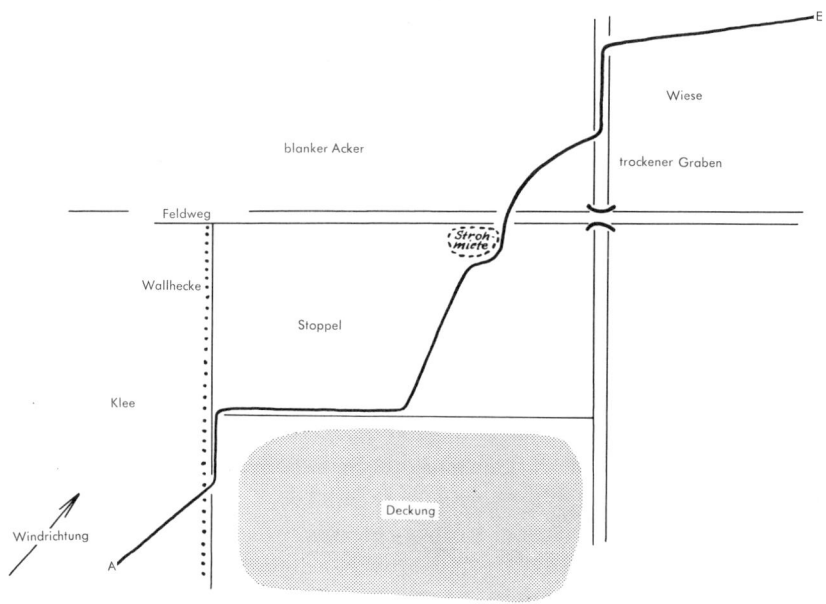

Darstellung 8   Federwildschleppe für einen geübten Hund. Länge: 280 Meter

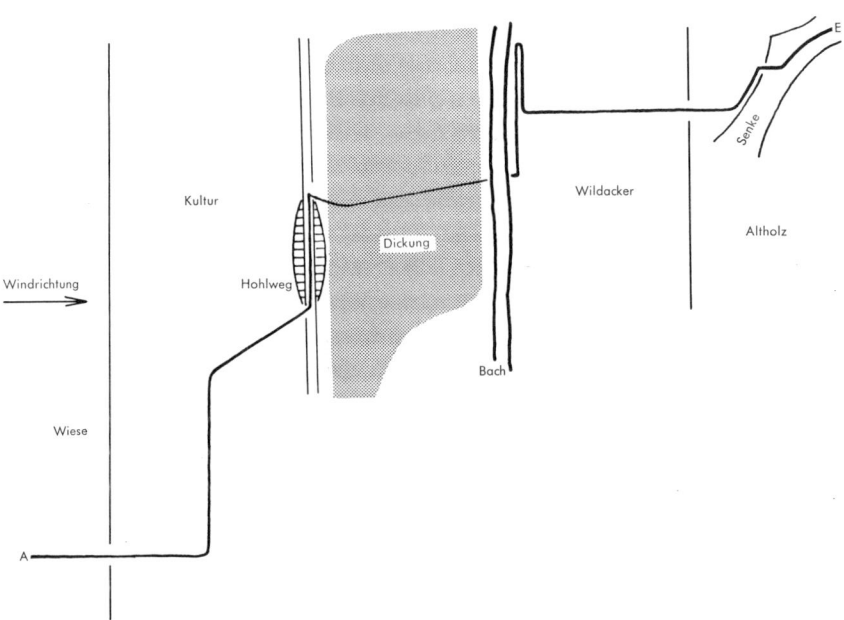

Darstellung 9   Haarwildschleppe für einen geübten Hund. Länge: 720 Meter

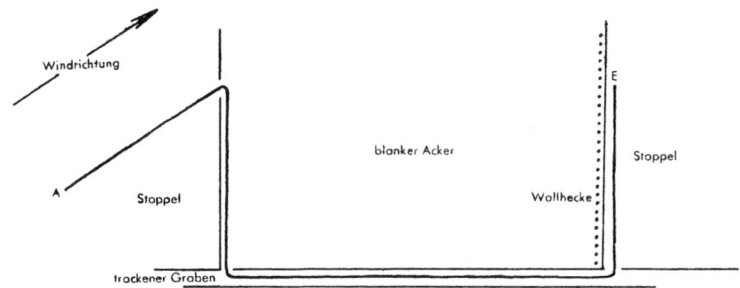

Darstellung 10   Eine zwar nur 250 Meter lange, aber trotzdem schwierige Übungsschleppe

angemessen kürzere Entfernungen zurück, nachdem wir vorher nötigenfalls den Hund rein schulmäßig im Bringen überholten.

Überhaupt: Kurze Schleppen von nur 100 bis 200 Schritt müssen öfter mit längeren oder langen (1000 bis 1500 Meter) wechseln. Damit der Hund mit tiefer Nase folgt, *allgemeiner Schleppverlauf mit Nackenwind;* mit mehr oder minder Seitenwind nur quer zur Hauptrichtung gezogene Haken, deren Form und Länge dauernd wechseln müssen. Es bleibt sich gleich, ob wir die Schleppen selber legen oder sie ein anderer zieht. Nicht immer nur auf langen Schleppen üben und die Schwierigkeit der Schleppe in der Länge sehen! Beim Überschießen eines Hakens darf der Hund die Fortsetzung der Schleppe nicht gleich in der Ferne suchen. Das tut er aber gern, wenn die ihm vorgesetzten Schleppen regelmäßig lang verlaufen, womöglich auf verhältnismäßig schmaler Fläche und in offener, vom Winde ungehemmt durchstrichener Flur. Warum sich dann durch Bogenschlagen sorgsam an die Haken halten, wenn es der Luftikus bei der Leichtigkeit der Arbeit im Vertrauen auf sein Gangwerk und die feine Nase durch weites Vorgreifen und Abschneiden der Haken schneller schafft?! Deshalb nicht nur öfter mit der Schleppenlänge wechseln; auch die Form der Schleppe ist möglichst dem Gelände und gleichzeitig den Fluchtgewohnheiten der Wildart anzupassen, der die Schleppe gerade gilt. Wir werden also eine Huhn- oder Fasanenschleppe anders legen als eine Haarwild-, Raubwild- oder Raubzeugschleppe (siehe Darstellungen 8 bis 10). Auch Schleppen mit derselben Wildart sollen sich so weit wie möglich unterscheiden. Nur kein Schema, an das der Hund sich so verblüffend rasch gewöhnt! Gerade dadurch, daß die Schleppen immer wieder anders liegen, erreichen wir beim Hunde, daß er sie bezüglich der Genauigkeit der Folge nicht auf die sogenannte leichte Schulter nimmt.

Der schärfste Haken ist der Widergang! Furchen, Hohlwege und trockene Grä-

127

ben, der Windschatten von Heckenreihen usw. bieten uns willkommene Gelegenheiten, um in den Verlauf der Schleppe Schwierigkeiten einzuflechten, ebenso die Ausnutzung des Bodenwindes, der in ungleichförmigem Gelände öfter wechselt.

Auch auf die Art, wie wir den Hund zur Schleppe legen, kommt es an! Wir ziehen ihm zunächst die langgemachte Leine durch die Halsung. Das läßt den Hund sofort verknüpfen, daß es einer Schleppenarbeit oder einer Arbeit auf der Wundspur gilt. Es versetzt ihn in Erwartungsspannung. Den mit Wolle oder Federn leicht markierten »Anschuß« sehen wir uns in gebückter Haltung selber an. Dann weisen wir den Hund mit liebevoll gedehntem »such verloren apport« zur Schleppe. Erscheint er uns zu temperamentvoll, heißt es »haaalt«. Und hat der Hund sich richtig »festgesogen« — was ungeheuer wichtig ist! —, so geben wir ihm noch ein Stück am durchgezogenen Riemen das Geleit, um dann das eine Riemenende loszulassen . . .

Dasselbe gilt für jegliche Verlorenbringerarbeit in der Praxis, natürlich unter der Voraussetzung, daß wir als Führer wissen, wo der Anschuß sich befindet.

Bringt der Hund, so dürfen wir das »so ist's brav« und nach dem Abnehmen das Liebeln nicht vergessen. Eine Geste, die beim Hunde um so größeren Anklang findet, je saftiger der ihr folgende Belohnungshappen ist. —

Die Vorbereitung unserer Hunde für die Arbeit nach dem Schuß ist, wenn die nötige Veranlagung bei Hund und Herr vorhanden ist, im Kern nichts weiter als ein fortgesetztes Nasentraining, wofür es jede Möglichkeit zu nutzen gilt. Befleißigen wir uns solcher Übung weiter, so erhalten wir dem Hunde Arbeitsfähigkeit und Arbeitsfreude. Der beste Lohn für alle aufgewandte Zeit und Mühe ist die stetige Bewährung in der grünen Praxis, und diese ist als Zeichen hundlichen und jägerischen Könnens des Schweißes aller Edlen wert.

> Niemals möchte ich es wagen,
> Ohne guten Hund zu jagen;
> So er fehlt, wo 's immer sei,
> Wird die Jagd zur Luderei.

8 | Totverweisen – Totverbellen

Ein verendetes Stück Schalenwild, das der freisuchende Hund fand oder das er bei der Hetze niederzog, wird von ihm verwiesen, indem er bald danach zu seinem Führer zurückkehrt und ihm durch Gesten zu verstehen gibt, daß er etwas zeigen will. Auf ein bestimmtes Hörzeichen führt dann der Hund ganz zielbewußt zum Stück zurück. Im Gegensatz zum Totverbeller, der beim Stück zu bleiben und dieses bis zum Eintreffen des Führers zu verbellen, d. h. durch fortgesetztes Lautgeben zu melden hat. Kurz gesagt: Der Totverweiser holt, der Totverbeller ruft zum Stück.

Es gibt Hunde, die ganz aus sich heraus, aus Erbanlage, totverweisen oder totverbellen. Infolge ausgeprägten Beutetriebes haben sie besonderes Interesse am gefundenen Stück, ergreifen regelrecht Besitz von ihm und sind daher bestrebt, es als ihr eigen zu bewahren. Dabei regt sich auch ihr ebenfalls sehr ausgeprägter Meutetrieb und damit das Verlangen nach dem »Kopfhund«, ihrem Führer, der ihnen den Besitz der Beute sichern hilft. Ihn rufen oder holen sie herbei – je nach Veranlagung. Der Hund mit lockerem Hals, der sich vom Stück zu trennen vermag, verbellt in dieser Lage; der andere, von Natur aus weniger durch seine Stimme als durch Gesten mitteilsam, eilt im gleichen Fall zum Führer und gibt ihm zu verstehen, daß er seine Hilfe braucht, wobei es ihn ganz offenbar mit aller Kraft zu seinem Fund zurückzieht, von dem er sich nur notgedrungen trennen konnte. Das zeigt der eine wie der andere als geborener Totverbeller oder Totverweiser gewöhnlich aber nur an einem Stück, das er *als erster* in Besitz genommen hat und nun vor etwaigen Konkurrenten schützen will. Bei Scheinmanövern – wie Schleppen usw. – pflegen solche Hunde zu versagen. Wie jedem anderen erfahrenen Hunde verraten ihnen Nase und Instinkt, daß hier nur »gespielt« wird, im Grunde alles unnatürlich ist. Da machen sie nicht mit. Es fehlt ihnen die Abrichtung, die unter allen Umständen zur Leistung zwingt, denn nur die unverfälschte Wirklichkeit läßt solche Hunde ihre Triebe zu wechselseitigem Vorteil in besagter Form entfalten.

Als Gegenstand zur *Abrichtung* des Totverweisers wie des Totverbellers dient die ausgestopfte Rehhaut. Um sie dem Hunde anziehend zu machen, wird sie ab und zu mit frischem Schweiß bespritzt sowie durch Reiben an erlegten Stücken möglichst oft und eingehend verwittert.

Zur Abrichtung des Totverweisers

Als erstes muß der Hund erfahren, daß er diesen Gegenstand nicht apportieren darf. Die Rehhaut wird deshalb zunächst an einem Pflock in Bodennähe festgebunden. Beim ersten Apportierversuch des hingeschickten Hundes erschallt sofort ein lautes »Pfui!« und gleich danach ein »Halt!«. Entfernung zwischen Hund und Führer etwa 20 Schritt. Der Hund bleibt einige Augenblicke liegen und wird alsdann herangepfiffen und geliebelt. Dann weist die Hand mit Hörzeichen »zum Stück!«, worauf der Hund erneut zur Rehdecke zu eilen und dort, nachdem wir etwa zehn Schritt mitgegangen sind, gleich wieder haltzumachen hat. Nach kurzer Pause folgt erneuter Abpfiff und erneutes Liebeln, alsdann, wie schon erklärt, mit Wink das Hörzeichen »zum Stück!«. Wir folgen nunmehr bis zur Rehhaut. An dieser wird der Hund, nachdem er wieder haltgemacht hat, ausgiebig geliebelt, wobei er in Gestalt des obligaten Brockens seinen Lohn erhält. So kommt von vornherein zum Zwang — der lockeren Gebundenheit ans Stück und dem zielgenauen Pendeln zwischen Stück und Führer — die schmackhafte Ermunterung, die der Arbeit in der Schau des Hundes die so wichtige lustbetonte Note gibt. Der Hund wird nach Beendigung der Übung abgetragen und die Rehhaut wieder aufgenommen. Der Hund soll so erfahren, daß wir diese in Besitz genommen haben. Beim Wegtragen der Rehhaut darf er uns begleiten. Die Übung wird am gleichen Tage ein- bis zweimal wiederholt, aber immer erst nach längerer Pause.
Die Entfernung, aus welcher der Hund zur Haut zu eilen hat, wird von Tag zu Tag um etwa 20 Schritt verlängert. Eilt der Hund auf etwa 60 Gänge stracks zur Haut und kommt er dann auf leisen Pfiff zu uns zurück, so heißt es beim Zurückführen nach jeweils 20 Gängen »halt!«. Er muß dann stets so lange liegenbleiben, bis wir herangekommen sind und er erneut das Hörzeichen »zum Stück!« erhält, das ihn sofort in Richtung Rehhaut in Bewegung setzt. Das Tempo des Zurückführens bestimmt auf diese Weise ganz allein der Führer. Dadurch bleibt der Hund für seine Aufgabe »versammelt«, was ihn vor jeder Ablenkung bewahrt.
Das Halt an der gefundenen Haut (auf Trillerpfiff), bevor der Hund von uns zur Übung des Verweisens wieder abgepfiffen wird, hat nur den Zweck, den Hund für kurze Zeit an seinen Fund zu binden, den er ja nicht bringen darf. Dieses Halt sowie der Pfiff zur Rückkehr leiten also nur die Abrichtung zum

Totverweiser ein. Sie fallen fort, sobald besagte Bindung hergestellt ist und der Hund verknüpfte, daß er auf Hörzeichen »zum Stück« die Rehhaut aufzusuchen und danach zum Abrichter zurückzukehren hat, um auf dasselbe Hörzeichen zur Rehhaut hinzuführen.

Wir sehen, daß die Aufgabe des Totverweisers in klarer Abgrenzung drei Abschnitte umfaßt, die nach gedächtnismäßiger Verknüpfung wie Glieder einer Kette ineinandergreifen und sie schließen. Das *Auffinden des Stückes* bedeutet für den Hund, daß er nach kurzem Aufenthalt *den Führer schleunigst wieder aufzusuchen hat;* die Ankunft dort veranlaßt ihn, ganz *zielbewußt zum Stück zurückzukehren,* wobei der Führer ihn begleitet und am Stück genossen macht.

Die ersten Übungen, bei denen die Entfernung bis zum Ziel allmählich bis auf 250 Schritt zu steigern ist, nehmen wir *in übersichtlichem Gelände vor.* Während wir den Hund zunächst auf Sicht zur Rehhaut schickten, gehen wir bei der Verlängerung der Entfernung dazu über, den Gegenstand, den uns der Hund verweisen soll, zu schleppen. Diese Schleppe, bei der die Rehhaut den Boden nur mit einem Ende und nur hin und wieder zu berühren braucht, wird mit Nackenwind und so gelegt, daß der Hund von ihrer Herstellung nichts sieht. Deshalb legen wir ihn vorher außer Sicht des für die Übung vorgesehenen Geländestreifens ab. Auf dessen Übersichtlichkeit kann anfänglich insofern nicht verzichtet werden, als wir ja sehen wollen, ob und wie der Hund die Rehhaut findet und wie er sich dabei und beim Zurückkommen verhält. Nicht minder wichtig für die Fortsetzung der Übungen ist *ständiger Geländewechsel.*

Versagt der Hund einmal aus irgendwelchen Gründen, entspricht die Leistung in dem einen oder andern Punkt nicht unseren Wünschen, so wiederholen wir die Anfangsgründe unserer Einarbeit mit Nachdruck und gebotener Sorgfalt. Es wird dann bei den Übungen auf kurzer Strecke genauso zwingend eingewirkt und liebevoll ermuntert wie zu Anfang. Galt es bei Beginn der Abrichtung zum Totverweiser, den Hund so auf die Leistungsforderung einzustellen, daß er von Punkt zu Punkt erwünscht verknüpfen mußte, so sind wir jetzt bemüht, dem hundlichen Gedächtnis das Erlernte abermals von Grund aus einzuprägen.

Die Zuverlässigkeit einer Leistung hängt immer ab von ihrem Fundament, weshalb wir ihm mit Vorbedacht die nötige Festigkeit verleihen müssen. Dann nämlich kann bei jeder Korrektur mit bester Aussicht auf Erfolg darauf zurückgegriffen werden.

Hier sei auf eine Bock-Attrappe aufmerksam gemacht, die sich einst der Züchter »von Neuforsthaus«, Revierförster GEBERT, Carolath, konstruierte. Gebert war ein findiger Kopf. Einen walzenförmigen, mit einer verschließbaren Öffnung versehenen Drahtkorb umspannte er fest mit einer Rehdecke, um vor jeder Übung den Innenraum der Attrappe mit leckeren Brocken oder der gefüllten Futterschüssel zu versehen. Hatte ihn der Hund »zum Stück« geführt, so »brach« er die Attrappe »auf« und machte dann den vorher abgetragenen Hund mit solchem »Aufbruch« liebevoll genossen.

Probatum est!

Versuche des Hundes, selbst an diesen »Aufbruch« zu gelangen, werden von vornherein mit »pfui« und anschließendem »Halt« vereitelt. Der Hund verknüpft danach und im Zusammenhang mit dem Zurückführen zum Stück sehr rasch, daß ihn kein anderer Weg zum Inhalt der gefundenen Rehhaut führt als der zurück zum Herrn und dann der Gang mit diesem wieder hin zum Stück. Er ist deshalb bestrebt, den Führer schnellstens wieder aufzusuchen, damit er ihm zur Rehhaut folgt und ihn dort genossen macht.

Auf diese Weise *holt* der Hund den Führer zum gefundenen Stück, und aus dem anfänglichen Zwang entwickelt sich die *Freude am Verweisen*.

Dabei aber zeigt der Hund bestimmte *Gesten*, die ihm eigentümlich und daher allgemein nicht zu bezeichnen, also individuell verschieden sind. Der Hund muß diese Gesten ganz aus sich heraus entwickeln, ohne irgendwelche Einwirkung des Führers. Dann sind sie echt und als Merkmal des Gefundenhabens und Verweisenwollens zuverlässig — im Gegensatz zu angelernten Ausdrucksformen, die im Ernstfall sehr leicht täuschen können.

Kommt der Hund vom Bock zurück und gibt er, ohne daß er im Zusammenhang mit einer solchen Übung jemals dazu aufgefordert wurde, *aus eigenem Antrieb* freudig Laut, so ist das ein willkommenes Zeichen innerster Gemütsbewegung. Es ist selbstverständlich, daß wir darauf mit derselben Freude reagieren und dem Hunde unsern Beifall durch Ermunterung (»so ist's brav!«) gebührend zu verstehen geben. Es wäre aber falsch, den Hund zu ähnlichem Verhalten künstlich anzuregen, weil er auf diese Weise das Lautgeben nicht, wie erwünscht, mit seinem Fund verknüpfen könnte, sondern einzig und allein mit seinem Wiedereintreffen beim Führer. Es hätte dann sein Lautgeben nichts weiter zu bedeuten als »Ich bin wieder da!« und nicht »Komm mit zum Stück!«. Dem Hunde würde man auf diese Weise etwas anerziehen, was in allen Fällen, in denen er das Stück nicht fand, ganz irreführend und daher praktisch völlig sinnlos wäre. Das muß als Abrichter bedenken, wer keine Scheinleistung erzielen will.

Eine Geste des Verweisenwollens ist auch, wenn der Hund verhält, sobald er beim Zurückkommen vom Stück den Führer sieht, um dann sogleich in einer Weise kehrtzumachen, die unverkennbar ausdrückt, daß er ihn zu seinem

Funde führen möchte. Ein anderer Hund zeigt ausgesprochenes Mienenspiel; mit hochgezogener Lefze, zurückgefaltetem Behang und komischer, wie Lachen wirkender Gebärde gibt er seine Freude zu erkennen, daß er fand und daß wir ihm jetzt folgen sollen. Ein dritter springt uns freudig vor die Brust und schnellt im Kehrt zurück, um damit auszudrücken, wie glücklich er darüber ist, daß wir ihn nunmehr zum gefundenen Stück begleiten. Ein vierter wälzt sich, als wollte er die ihm anhaftende Wittrung des gefundenen Wildes dem »Kopfhund« am Boden »servieren«. Usw., usf.

Solche Gesten heißt es zu beachten, auch wenn sie weniger drastisch oder temperamentvoll in Erscheinung treten oder gar nur angedeutet sind. Je mehr wir uns bemühen, in der Folge darauf einzugehen, um so sichtbarer entwickelt sie der Hund. Sie werden, weil sie dem Affekt entspringen, ein Verständigungsmittel zwischen Hund und Führer, das für die Arbeit des Verweisers geradezu bezeichnend und in der Praxis nicht nur ungeheuer wertvoll, sondern auch ganz unentbehrlich ist.

Einem »Totverweiser«, der nicht zeigt, daß er verweisen will, ist ohne weiteres nicht anzusehen, ob er überhaupt gefunden hat. Bei ihm bleibt dann nur eines übrig: nach Aufforderung zum Verweisen auf blauen Dunst die Probe aufs Exempel vorzunehmen, die oft genug ins Leere führt. Das aber ist kein Totverweisen, sondern mehr ein Narrenspiel wie »blinde Kuh«.

Hat der Hund schul- und gedächtnismäßig fest verknüpft, worauf es uns bei seiner Arbeit als Verweiser ankommt, und zeigt er, daß er *gern* verweist, weil er erfahren hat, daß wir ihn an- und abschließend genossen machen, so wählen wir zu weiterer Übung Waldgelände. Bei der Entfernung bis zur Rehhaut greifen wir dabei zunächst auf hundert Schritt zurück, um die Schleppspur dann von Mal zu Mal um etwa fünfzig Gänge und so schließlich bis zu einem Kilometer zu verlängern. Dann wechseln wir mit der Entfernung ständig. Während der Hund die Rehhaut heute auf 300 Meter langer Schleppe findet, hat er es morgen bis zu dieser noch einmal so weit, übermorgen aber findet er sie schon nach hundert Meter usw. usf. Alle diese Exerzitien sind bei ständigem Geländewechsel vorzunehmen! So wird der Hund von vornherein vom Ort und der Entfernung unabhängig und gewöhnt sich nicht an diese oder jenen. Er weiß nur, wenn er angesetzt wird, daß er jetzt zu finden und dann hinzuführen hat — wo und wie weit spielt keine Rolle. Er weiß auch, daß der Fund für ihn den obligaten leckeren Brocken oder die gefüllte Futterschüssel birgt, die ihm kein anderer entnehmen darf als nur der Führer. Ihn gilt es deshalb möglichst rasch herbeizuholen.

Wir nutzen in der Folge jede Möglichkeit, das Totverweisen an erlegtem Wild zu üben. Wie der Hund die Rehhaut nur bewinden darf, so auch das kalte

Stück. Die ersten Übungen an diesem sind daher so anzulegen, daß wir imstande sind, im Augenblick, in dem der Hund sich unerwünscht verhält, mit »pfui!« und Halt auf Zuruf oder Trillerpfiff erfolgreich auf ihn einzuwirken. Erst wenn der Hund sich nach dem Finden des erlegten Stückes einwandfrei verhält, indem er es nur kurz bewindet und dann stracks zum Führer eilt, um zu verweisen, gehen wir zu größerer Entfernung über.

Bei nächstpassender Gelegenheit lassen wir ihn auch ein Stück verweisen, das noch warm ist und das wir selbst noch nicht berührten. Wir müssen dann nur wissen, wo das Stück, das nicht im Feuer lag, zusammenbrach. Die Entfernung zwischen uns und ihm muß fürs erste kurz sein. Es liegt uns ja daran, zu sehen, wie sich der Hund an dem noch warmen, unberührten Stück verhält, um nötigenfalls sofort entsprechend auf ihn einwirken zu können.

Zur Fährte legen wir ihn innerhalb der ersten Stunde nach dem Schuß. Wenn jetzt der Hund dem Reh zunächst einmal begierig nach der Drossel greift, so ist dagegen gar nichts einzuwenden. Das Reh ist ja noch unberührt und warm, der Hund daher bestrebt, erst einmal festzustellen, ob es wirklich schon verendet ist. Mit diesem Drosselgriff, der nach dem Leben tastet, muß das »Berühren« aber sein Bewenden haben. Mehr als eine, höchstens zwei Minuten braucht der Hund nicht, um die Überzeugung zu gewinnen, daß die Beute leblos ist. Beschäftigt er sich damit länger, so trillern wir ihn nieder und pfeifen ihn dann zum Verweisen ab. Genossen machen wir ihn danach nur mit einem Brocken.

Abb. 42 *Verweisen des Unterschlupfes eines krankgeschossenen Fuchses*

Unter keinen Umständen gestatten wir dem Hunde, daß er am gefundenen warmen Stück herumzerrt oder gar nach dessen Keulen oder Flanken greift. Versuche dazu werden augenblicklich unterbunden, und zwar mit »pfui« und Triller. Bei einem Hunde, den das Halt auf Triller im Moment zu Boden zwingt, ist das gar kein Kunststück. Erlaubt ist in besagten Grenzen einzig und allein der Drosselgriff – nicht mehr!

Hat ein Hund die ausgesprochene Neigung, an einem warmen Stück mit Keulen- oder Flankengriff herumzuzerren, so gewöhnen wir ihm dies durch ursprüngliches Einwirken so schnell und nachhaltig wie möglich ab. Der Hund wird dazu der Verleitung ausgesetzt. Sobald er den Versuch macht, an dem Stück herumzuzerren, trifft ihn mit »pfui« ein saftiger Jagdhieb mit der vorher auf dem Rücken unterm Rock verborgenen Gerte, die von der Rückseite des Kragens her ergriffen und so im Schwung von hinten- und von obenher mit Wucht »gelandet« wird. *Dies aber streng für sich, niemals im Zusammenhang mit einer Übung im Verweisen*, bei der wir uns auf die genannten mittelbaren Einwirkungen zu beschränken haben.

Von weiteren Verweiserübungen an frisch erlegtem Wild ist am Ende des Kapitels noch die Rede. Nach diesem nochmals zur *Verweisergeste!*

Bei Hunden, welche zeigen, daß sie den verlangten Arbeitsgang des Totverweisers klar verknüpften, und die nach Wiederaufsuchen des Führers den so wichtigen Drang bekunden, möglichst rasch zum Stück zurückzukehren, gilt es, diese individuell bestimmte Geste regelrecht herauszufordern. Man bleibt dann stehen, kehrt dem Hund den Rücken zu und stellt sich dumm. Wir tun, als sei uns unbegreiflich, was der Hund uns zu verstehen geben will. Der Hund wird dadurch angeregt, in der Bekundung seines Willens zum Verweisen noch viel deutlicher zu werden. Bis wir dann plötzlich freudevoll »begreifen«, was der brave Hund uns mitzuteilen hat, und ihn dann liebeln und mit »so ist's brav« ermuntern. Das Lautzeichen »zum Stück!« sagt anschließend dem Hunde, daß wir jetzt bereit sind, ihm zu seinem Fund zu folgen. Auf diese Weise wird die so wichtige Verweisergeste zu einer lustbetonten Ausdrucksform entwickelt, die uns der Hund dann immer zeigt, wenn wir ihm irgendwohin folgen sollen, er unsere Hilfe zur Erlangung einer Beute nicht entbehren kann. Es braucht sich dabei gar nicht immer um gefundenes Schalenwild zu handeln; auch bei anderen Gelegenheiten pflegt der intelligente Hund mit dieser Geste aufzuwarten, z. B. wenn ein krankgeschossener Fuchs, den er verlorenbringen wollte, vorher einen Bau erreichte oder einen anderen Unterschlupf, in welchen ihm der Hund nicht folgen kann (Abb. 42). Zwei solche Fälle habe ich in meinem Buch »Hubertusland« geschildert.

Der Prüfstein sicheren Verweisens ist das sofortige Zurückkommen zum Führer und das Zeigen der Verweisergeste — auch dann, wenn der Hund einmal *durch Zufall* ein Stück Schalenwild gefunden hat, beim Stöbern etwa oder auch im Felde bei der Suche, wobei er unvermittelt ein Stück Fallwild fand.

Es empfiehlt sich, dies an ausgelegtem Wild zu üben. Im Walde ist dabei das Wild so auszulegen, daß ein Beobachter von einer Kanzel oder Leiter aus das Stück gut sehen und dem Abrichter ein Zeichen geben kann, sobald der Hund gefunden hat.

Übung macht auch hier den Meister!

An jedem angeschweißten Stück, das wir mit dem Hund zur Strecke brachten — sei es, daß er es am Riemen fand oder erst nach einer Hetze niederzog und dann verwies —, machen wir ihn mit der Milz genossen. Dies aber immer erst, nachdem er abgetragen wurde! Es ist ja selbstverständlich und altem und gerechtem Brauch entsprechend, den Hund stets vor Beginn der roten Arbeit über Wind und außer Sicht des Stückes abzulegen.

Was das Hinführen betrifft, so ist nichts dagegen einzuwenden, daß der Hund gelegentlich am Schweißriemen verweist. Aus praktischen Erwägungen sei dies sogar empfohlen. Liegt nämlich das Stück, wie oft, inmitten einer größeren Dickung oder ist die Dunkelheit hereingebrochen, so ist es für den Führer schwer, ja oft unmöglich, einen Hund, der frei verweist, dabei im Auge zu behalten. Die Blickverbindung reißt da immer wieder ab, und ihre Wiederherstellung behindert uns nicht minder als den Hund. Leitet dieser uns am Riemen, so bleiben wir in Fühlung miteinander, selbst im dicksten Zeug oder im Dunkeln. Es ist dabei auch leicht, den Hund gelegentlich mit Halt zu stoppen, falls die Folge dies erfordert.

Verblüffend ist beim Hund der Ortssinn. Das zeigt so recht der Totverweiser. Selbst in einer Riesendickung, und sei sie noch so gleichförmig und dicht, führt er wie an einem unsichtbaren Faden geradenwegs zum Stück.

Hingewiesen sei hier auch auf das der Arbeit des Sanitätshundes entlehnte *Totverweisen mit Hilfe des Bringsels.*

Dieser Gegenstand ist ein knapp handlanges, wurstförmiges Lederstück. Mittels eines mit einer Schnalle und einem Karabinerhaken versehenen Riemchens wird es so an der Halsung befestigt, daß es frei an dieser hängt — nicht zu lang, damit es den Hund bei seiner Arbeit nicht behindert, aber auch nicht zu kurz, damit der Hund das Bringsel zum Zwecke des Verweisens mühelos in den Fang nehmen kann.

Die Abrichtung zu dieser Art des Totverweisens ist sehr einfach. Sie muß von Anfang an in der Weise gehandhabt werden, daß der Hund das Bringsel ausschließlich mit der Rehhaut in Verbindung bringt, indem er keinerlei Gelegenheit erhält, es anders als von dieser aufzunehmen. Die ersten Übungen beschränken sich deshalb darauf, den angeleinten Hund das Bringsel immer wieder von der Rehhaut aufnehmen zu lassen. Danach lassen wir den Hund das Bringsel von der unweit ausgelegten Rehhaut holen. Wie stets beim Apportieren muß der Hund sich setzen. Wir nehmen ihm danach das Bringsel ab, um ihn alsdann mit Hörzeichen »zum Stück« zum Hinführen zur Rehhaut anzuleiten — so, wie wir es zwecks Abrichtung des Totverweisers (ohne Bringsel) schon geschildert haben.

Dieses Holen des Bringsels von der unweit ausgelegten Rehhaut und das Hinführen zu dieser wird so lange exerziert, bis der Hund beim Auffinden der Rehhaut das Bringsel unverzüglich aufnimmt.

Danach haken wir dem Hund das Bringsel an die Halsung und schicken ihn zur Rehhaut. Er wird auf dieser nach dem Bringsel suchen, das ihm dabei automatisch vor den Fang gerät, so daß er es nur aufzunehmen braucht. Kommt er damit an, so heißt es »so ist's brav«. Der Hund wird nach dem Ausgeben geliebelt. Das Bringsel, wieder abgehakt, kommt in die Tasche. Der Hund bleibt währenddessen sitzen. Er hält sich so für seine Aufgabe »versammelt«. Dann führt er uns auf Zuruf hin »zum Stück«.

Falls der Hund bei einer Übung schon zum Bringsel greifen sollte, während er, zum Finden abgesandt, noch unterwegs zur Rehhaut ist, wird ihm dieser Übermut sofort mit »pfui« verwehrt.

Um beim Hunde die Verknüpfung »Rehhaut–Bringsel« weiterhin gedächtnismäßig festzulegen, praktizieren wir das Bringsel in der Folge auch immer wieder einmal selber auf die Decke oder stecken es ein wenig drunter. Es schadet gar nicht, wenn der Hund erst etwas nach dem Bringsel suchen muß — im Gegenteil, er wird das nächste Mal, sobald das Bringsel wieder an der Halsung hängt, um so entschlossener danach greifen. Der zur Rehdecke geschickte Hund erfährt auf diese Weise durch systematische Gewöhnung immer wieder, daß das Bringsel gleichsam der zu apportierende Bestandteil einer Rehhaut ist, auch wenn es ihm ansonsten »aus dem Halse hängt«. Damit aber der Gegenstand im übrigen gar nicht von ihm beachtet wird, lassen wir ihn öfter mit dem Bringsel an der Halsung suchen oder andere Arbeiten verrichten, z. B. auf der Führer-Rückfährte ein ausgelegtes Wild verlorenbringen. Dabei sind wir aber stets zu einer Einwirkung mit »pfui« bereit, sobald der Hund nach dem ihm vor den Fang geratenen Bringsel schnappen sollte.

Alles weitere vollzieht sich sinngemäß genauso, wie wir es zur Abrichtung des freien Totverweisers schon empfohlen haben.

Trägt der als Bringsel-Totverweiser zuverlässige Hund bei der Rückkehr von einer Schweißarbeit oder Freiverlorensuche das Bringsel im Fang, so besteht kein Zweifel, daß er ein Stück Schalenwild gefunden hat und anschließend verweisen wird. Dieses »optische Signal« kann niemand übersehen. Deshalb werden heute bei Prüfungen auf künstlicher Rotfährte ungleich mehr Bringsel- als Freiverweiser gezeigt.

Wie nun steht es um das Für und Wider des Bringsels als Verweiserhilfsgerät in rauher Praxis?

1. Der Führer muß das Bringsel immer bei sich haben, am besten an der Führerleine. Es könnte ihm sonst fehlen, wenn er's gerade braucht. Er müßte es in einem solchen Fall behelfsmäßig ersetzen.

2. Bei gerechter Schweißarbeit kann der Totverweiser — gleich dem Totverbeller — aber überhaupt erst dann als solcher in Erscheinung treten, falls es zu einer Hetze kommt —, wenn also auf Grund der Pirschzeichen kein Zweifel mehr besteht, daß das kranke Stück vor dem fest im Riemen liegenden Hunde herzieht oder vor ihm flüchtig wurde. Nicht früher! Dann aber gilt es nach gerechtem Brauch, dem Hund am frisch verwiesenen Wundbett oder letzten Schweiß die Halsung abzunehmen! Daß die umgelassene Halsung bei einer Hetze den Hund ernstlich gefährden kann, steht fest. Der Drahthaarzüchter SABIERS, Hoppenrade, empfahl deshalb als erster, dem Bringsel-Totverweiser in solchem Falle einen Gummiring als Halsung umzulegen.

3. Gesetzt den Fall, die Hetze ist beendet. Sie galt bei Hundstagshitze einem Bock mit Laufschuß, den der Hund nach weiter, angestrengter Folge griff und niederzog, um ihm alsdann mit Drosselgriff ein rasches Ende zu bereiten. Der Hund ist danach restlos ausgepumpt; er muß sich erst erholen. Endlich entschließt er sich, das Bringsel aufzunehmen. Beim Hecheln rutscht ihm dieses aber immer wieder aus den Zähnen. Angenommen, er behält es schließlich doch im Fang und begibt sich damit auf den Weg zum Führer: Was geschieht jetzt, wenn der durstige Hund an ein Gewässer kommt? Ich wette hundert gegen eins: er stürzt sich dahinein und säuft sich erst mal richtig voll — ohne Rücksicht auf das Bringsel, das er dabei selbstverständlich nicht im Fang behalten kann!

Nach diesem Bade fühlt der Hund sich so erfrischt, daß er beschließt, den Weg zum Führer fortzusetzen. Um das Bringsel aber wieder aufzunehmen, müßte er zunächst damit zurück zum Bock! Nur an diesem darf er das! Erst danach dürfte er zum Führer eilen. Wird der Hund nach einer solchen Unterbrechung seiner Arbeit sich aus eigenem Antrieb so verhalten? Es ist möglich; sicher ist das aber keinesfalls.

Kommt der nasse, schlammverschmierte Hund dann ohne aufgenommenes

Bringsel, so ist es an dem Führer, zu bedenken, was sich zugetragen haben könnte. Genaues weiß er nicht, es sei denn, der zurückgekommene Hund zeigt eine Geste, die ohne weiteres darauf schließen läßt, daß er verweisen will — trotz des umstandshalber ausgelassenen und nicht wieder aufgenommenen Bringsels. Daß er im angenommenen Falle eine solche Geste zeigt, vielleicht auch aus Verlegenheit, ist sogar wahrscheinlich. Ansonsten bleibt dem Führer nur das eine übrig: Er wird den Hund nach kurzer Pause auf Verdacht zum Stück beordern, um abzuwarten, ob er jetzt mit aufgenommenem Bringsel wiederkommt. Erst dann wird er den Hund verweisen lassen.

Ähnliches kann sich ereignen, falls das Bringsel bei der Hetze samt der Gummihalsung abgerissen oder sonstwie in Verlust geraten ist.

4. Beim Durchqueren einer Dickung, Hecke usw. kann dem Hund durch sperriges Geäst das Bringsel sehr leicht aus dem Fang gerissen werden. In einem solchen Falle eilt der in dieser Art des Totverweisens sichere Hund zum Stück zurück, um dort das Bringsel wieder aufzunehmen.

5. Blieb eine Nachsuche aus irgendeinem Grund erfolglos, obwohl die Pirschzeichen besagen, daß das beschossene Stück nicht mehr sehr weit gegangen und inzwischen längst verendet ist, so bleibt in Ermangelung eines erfahrenen Riemenarbeiters als ultima ratio nur die Freiverlorensuche — dort, wo das Stück vermutlich hingezogen und verendet ist. Bei dieser kann ein zuverlässiger Bringsel-Totverweiser, nachdem er unter Wind gefunden hat, ähnlich schnell und eindeutig zum Ziele führen wie unter gleichen Umständen ein sicherer Totverbeller. Was dieser hören läßt, ist jenem ohne weiteres anzusehen.

Zur Abrichtung des Totverbellers

Sinnlos wäre der Versuch, einen Hund zum Totverbeller abzurichten, der in Ermangelung der nötigen Lautfreudigkeit nicht ausdrücklich dazu veranlagt ist. Je freudiger ein Hund aus freien Stücken Laut gibt, je mehr er geneigt ist, von seiner Stimme Gebrauch zu machen, um sich auf diese natürliche Weise mitzuteilen oder verständlich zu machen, um so ausgeprägter ist bei ihm die Veranlagung zum Totverbeller.

Es ist leicht, solche Hunde beizeiten — oft schon als reifere Welpen — zum Lautgeben zu veranlassen. Man braucht ihnen nur einen Brocken vorzuhalten und sie gleichzeitig mit dem Zuruf »gib Laut« zum Bellen zu ermuntern. Erhalten sie den Brocken immer erst, nachdem sie lockeren Halses Schlag auf Schlag »geläutet« haben, so verknüpfen sie sehr bald, daß ihnen der Brocken

Abb. 43 »Gib Laut!«

um so eher verabreicht wird, je rascher und ausgiebiger sie von ihrer Stimme Gebrauch machen.

Bald gibt der Hund allein auf Zuruf Laut, also ohne daß ihm noch ein Brokken vorgehalten wird (Abb. 43). Diesen hat der Abrichter dann vorsorglich in der Tasche; der Hund erhält ihn erst, nachdem er eine Weile Laut gegeben hat. Dann aber regelmäßig! Wobei er selbstverständlich auch geliebelt wird — bei ermunterndem Zuspruch »so ist's brav!«. Immer wieder muß der Hund erfahren, daß er für sein Lautgeben belohnt wird.

Verknüpfen muß er aber auch, daß wir sein Lautgeben erzwingen, falls er einmal nicht dazu in Stimmung ist. Kann sich der Hund, verlegen niesend, hünschend oder »brabbelnd«, nicht schnell genug zum »offenen Wort« bekennen, so pflegen in Verbindung mit »gib Laut« schon einige gelinde Leinenrucke an der Zwangshalsung den Laut zu lockern. Was weiterhin bewirkt, daß der Hund sich auf besagten Zuruf zu richtigem Lautgeben schon dann entschließt, wenn das Ausholen zum Leinenruck nur angedeutet wird.

Wie überhaupt, so gilt es im besonderen auch bei der Abrichtung des Totverbellers, nichts zu überstürzen. Sonst erlebt man Nackenschläge, die stets für Hund und Abrichter verdrießlich und nicht von heut auf morgen wieder zu beheben sind.

Schritt für Schritt und mit Bedacht heißt es hier vorzugehen und dem Hund die Freude an der Arbeit zu erhalten.

Ein Gegenstand, dessen man sich bei der Abrichtung des Totverbellers mit

Erfolg bedienen kann, ist die gefüllte Futterschüssel. Verwarnt mit »pfui«
und »schone«, erfährt der Junghund schon beizeiten, daß er sich das Futter
erst dann einverleiben darf, wenn ihm dies gestattet wird: mit Zuruf »nimm«
und einladender Handbewegung. Sobald nun der Hund gelernt hat, auf Zuruf Laut zu geben, steht ihm das Futter erst dann frei, wenn er seiner Vor-
freude aufs Fressen stimmlich in gewünschter Weise Ausdruck gab (Abb. 44).
Mit anderen Worten: Ohne das Verbellen der gefüllten Futterschüssel kommt
er nicht zum Fraß. Dabei steht die Schüssel immer zwischen Hund und
Führer.
Ist dem Hunde diese Art der Futterübergabe erst geläufig, so empfiehlt es sich,
die Fütterung aus dem Zwinger in den Garten zu verlegen, den Hund dabei
erst haltmachen zu lassen und die gefüllte Futterschüssel, vorsichtshalber zu-
gedeckt mit einem flachen Stein, etwa 20 Schritt vor seiner Nase auf den
Gartenweg zu stellen. Alsdann begibt man sich zum abgelegten Hund zurück
läßt ihn noch ein Weilchen liegen und animiert ihn dann, indem man selber
stehenbleibt, mit Schnalzlaut und weisender Handbewegung, der Futterschüssel zuzueilen. Versucht der Hund dort, selbst den flachen Stein oder den mit
einem Stein beschwerten Deckel von der Schüssel zu entfernen, um ans Futter
zu gelangen, so heißt es sofort »pfui!« und »schone!«. In der Regel wird er
sich dann bald, auch ohne daß man »gib Laut« ruft, dazu entschließen, Laut
zu geben, die geschätzte Schüssel vor sich und den Blick zum Führer — so wie
er späterhin den Bock verbellen soll. Langsam gehen wir dann auf ihn zu,
sofort stehenbleibend, wenn der Hund im Laut pausiert, um ihm schließlich
unter »so ist's brav« und Liebeln das begehrte Futter freizugeben. Auf diese
Weise wird beim Hund das Bellen schon zum Rufen.
Parallel zu dieser Übung, fürs erste aber streng von ihr getrennt, läuft eine
andere für den Hund: Das Hineilen zur ausgestopften Rehhaut mit dem
Zweck, sich *hinter* dieser abzulegen.

Abb. 44
Verbellen der gefüllten Futterschüssel

Dabei soll der Hund verknüpfen, daß er auf das gegebene Hörzeichen die Rehhaut aufzusuchen und dort so lange zu verweilen hat, bis sein Herr ihn abholt. Mit anderen Worten: Das Auffinden der Rehhaut bedeutet für den Hund nichts anderes, als sich unverzüglich *hinter* dieser abzulegen und so abzuwarten, bis sein Führer bei ihm eintrifft. Dieser nimmt alsdann die Rehhaut auf, um erst *danach* den Hund mit »Fuß« zur Folge aufzufordern.
Der Totverbeller darf das gefundene Stück aus eigenem Antrieb nie verlassen!
Dieser Grundsatz ist das A und O bei seiner Abrichtung und Arbeit.
Daher besagte Vorübung im Ablegen an der Rehhaut!
Zu Beginn dieser Übung wird der Hund kurz angeleint. Dann eilen wir mit ihm zu der in zwanzig Schritt Entfernung ausgelegten Haut, wobei wir uns des Hörzeichens »zum Stück!« bedienen. Bei der Decke angelangt, bleiben wir *vor* dieser stehen. Gleichzeitig wird der Hund in kurzem Bogen um die Rehhaut dirigiert und *hinter* ihr mit »halt« für zehn Minuten abgelegt.
Dieser erste Teil der Übung wird in beschriebener Weise so oft wiederholt, bis wir merken, daß der Hund beim Hineilen zur Rehhaut und beim Einnehmen des Platzes *hinter* dieser einer ursprünglichen Einwirkung nicht mehr bedarf. Dann schicken wir ihn frei »zum Stück«, wobei wir peinlich darauf achten, daß der Hund »in einem Strich« zur Rehhaut eilt und sich unverzüglich *hinter* dieser ablegt. Ergibt sich hierbei eine Panne, wird auf den ersten Teil, die Vorübung, zurückgegriffen. Der Hund wird wieder angeleint. Dann exerzieren wir mit ihm mit Leinenzug und Leinenruck das Hineilen und Ablegen in der empfohlenen Weise.
Wie gesagt: Der Platz des Hundes an der Rehhaut ist, vom Führer aus gesehen, immer *hinter* dieser. Eine weitere Hilfe, dies dem Hunde beizubringen, ist das Auslegen der Decke quer zu einem Zaun- oder Mauerwinkel. Dann ist die Position, die er zu wählen hat, so fest umgrenzt, daß ihm gar nichts anderes übrigbleibt, als seinen Platz immer wieder *unmittelbar hinter der Rehhaut* einzunehmen. Die so erzwungene Platzwahl wird dem Hunde über kurz oder lang zur Gewohnheit — derart, daß er auf das Hörzeichen »zum Stück« sich auch an der auf freier Fläche ausgelegten Rehhaut *hinter* dieser ablegt.
Klappt diese Übung auf nahe Entfernung, eilt der Hund aufs Hörzeichen »zum Stück« zur Rehhaut, um sich schnellstens hinter dieser abzulegen — so lange, bis er von uns abgeholt wird, so vergrößern wir die Strecke, die der »zum Stück« geschickte Hund zurückzulegen hat, um jeweils etwa 25 Schritt und so allmählich bis auf etwa 150 Meter. Mit dem Abholen des Hundes warten wir immer wenigstens eine Viertelstunde, aber — je nach der uns zur Verfügung stehenden Zeit — auch eine Stunde und länger.

Alle diese Übungen sind örtlich so zu wählen, daß wir den Hund in seinem Verhalten beobachten und so nötigenfalls sofort auf ihn einwirken können. Verhält sich der Hund dabei wunschgemäß, eilt er auf jede der genannten Entfernungen zur Rehhaut, um sich ohne Verzug und so lange wir es wünschen, hinter dieser abzulegen, so kombinieren wir die Übung mit der des Rufens zur gefüllten Futterschüssel.

Dazu greifen wir auf kurze Entfernung zurück, legen die Rehhaut auf die verdeckte Futterschüssel und schicken den Hund »zum Stück«. Hörzeichen und Rehhaut bedeuten ihm, sich hinter dieser abzulegen. Gleichzeitig aber veranlaßt ihn der Duft der gefüllten Futterschüssel, Laut zu geben. Wozu sich der vor eine neue Situation gestellte Hund zunächst nur zaghaft entschließen wird. Der Zwang, sich hinter der Rehhaut abzulegen, kann die innere Bereitschaft zum Rufen zur gefüllten Futterschüssel anfangs hemmen. Um nun dem Hunde bei der Überwindung dieser Hemmung behilflich zu sein und seinem noch verhaltenen Laut zum Durchbruch zu verhelfen, ermuntern wir ihn mit »so ist's brav, gib Laut«, sobald er seine Verlegenheit in irgendwelchen Tönen äußert. Da ihm das Lautgeben im Sitzen ungleich leichter fällt als im Liegen, wird der Hund sich dazu vorn etwas erheben. Was von uns nicht nur absichtlich übersehen, sondern auch insofern noch gefördert wird, als wir den Hund ob seines Lautgebens mit freudigem »so ist's brav« ermuntern und uns dem Rufer um so rascher nähern, je mehr er von seiner Stimme Gebrauch macht. Schließlich wird der Hund unter tönendem Zuspruch geliebelt, abgetragen und *danach* mit dem Inhalt der Futterschüssel »genossen gemacht«.

Diese Übung wird auf nahe Entfernung so oft wiederholt, bis der Hund, sobald er hinter der Rehhaut Posto faßte, Laut gibt und die von der Haut verdeckte Futterschüssel — gleich ob sitzend oder stehend — anhaltend verbellt. Erst dann verlängern wir die Strecke so allmählich und bedachtsam wie bei dem vorausgegangenen Exerzitium, das lediglich das Aufsuchen des Platzes hinter der Rehhaut und das Ablegen daselbst betraf. Es gilt auch jetzt, sofort auf nähere Entfernung und die Wiederholung der gemäßen Vorschulung zurückzugreifen, falls einmal die nunmehr kombinierte Übung (an der Rehhaut *und* der Futterschüssel) in irgendeinem Punkt nicht wunschgemäß verläuft. Das *rasche Hineilen* zur Rehhaut, die *richtige Platzwahl* dort und das *Einhalten des Platzes* sind dabei genauso wichtig wie das *Rufen* zur gefüllten Futterschüssel.

All diese Übungen bedeuten gar nichts anderes als systematische Gewöhnung an die genannten grundlegenden Verhaltensweisen. Zu ihrer Festigung bedarf es nur der nötigen Konsequenz.

Irgendwelche »Strafen« an der Rehhaut, wie auch später am erlegten Stück, sind vom Übel und deshalb grundsätzlich zu unterlassen!

Es ist auch stets darauf zu achten, daß der Hund *in Form* ist. Zeigt er sich unpäßlich, so gilt es, ihn vor jeglicher Anstrengung zu bewahren und ihn zumal mit Übungen im Totverbellen zu verschonen. Wie ein Mensch, der sich nicht wohlfühlt, kaum geneigt ist, von seiner Stimme unnötig Gebrauch zu machen oder gar zu singen, so auch der Hund!

Die nächste Etappe auf dem Wege zum Totverbeller ist das Verbellen lediglich der Rehhaut, in die wir vorher einige leckere Brocken praktizieren. Die gefüllte Futterschüssel als lustbetonter Anreiz fällt jetzt weg. Entfernung bis zur ausgelegten Rehhaut anfangs wieder nahe, erst allmählich sich vergrößernd — wie bei der durchlaufenen Übung des Rufens zu dem von der Rehhaut überdeckten Futternapf.

Der Hund, der schon verknüpfte, daß die Rehhaut Deckel der gefüllten Schüssel war und gleich bei Auffinden besagter Gegenstände Laut gab, wird jetzt in der Regel auch zum »Deckel« rufen, selbst wenn er festgestellt hat, daß der Pott zu diesem fehlt. Die Rehhaut wurde so für ihn schon stellvertretend für die reizvolle Ursprünglichkeit des Futternapfes. Ist der Hund aber enttäuscht und infolgedessen nicht bereit, alsbald zu rufen, so lassen wir ihm Zeit. Daß er die gefundene Rehhaut nicht verlassen darf, wurde ihm ja schon zu eiserner Gewohnheit. Sobald er dann mit seinem ersten Laut herausrückt, ermuntern wir ihn in den höchsten Tönen mit »so ist's brav, gib Laut!«, um uns bei jedem weiteren Laut zwei Schritt zu nähern. Schließlich wird der Hund unter liebevollem Zuspruch abgetragen. Wonach wir so, daß er es sieht, die Rehhaut öffnen und ihn mit den der Haut entnommenen Brocken mitteilsamst genossen machen.

In der Folge ruft der Hund zur Rehhaut, die für ihn ob ihres leckeren Inhalts nunmehr selber zu begehrter Beute wurde. Dabei weiß der Hund genau: Fressen darf er davon nur, was ihm nach seinem Eintreffen der »Kopfhund« eigenhändig überläßt. Ganz abgesehen davon, daß der Hund bei der gefundenen Rehhaut bleiben muß, verweilt er nunmehr gern bei ihr und bellt aus Freude über seinen Fund. Hat er doch verknüpft, daß er zu einem Anteil an der Beute nur auf diese Weise kommen kann.

Ist besagter Punkt erreicht, rückt uns das Ziel der Abrichtung, der Totverbeller von gefundenem Schalenwild, schon merklich näher.

Das erste Reh, das wir vom Hund verbellen lassen, ist ein aufgebrochenes *kaltes* Stück. Wir wählen dazu ein Gelände, das der Hund von den Vorübungen her schon kennt, fürs erste am besten den eigenen Garten. Wir legen auf das Reh zunächst die Rehhaut, um so den Übergang von dieser auf die Arbeit am erlegten Stück zu überbrücken, dem Hunde mit dem Reiz des Neuen das zu bieten, was er bedeutungsmäßig bereits kennt, ihm so den inneren Entscheid zum Lautgeben erleichtert.

Es darf dem Hunde nicht verübelt werden, wenn er jetzt zunächst einmal das Reh bewindet, vielleicht auch kurz nach dessen Drossel greift. Mehr darf ihm aber keinesfalls gestattet werden an dem kalten Stück. Sollte er sich trotz der schon auf S. 135 empfohlenen örtlich wie auch zeitlich streng für sich erfolgten Vorbehandlung doch zu eingehend damit befassen wollen, so schüchtern wir ihn ein mit »pfui« oder trillern ihn zusammen und warten dann sein weiteres Verhalten ab, um ihn schon beim ersten Laut — und sei es nur »ein klanglos Wimmern« — mit »so ist's brav, gib Laut« zu voller Hergabe der Stimme zu ermuntern. Gibt er Laut, so nähern wir uns ihm, wie schon empfohlen, bei jedem Schlag zwei Schritt. Diese Übung wird am gleichen Tage mit etwa einstündigen Pausen und jedesmaligem Genossenmachen so oft wiederholt, bis sie in jeder Weise wunschgemäß verläuft. Die Rehhaut lassen wir schon bei der ersten Wiederholung weg. Die Brocken, die der Hund erhält, kommen vorher in die Brusthöhle des Stückes und werden dieser nach Beendigung jeder Arbeit im Blickfelde des abgetragenen und abgelegten Hundes so entnommen, als brächen wir das Reh zu diesem Zwecke auf. (Vor regelrechter roter Arbeit legen wir den Hund, wie schon erwähnt, über Wind und außer Sicht des Stückes ab.)

Die Entfernung bis zum ausgelegten Reh steigern wir von Fall zu Fall und üben möglichst oft im Walde, dort aber anfangs immer so, daß wir — ohne daß der Hund uns sieht — von unserem Standpunkt aus erkennen, wie er sich am Stück verhält.

Verbellt der Hund das auf etwa 150 Meter langer Schleppe frei gefundene Stück auch im Walde anstandslos und freudig, erst dann — keinesfalls früher! — kombinieren wir die bis dahin streng für sich geübte Riemenarbeit auf künstlicher Rotfährte mit der Freisuche zum Stück: zwei Drittel der Strecke Riemenarbeit auf älterer Fährte bis zu einem markierten Wundbett, dann — ähnlich wie in der Praxis — Freisuche auf frischerer Fährte bis zum Stück.

Jedes erlegte Reh wird auf diese Weise für die Schulung des Verbellers ausgenutzt. Damit der Hund in Übung bleibt, erhält er zwischendurch auch nach wie vor Gelegenheit, die Rehhaut zu verbellen, die er entweder auf der mit dieser hergestellten Schleppe oder — beim Stöbern — frei verloren finden muß. Letztere Übung auch am Reh! Es empfiehlt sich aber immer, die Haut oder das Reh so auszulegen, daß das Verhalten des sich unbeobachtet fühlenden Hundes am Stück überprüft werden kann, und zwar außer Wind und Sicht

Abb. 45   Totverbeller

entweder von uns oder von einem, am besten auf einem Hochsitz postierten
Gehilfen.

Für die erste Übung am frisch erlegten, warmen und von uns noch unberührten Reh gilt das auf Seite 134, Absatz 2, zur Abrichtung des Totverweisers Ausgeführte sinngemäß auch für den Totverbeller.

Wie wir nötigenfalls bei diesem weiter zu verfahren haben, um die Übung
zweckentsprechend abzuschließen, ist bereits erwähnt. Jegliche sich bietende
Gelegenheit, bei der der Hund ein warmes und von Menschenhand noch
unberührtes Stück verbellen kann, muß zu einer Schulung wahrgenommen
werden. Demzufolge wird er auch im Ernstfall nicht versagen und auch dann
bald totverbellen, wenn er ein krankes Stück bei einer Hetze niederzog.

Es kann vorkommen, daß ein Hund ein Stück nicht totverbellt oder es sogar
verläßt, wenn er infolge der Lage des Stückes — beispielsweise an einem
Felsen, in einer Hecke oder bürstendichten Dickung — nicht hinter diesem
Posto fassen kann. Ob solcher Unterbrechung der ihm angelernten und von
ihm bislang gedächtnis- wie gewohnheitsmäßig eingehaltenen Verhaltens-
folge ist der Hund dann irgendwie gehemmt und kann daher versagen. Infolgedessen empfiehlt es sich, besagter Eventualität vorsorglich dadurch Rechnung
zu tragen, daß wir den Hund, der sonst schon zuverlässig totverbellt, bewußt
vor eine solche Zwangsentscheidung stellen. Wir müssen ihn dabei genau
beobachten und ihm nötigenfalls behilflich sein, sich dieser ihm prekären
Lage anzupassen. Die Hauptsache, er bleibt beim Stück! Wir werden ihn dann
nur zum Lautgeben ermuntern, sobald erkennbar ist, daß sich der Hund bei
der Unmöglichkeit der richtigen Platzwahl aus eigenem Antrieb nicht dazu

entschließen kann. Sollte der Hund jedoch aus gleichem Grund das Stück verlassen wollen, so heißt es erst sehr nachdrücklich »zum Stück«. Es bleibt ihm dann nichts anderes übrig, als sich vor oder auf das Stück zu setzen. Wonach wir ihn zum Lautgeben ermuntern, sofern sich ihm in dieser ungewohnten Lage der Fang von selbst nicht öffnen will. Verbellt der Hund dann wunschgemäß, so ist es selbstverständlich, daß wir ihn darob nach Kräften liebeln und ihm leckere Brocken reichen, soviel wir gerade bei uns haben.

In der Folge wird dasselbe nötigenfalls noch einige Male wiederholt, aber immer erst, nachdem wir eine Arbeit eingeschoben hatten, bei der das Stück so ausgelegt war, daß der Hund sich hinter ihm plazieren konnte. Auf diese Weise findet er sich über kurz oder lang bereit, zum Verbellen notfalls auch mit einem anderen als dem ihm anerzogenen Platz vorlieb zu nehmen.

Wir fassen nochmals kurz zusammen:

Ein Stück Schalenwild, das er gefunden hat, darf der Totverbeller nicht verlassen! Er muß am Stück verbleiben, bis sein Führer eintrifft und ihn abträgt. Dieses für den Totverbeller eiserne Gebot erzwingt bei ihm zugleich die Leistung, die für ihn bezeichnend ist. Ob der ihm eigenen Anlage, von seiner Stimme gern Gebrauch zu machen, ruft er nach dem »Kopfhund«, dem er sich in seinem Meutetrieb verbunden fühlt und der ihm zur Befriedigung seines Beutetriebs verhilft, indem er ihn an seinem Fund genossen macht.

Dementsprechend haben wir uns vorstehend bemüht, die Abrichtung des Totverbellers zu entwickeln — stufenweise und nach einem Plan, der dem Hund den Übergang von einem Stadium zum anderen so sinnfällig wie möglich machen soll.

Zum Schluß dieses Kapitels die Schilderung einer Übung, die wir bei stillem Waidwerk regelmäßig vorzunehmen pflegen, sobald Gelegenheit und Möglichkeit sich dazu bieten. Mit der Festigung des vom Hunde Erlernten bezweckt sie die Förderung seiner *Passion* zum Totverbellen oder Totverweisen.

Erlegten wir bei der Pirsch ein Stück Schalenwild, nachdem vorher der Hund abgelegt worden war, so ziehen wir das Stück, wenn möglich, auf eine lichte Stelle, die wir aus größerer Entfernung — vielleicht von einer Höhe aus — gut überblicken können. Über diesen zur Beobachtung gewählten Punkt gehen wir zurück zum abgelegten Hund. Dieser hat vorher den Schuß gehört und befindet sich bei unserer Rückkehr in begreiflicher Erwartung. Höchst interessiert beschnuppert er unsere Hände, an denen Wittrung des erlegten Stückes haftet. Der Hund wird angeleint oder folgt uns frei bei Fuß bis zu dem Punkt, von dem aus wir sein Verhalten am gefundenen Wild beobachten wollen. Dann senden wir ihn auf unserer Rückspur frei »zum Stück«.

Hat es der Hund, nachdem er sich beim Finden einwandfrei benahm, verbellt oder verwiesen, so tragen wir ihn unter Tätscheln und liebevollem Zuspruch über Wind und außer Sicht des Stückes ab. Er wird dann abgelegt und nach Beendigung der roten Arbeit mit der Milz und geronnenem Schweiß genossen gemacht.

Um es wiederholt zu sagen: Der Hund wird dieser Wohltat stets nur dann teilhaftig, wenn er sich beim Auffinden des Stückes wunschgemäß verhielt. Andernfalls genügt für ihn ein Brocken, vorausgesetzt, daß seine sonstige Arbeit zur Zufriedenheit verlief.

Bei unbefriedigendem Verhalten am gefundenen warmen Stück greifen wir auf die auf S. 135 empfohlene Korrektur zurück, die aber — um auch dieses nochmals zu betonen — *örtlich wie auch zeitlich streng für sich* und niemals im Zusammenhang mit irgendwelchen Übungen im Totverbellen oder Totverweisen vorgenommen werden darf.

Um uns erneut der Übung zuzuwenden, die wir vorstehend geschildert haben: Wir wiederholen sie an jedem weiteren Stück bald nach dem Schuß, verzichten aber auf die Beobachtung des Hundes par distance, sobald wir uns darauf verlassen können, daß er sich nach Auffinden des Stückes wunschgemäß verhält. Das hat den Vorteil, daß man vorher das Wild nicht zu berühren braucht. Dort, wo das Stück zusammenbrach, lassen wir es liegen. Lag es im Knall, begeben wir uns nur in seine Nähe, andernfalls, sofern es noch ein Stück geflüchtet war, nur bis zum Anschuß. Dann gehen wir zum abgelegten Hund. Beim Halten unserer Rückspur kommt er so und so zum Ziel. Noch völlig unberührt, ist dieses in Gestalt des frisch erlegten, warmen Stückes immer wieder von besonderem Reiz für ihn. Und die Erfahrung, daß wir ihn mit der noch warmen Milz genossen machen, bewegt den Hund zu *freudigem* Totverbellen oder Totverweisen. Die so erworbene Passion für seine Arbeit gibt dieser erst den richtigen Schwung.

Die Befürchtung, das Genossenmachen könne den Hund zum Anschneiden verleiten, ist nach der empfohlenen Schulung völlig grundlos. Schon die gefüllte Futterschüssel war für ihn tabu, solange wir nicht »Mahlzeit« sagten (recte »nimm«), ebenso die leckeren Brocken in der Rehhaut. Der Hund hat ja in jedem Fall ganz zweckbedingt erfahren und verknüpfen müssen, daß er am Fund nichts anderes fressen darf als das, was ihm die *Hand* des Führers reicht! So weiß er, was ihm winkt an seiner Beute, sobald er sie verwiesen oder seinen »Kopfhund« zum gefundenen Stück gerufen hat. Und gerade dieses Wissen gibt seiner Arbeit den besonderen, lustverheißenden Reiz.

9 | Brackieren – Stöbern – Buschieren

Brackieren heißt »mit Bracken jagen«. Die Bracke ist der eigentliche *jagende Hund*. Als ideal erscheint die rehreine Bracke, die nur an Hase oder Fuchs jagt, Rehe also unbeachtet läßt. Ihre Suche gilt der Spur – der Brackenjäger spricht von Fährte –, auf der sie Hase oder Fuchs zu finden, ersteren dabei zu stechen oder heben, also aus dem Pott zu werfen und dann *spurlaut* ausdauernd zu jagen und zu wenden hat. Am leichtesten und schnellsten finden die Hunde auf der Nachtspur, also morgens. Der Prüfstein für die Bracke ist die Hasenspur, die schwerste Wildspur für die Hundenase überhaupt. Knöpfe und Knoten, bestehend aus Haken, Widergängen und Absprüngen, die der Hase als gerissener Spurenläufer zur Erschwerung und zum Aufhalten der Folge einzulegen pflegt, muß der Hund durch Bogenschlagen oder Kreisen, das angewölfte *Rezept des jagenden Hundes*, überwinden, um so wieder Anschluß an die Spur zu finden. Dasselbe gilt für die Lösung aller Schlingen und Schleifen, mit deren Hilfe sich der Fuchs den lauten Hund gewissermaßen abzuschütteln sucht. Sobald der Hund sich bei der Spurarbeit verschossen oder die verfolgte Spur verloren hat, muß er verschweigen. Bleibt er laut, obwohl die Spur verlorenging, der Faden also abriß, so ist er waidlaut, was nicht nur auf Wesensmängel schließen läßt, sondern überhaupt als grober Fehler gilt. Erst wenn der Hund die Fortsetzung der Spur durch Kreisen wiederfand, darf, ja soll er spurlaut weiterjagen. So ist und bleibt der Spurlaut *das akustische Signal*, das den Jäger über Gang und Einzelheiten im Verlauf der Jagd im Bilde und – in Spannung hält. Er gibt ihm auch die Möglichkeit, sich an der richtigen Stelle vorzuwerfen: dem Wild den Paß verlegend, um »mit der Flinte einzuspringen«.

In wirklicher Vollendung jagt infolge ihrer Erbanlagen als ausgesuchter Spezialist allein die gute Bracke. Sie »nimmt« ihr Wild mit Nase und Laut. Die Bracke *jagt* deshalb und hetzt nicht wie der Windhund, der dem Wilde immer nur aufs Auge folgt und keine Lungenkraft durch Lautgeben verschwenden darf. Die braucht er restlos für die schnelle Hetze. Die Bracke *jagt* im Walde ohne Blickverbindung mit dem Jäger, der Windhund *hetzt* dagegen sichtig und auf Sicht, und zwar im offenen, ebenen Gelände.

Das ganze Jagen mit der Bracke dreht sich um den Drang des Wildes, dem

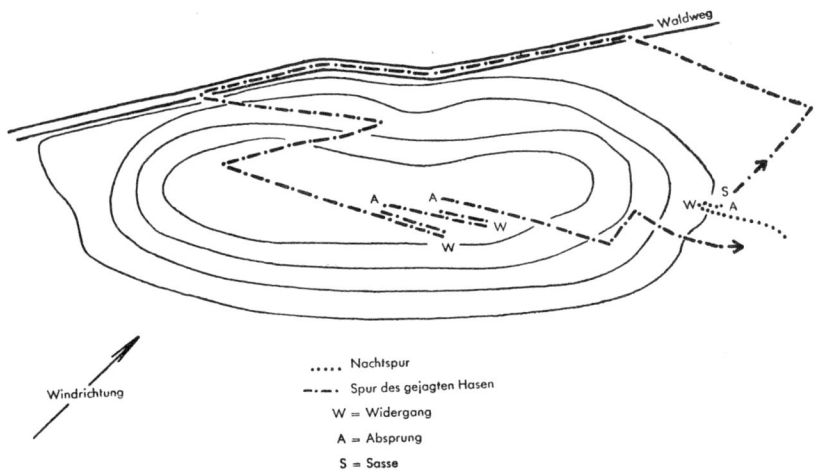

Darstellung 11 *Spurverlauf eines von einer Bracke auf der Nachtspur gestochenen und über eine bewaldete Höhe gejagten Hasen*

zwangsweise verlassenen Einstand über kurz oder lang auf wohlvertrauten Pässen oder Wechseln wieder zuzustreben. Solange ihm sein Wohnbezirk nicht dauernd oder fortgesetzt verleidet wird, ist alles Haarwild standorttreu, die eine Wildart mehr, die andere (Schwarzwild) minder. Besonders trifft das für den Hasen zu, unsern biederen Meister Lampe. Er kommt also zurück, wenn er, vom Hunde auf der Spur verfolgt, auf Wechsel oder Pässe stößt, die ihm nicht vertraut sind. Je jünger und je weniger bewandert der Gejagte ist, um so größer sein Bestreben, umzukehren. So kommt der Hase, der erst einen Sommer sah, sehr bald zurück, mitunter schon nach wenigen Minuten — im Gegensatz zum alten, weitgereisten Rammler, der sich auf seinen Hochzeitsreisen schon weidlich in der Gegend umgesehen hat. Mit seiner Rückkehr kann man erst nach einer halben oder ganzen Stunde rechnen (siehe Darstellung 11). Und ein auf Liebespfaden zugereister Rammler pflegt überhaupt nicht mehr zurückzukommen. Verfolgt, zieht er es vor, sich den vertrauten heimischen Gefilden wieder zuzuwenden. Und das ist auch der Grund, weshalb ab Januar kein zünftiger Brackenjäger mehr mit Bracken jagt. Die Wittrung eines solchen Rammlers ist auch stärker. Sie zieht deshalb den Hund besonders an. Was leicht zur Folge haben kann, daß dieser sich an einen fremden Rammler hängt und sich bei seiner Zähigkeit im Folgen weit verjagt. Bei einem Altfuchs, der, mit Schlupf und Schlich vertraut, die Gegend

150

kennt, kann es mitunter Stunden dauern, bis er sich entschließt, auf seinem Paß zurückzukommen.

Als ich im letzten Krieg die Brackenjagd auf Schneehasen in Lappland kennenlernte, hatte ich den Eindruck, daß der weiße Vetter unseres Hasen vorm lauten Hund weit regelmäßiger und auch bei kürzerem Strahl »im Kreise« läuft als dieser. Dr. F. W. REMMLER, ein sehr erfahrener Brackenjäger, der alle Wild- und Jagdarten des Nordens von Jugend auf aus eigener gründlicher Erfahrung bestens kennt, hat mir das auch bestätigt. So schreibt er in Nr. 7/1950 der »Pirsch« in seinem interessanten Aufsatz »Bracken und Brakkenjagd im Norden«:

»Viele Bracken jagen (›treiben‹) nur Hasen. Besonders von älteren Herren werden diese am meisten geschätzt, da die Hasenjagd, wohlgemerkt die Schneehasenjagd, die bequemste ist und von dem Jäger nicht viel Laufen und Anstrengungen fordert. Der Schneehase hat nämlich die Gewohnheit, stets in mehr oder weniger regelmäßigen Kreisen (›Buchten‹) zu laufen, wenn er von Bracken getrieben wird, so daß er mehrmals an denselben Stellen vorbeikommt. Besonders gilt dies für die Stelle, wo der Hase hochgemacht wurde (›Upptagningsstället‹), weshalb der beste Paß meistens in der Nähe dieser Stelle zu suchen ist. Gelingt es dem Jäger nicht, ihn hier zu erlegen, so sucht er sich am besten einen neuen Paß irgendwo an einer Stelle, wo der Hase schon einmal gelaufen ist, was ja durch das laute Treiben des Hundes mei-

Abb. 46 Jagende Bracke

stens leicht gelingt. Hat man einen spursicheren Hund, der den Hasen un-
entwegt in Bewegung hält, so kommt der Hase bei seinem Kreislauf mit
großer Wahrscheinlichkeit vor den Flintenlauf. Im übrigen lernt der ge-
wohnte Brackenjäger bald, im Gelände, auch wenn ihm dieses völlig fremd
ist, die Stelle zu finden, wo der Hase gern passiert. Einem alten Brackenjäger
liegt das Finden des richtigen Passes sozusagen im Blut. Eine Fertigkeit, die
den Anfänger immer wieder in Staunen versetzt . . .
Ganz anders als der Schneehase verhält sich der Feldhase, wenn er getrieben
wird. Meistens läuft er geradeaus, oft fünf bis sechs Kilometer, bevor er kehrtmacht und dann in der eigenen Fährte zurückkehrt. Gerne benutzt er Wege,
was die Arbeit des Hundes ungemein erschwert. Hunde aus dem hohen Norden, wo es keine Feldhasen und auch wenig Wege gibt, versagen oft zum
großen Ärger ihrer Besitzer, wenn sie zu einem Leistungswettbewerb nach
dem Süden des Landes gebracht werden.
Nach Ansicht der meisten nordischen Jäger verliert die Brackenjagd viel an
Reiz, wenn die Hunde statt eines Schneehasen einen Feldhasen auf die Läufe
bringen. So ist es erklärlich, daß man in Jägerkreisen wenig begeistert ist ob
der Beobachtung, daß der Schneehase immer mehr nach Norden zurückweicht,
und daß man das Vordringen der ›Russen‹, wie man den Feldhasen nennt,
verflucht . . .
Im Anfang eines Treibens ist es oft schwer festzustellen, ob der Hund einen
Fuchs oder einen Feldhasen gehoben hat; in beiden Fällen geht das Treiben
sehr weit und verschwindet bald außer Hörweite. Liegt kein Schnee, so bleibt
die Frage, um welche der beiden Wildarten es sich handelt, oft lange unent-
schieden. Junge Füchse gehen meistens nicht so weit wie alte, aber immer
noch weit genug, so daß die Fuchsjagd mit Bracken in den großen, man kann
ohne Übertreibung sagen unendlichen Urwäldern Nordfinnlands oft ein sehr
unsicheres Unternehmen bleibt. Wenn auch der Fuchs nach einigen Stunden
zurückkehren würde, so ist es in diesem gleichförmigen Gelände doch außerordentlich schwer, den richtigen Paß zu finden . . . So gibt es in solchen Gegenden viele, denen Bracken, die nur Hasen treiben, lieber sind.
In mehr bebauten Gegenden, wie in Süd- und Westfinnland und in ganz Süd-
und Mittelschweden, wo der Wald nicht so vorherrscht, wird die Fuchsjagd mit
Bracken hochgeschätzt, da man hier leichter sein Ziel erreicht. Der passio-
nierte Fuchsjäger kennt in seiner Gegend jeden Fuchspaß, und so kommt
es nicht selten vor, daß an einem Tage mehrere Füchse erlegt werden, was in
den Urwäldern des Nordens fast nie vorkommt, es sei denn, man jagt auf
Inseln. Dort habe ich es erlebt, daß sechs Füchse an einem Tage auf der
Brackenjagd erlegt wurden.«

Was das Jagen auf den Fuchs betrifft, so sind die Möglichkeiten in Süd- und Mittelskandinavien wohl ähnlich wie bei uns.

Wenn auch bei uns der Feldhase im Durchschnitt nicht so übertrieben beinig ist wie in Süd- und Mittelfinnland, vielleicht weil dort der einzelne als Wohnbezirk viel größere Flächen zur Verfügung hat, er also weniger wohndicht lebt; weitere Wege als sein weißer Vetter macht er vor dem lauten Hund auf jeden Fall.

Dr. Remmler hat zwanzig Jahre lang den Lebendfang von Schneehasen betrieben. Infolgedessen kennt er dieses interessante Wild besonders gut. Was er bei ihm feststellt und anziehend geschildert hat, gilt betreffs des Fluchtverhaltens im großen ganzen für den Hasen überhaupt. Mir will der Schneehase in seiner Standorttreue nur zäher, trotziger, eigensinniger erscheinen als sein grauer Vetter, worauf wohl auch gewisse Unterschiede im Benehmen vor dem lauten Hund zurückzuführen sind.

Aus seiner Praxis teilt uns Dr. REMMLER mit:

»Sobald der Hund den Hasen gehoben hat, macht dieser seinen ersten Haken, sozusagen aus Prinzip. Wenn man einen Schneehasen im Lager sitzen sieht und will, daß er nach Westen laufen soll, so muß man ihn von Westen her angehen. Todsicher wird er dann einen Haken schlagen und in der gewünschten Richtung laufen, wie weit ist dann eine andere Frage ... Sobald der Hase genügend Vorsprung hat, versäumt er es meistens nicht, in der eigenen Spur ein Stück zurückzulaufen, um dann einige mächtige Absprünge zu machen und sich zu drücken. Junge Hasen machen dieses öfter als alte, Häsinnen häufiger als Rammler. Alte Rammler laufen bisweilen fast wie ein Fuchs, besonders zur Winterzeit. Wenn der Hase sich gedrückt hat, läßt er den Hund dicht an sich vorbeisuchen, ohne die Sasse zu verlassen. Er wird erst flüchtig, wenn der Hund ihn zu fassen droht. Junge Hasen bieten dem Hunde die allergrößten Schwierigkeiten, und an dem ›hakigen‹ Treiben kann man sofort feststellen, daß es sich um einen solchen handelt. Ist der Hund gut und nicht ›lose‹, so kommen bei einem solchen Treiben andauernd Pausen vor. Nach einigen Minuten Schweigen heult der Hund plötzlich wieder auf. Das Treiben geht mit wildem Hallo, woran man merkt, daß der Hund dicht hinter dem Hasen her ist, aber nur kurze Zeit, dann ist es wieder aus ... Im Frühherbst, also zu Anfang der Jagdzeit (die Hasenjagd geht in Finnland am 1. September auf), machen alle Hasen, auch die älteren, recht kleine Buchten, selten mehr als einen oder anderthalb Kilometer im Durchmesser. Je später die Jahreszeit wird, um so größer werden die Buchten (Kreise), und im Winter bei Schnee sind solche von vier Kilometer Durchmaß bei alten Rammlern keine Seltenheit.

An verschiedenen Tagen sitzt der Hase verschieden fest in seiner Sasse. Alles hängt von der Witterung ab. Es gibt Tage, an denen er so fest sitzt, daß man den ganzen Tag mit den Hunden im Walde herumziehen kann, ohne auch nur einen einzigen Hasen lockermachen zu können. Bei warmer Witterung und bei Tauwetter liegt er sehr fest. Je kälter — 20 bis 30 Grad Celsius — es wird, um so flüchtiger ist der Hase. Bei sehr strenger Kälte verläßt er ungern sein Lager, so daß der Hund ganz dicht an ihm vorbeilaufen kann, ohne daß er es verläßt.« —

Ein Hund, der bei der Arbeit faselt, der immer wieder abkommt und die Spur verliert oder der auf andere Spuren überwechselt, kann das Wild nicht wenden. Er läßt ihm zu viel Zeit und gibt damit alle Chancen, Finten über Finten anzuwenden, mit denen so ein Fasel- oder Flatterhans dann überhaupt nicht fertig wird.

Bezeichnend für die gute Bracke sind als angewölfte Eigenschaften der unbedingte Wille und die Sicherheit, auf der Spur des angejagten Wildes laut und spurtreu durchzuhalten, ohne also auf Spuren oder Fährten anderen Wildes überzuwechseln. Die Festigung dieser Wesenszüge verdankt sie einer sehr entschiedenen Jägerzucht, deren Ursprung weit zurückliegt.

Im Laut der Bracken liegt Musik! Jagt die Bracke in der Meute, in melodischem Zusammenklang verschiedener Stimmen, so ergibt ihr Spurlaut jenes vielbesungene, herrliche Geläut, »im Laut wie Glocken abgestimmt, bald tief, bald hoch«. So jagten einst im Baltikum die Meuten einiger Edelleute, unter andern die von Altenwoga, deren geradezu bezaubernd klangvolles Gejaid uns einst FRITZ BLEY so anziehend geschildert hat.

Vom »Glockenspiel der Bracken« spricht die Droste und nennt sie »die lebendigen Glocken«.

Der Spurlaut, wo er sich bei Hunden anderer Rassen zeigt, ist altes Brackenerbe.

Reservatgebiete zünftigen Waidwerks mit der deutschen Bracke sind bei uns die Sauer- und die Siegerländer Berge. In ihnen hat sich altes Brackenjäger-Brauchtum gottlob noch erhalten, mit überkommenen Waidschreien und Hornsignalen, geblasen auf dem kupfernen Halbmond.

Die Bracken werden dort speziell auf Hasen eingejagt sowie auf Fuchs, bei gehöriger Schärfe auch auf Sauen. Hunde, die mit Vorliebe an Reh- und Rotwild jagen, obwohl man das auf jede Weise zu vermeiden und den Hunden zu verleiden sucht, fehlt es zu sicherer Folge auf der Hasenspur an Nase. Sie sind infolgedessen unbrauchbar. Rehjagen ist für *jeden* Jagdhund Gift, daher auch in den Augen zünftiger Brackenjäger streng verpönt.

Der Brackenjäger lenkt die Hunde mit dem Horn. Haben diese sich verjagt, so rüdet oder bläst er sie heran. Demselben Zweck dient nötigenfalls die Abgabe von blinden Schüssen. Der Brackenjäger schießt die Hunde so herbei.

Die Gewöhnung an den Brackenruf als Hornsignal setzt schon beim Welpen ein, und zwar beim Füttern. Folgt der Hund auch im Revier dem Hornruf, oder steht er auf den Schuß hin zu, so wird er liebevoll empfangen. Auf diese Weise, vor allem aber durch die saftigen Belohnungsbrocken, die stets beim Wiederaufkoppeln verabfolgt werden, erhalten die Signale für die Bracken durch Verknüpfung eine lustbetonte Note.

Um das Jagen mit der Bracke örtlich zu begrenzen, stellt man die besten Pässe oder Wechsel ab, oder der Jäger ist bemüht, sich der lauten Jagd so rasch wie möglich vorzuwerfen. Ihr Gang wird ausschließlich vom angejagten Wild bestimmt und von der Sicherheit und Zähigkeit des Hundes, der einmal aufgenommenen Spur durch dick und dünn zu folgen. Beherrschen kann sie nur der wechselkundige Jäger, der nicht nur seine Hunde kennt, sondern auch mit den Gewohnheiten des Wildes wohlvertraut ist.

Gilt die Jagd einem Hasen, so ist der aussichtsreichste Stand stets dort, wo der Hund den Hasen stach, also in der Nähe des verlassenen Lagers.

Bei geeignetem Gelände ist es möglich, in beschränktem Maße auch mit anderen Hunden zu brackieren, mit gutem Arbeitsteckel, Spaniel oder Deutschem Wachtelhund, auch mit Vorstehhunden, wenn die Hunde locker spurlaut sind, nicht an gesunden Rehen jagen und man selbst weiß, »wie der Hase läuft«.

Wie das gemacht wird, zeigte mir als jungem Jäger mein damals auch als Hund noch jüngerer Langhaarrüde, der äußerst spur- und fährtensichere »Hestas Unkas« 1259, der auch locker spurlaut war. Das meiste kann der Jäger überhaupt von einem guten Hunde lernen — vorausgesetzt, daß er sich stets bemüht, das zu verstehen und zu deuten, was ihm der Hund mit seiner unvergleichlich besseren Nase so oft und sinnfällig zu sagen und zu zeigen hat.

Es war kurz nach dem ersten Weltkrieg. Zu Hause kannte ich ein Bruch von etwa 60 Morgen Größe. Bei Frost fand man dort immer Hasen, die aber beim Buschieren in diesem bültigen Gelände mit seinem vielen Erlenstockausschlag zumeist nicht leicht zu haben waren. Die beste Aussicht, bald zu Schuß zu kommen, bot bei klarem Wetter die von einem abgelassenen Teich begrenzte Südpartie des Erlichts. Hier lag der Hase warm und überwindig. Wurde Lampe beim Buschieren locker und gelang es bei der vielen Deckung nicht, ihn auf den Kopf zu stellen, so brauchte man den Hund nur auf der Spur zur Folge anzusetzen. — Mein »Unkas« setzte sich das erste Mal von selber an, obwohl ich das verhindern wollte. — Man blieb dann einfach stehen oder schob sich ein paar Schritte weiter, bis man in der Fluchtrichtung des Hasen leidlich Schußfeld hatte. Es war dann immer wieder eine Freude, der lauten Jagd des Hundes mit dem Ohr zu folgen. Trat eine Pause ein, so war ja klar, daß sich der Hund an einem Haken, Absprung oder Widergang verschossen hatte. Und das kam zwischen all den Bülten öfter vor. War dann der Anschluß wieder hergestellt, so erklang ein hoher Juchzer. Hörte man den Hund am Nordrand unseres Bruchs im Bogen läuten, so galt es, sorgsam aufzupassen. Der gejagte Hase, der selten zu bewegen war, das Bruch auch nur vorübergehend zu verlassen, kam nämlich immer weit vorm Hund zurück. Wie auf Filzpantoffeln,

Abb. 47   Dachsbracke des Erzgebirges und der Alpenländer,
auch als Schweißhund sehr bewährt

öfter rück- als vorwärts sichernd, pflegte er sich vor dem lauten Hunde in Richtung der verlassenen Sasse wegzustehlen.

So manchen Küchenhasen brackierten wir auf diese Weise. Mein braver »Unkas« war gar bald darauf geeicht. Schon im Winter seines ersten Lebensjahres konnte ich bei solchem Jagen in besagtem Busch mit Freude und Genuß fünf Hasen vor ihm schießen. Kein Wunder bei den Reizen dieses Waidwerks, daß mir jeder so erlegte Hase unvergeßlich blieb! Auch einen sog. Schallfuchs brachte ich einmal dabei zur Strecke. Obwohl die laute Jagd ihm gar nicht galt, war der Ängstling doch bestrebt, sich aus dem Bruch in Richtung einer Rohrpartie davonzustehlen.

So ein bewachsenes Bruch hat es bei Frost ob seiner Sicherheit und Wohnlichkeit Fuchs wie Hase angetan! Dieser mag sich ohne weiteres nicht daraus entfernen. Und die Arbeit auf der Hasenspur ist zwischen Risch und Rohr und all den Kaupen oder Bülten mit ihren vielen, von Binsen, Schilf und

Segge tunnelartig überdachten Schlupfpassagen auch für einen guten Hund durchaus nicht leicht. Er muß dazu die Nase immer gut herunternehmen und – darf dabei die Fassung nicht verlieren! Sonst ist es mit der Folge aus.

Mit einem Freunde, der sich nach dem ersten Weltkrieg als abgekämpfter Fliegeroffizier in meinem Elternhaus erholte, streifte ich an einem sonnigen Wintermorgen planlos durchs Revier. Vor einem mit Fichten lückig unterstellten Kiefernaltholz zeigte »Unkas« eine Hasenspur. Der Hase war dort einpassiert. Ich fragte den Gefährten, ob er wohl den Hasen schießen wolle. »*Den* Hasen?« fragte er erstaunt. »Jawohl, *den* Hasen!« Natürlich wollte er, obwohl er, was *den* Hasen anbetraf, der Sache weidlich zu mißtrauen schien. Ich machte also meine Führerleine lang und zunächst mal Riemenarbeit auf der Spur *des* Hasen, der wir im Schnee auch mit den Augen leidlich folgen konnten. »Unkas« suchte passioniert mit tiefer Nase und führte über einen Widergang zu einem Absprung. Jetzt war der Hase nicht mehr weit! Deshalb schnallte ich den Rüden. »Unkas« knobelte die Nachtspur weiter aus und verschwand dabei in Richtung einer Senke. Da jubelte er plötzlich auf! Die laute Jagd entfernte sich nach rechts. Ich eilte mit dem Kameraden bis zum Rand der Senke und ließ ihn dort vor einer Kiefer Posto fassen. Ich selbst blieb einige Schritte hinter ihm und wählte dort als Rückendeckung eine dicke Buche. Der Spurlaut, durch den Schneeanhang etwas gedämpft, zuweilen ganz verstummend, ertönte jetzt halbrechts von uns. Dann wandte sich die Jagd im Bogen weit nach links. Da sehe ich auch schon halblinks von uns vor einem Fichtenhorst den Hasen! Er nähert sich der Senke, passiert sie einen Büchsenschuß von uns entfernt, wendet sich alsdann und kommt am halben Hang schräg auf uns zu. M. schoß, der Hase machte kehrt und flüchtete hangab. M. schoß nochmals und hatte wieder krummes Pulver. Ich sprach dem Kameraden, dem in der Aufregung die ramponierten Nerven einen Streich gespielt, beruhigend zu und bat ihn, auf dem Stand zu bleiben; die Vorstellung sei wahrscheinlich noch nicht zu Ende.

Bald erschien auch »Unkas« auf der Spur des Hasen, nach wie vor laut Hals, um nach Einbögeln des Widergangs am ersten »Anschuß« ohne weiteren Aufenthalt zur zweiten Runde anzusetzen. Er schien die beiden Schüsse völlig überhört zu haben und würdigte uns keines Blickes. Die laute Jagd ging diesmal etwas weiter. Nach etwa einer halben Stunde kam der Hase abermals auf seinem Paß zurück und wurde diesmal sauber auf den Kopf gestellt. Der Schütze war begeistert. Das Erlebnis mit *dem* Hasen blieb ihm unvergeßlich, und »Unkas« war für ihn fortan *der* Hund. So jagen kann man aber nur mit einem Hunde, der ebenso locker spurlaut wie eisern spursicher und spurtreu ist und die Folge ohne weiteres nicht aufgibt.

Der erlegte Hase war noch jung, wie am »Strohschen Zeichen« festzustellen war, dem Knochenvorsprung also, der bei strichgemäßem Abtasten des Vorderlaufs an dessen Außenseite oberhalb des Handgelenkes fühlbar ist.

Vor keinem Hunde aber pflegt der Hase im Walde so bald zurückzukommen wie vor einem wirklich guten Arbeitsteckel, vor keinem andern auch so langsam und bedächtig. Dieses Jagen, spurlaut, langsam, nicht zu weit, ist dem Dachshund als dem Niederlaufhund rasseeigentümlich, nicht die Bauarbeit, denn damit haben seine kurzen Läufe nichts zu tun. Das lehrt ja der Vergleich mit Fuchs und Terrier.

Feinnasig und hartnäckig muß so ein Teckel sein und »tapfer in der Gefahr des Changierens« (hardi dans le change, wie die alten Meutejäger Frankreichs sagten). Sonst ist er für den Einzeljäger als Hasenjager unbrauchbar. Nur der angejagte Hase kommt zurück, vorausgesetzt natürlich, daß der Hund ihm spurlaut und verbissen auf den Sprüngen bleibt. Lampe traut sich um so eher wieder heim, je besser er am Laut erkennt, wo sein Verfolger jeweils steckt, den er deshalb auch kaum fürchtet. Auf solche Weise spielt er sozusagen mit dem lauten Hunde, und auf der zähen Anregung zu diesem Spiel beruht die Kunst des guten Hasenjagers.

Große Strecken lassen sich bei solchem Jagen freilich nicht erzielen, um so größer aber ist sein Reiz — bei höchstem Stimmungswert.

Der junge Hund, auch wenn er noch so spurwillig und locker spurlaut ist, muß dieses Jagen an gesundem Wild erst richtig lernen. Da er im allgemeinen noch zu sehr am Führer klebt, jagt er anfangs nie besonders lange. Erst wenn er wiederholt erfahren hat, daß der Führer als sein Meutepartner Posto faßt und stehenbleibt, um sich gegebenenfalls der lauten Jagd rechtzeitig vorzuwerfen, erst dann pflegt sich der Jüngling im Gefühl der Sicherheit zu wiegen und sich beim Jagen richtig loszulassen. So spielen sich ja auch zwei Hunde miteinander ein, die gemeinsam wildern: Der eine, der mit lockerem Laut und besserer Nase, sucht und jagt und gibt dem andern das akustische Signal, und dieser wirft sich vor, um das ihm zugetriebene Wild vorm Partner abzufangen. Wir sehen, die Verteilung dieser Rollen liegt dem Hunde schon im Blute. So braucht man bei der Einarbeit der Hunde nur an dieses Beispiel anzuknüpfen. Es wäre aber grundverkehrt, ließen wir den jungen, unerfahrenen Hund mit einem älteren, routinierten jagen! Selbständig im Jagen wird der junge Hund dann nie — im Gegenteil, denn er verläßt sich immer auf den andern und bleibt auf diese Weise Stümper.

Hierzu schrieb mir A. v. FERSEN, ein hervorragender Kenner der baltischen Bracke, der die laute Jagd von klein auf kennt und einst mit Vorliebe in seiner Heimat Livland ausgeübt hat.

»Was das Einjagen junger Bracken betrifft, so stehe ich völlig auf Ihrem Standpunkt. Zu Zeiten meines Vaters wurden die Junghunde ausschließlich zusammen mit den alten Hunden eingejagt. Schon damals fiel mir öfter die Unselbständigkeit der Junghunde auf, die mehr oder weniger planlos im Gelände umherliefen und nur auf das Benehmen der alten Hunde achteten, um diesen, wenn sie anjagten, sofort beizuschlagen, ohne wirklich auf der Spur zu sein und die Nase in diese gesteckt zu haben. Gewiß lernten sie mit der Zeit auch, um was es sich handelte, aber es dauerte doch geraume Zeit, und man hatte nie die Gewißheit, daß man sich auf sie verlassen konnte. So habe ich in der Folge meine Junghunde wohl zuerst zusammen mit der Mutterhündin ins Revier genommen, um ihnen erst einmal durch Beispiel beizubringen, worum es sich handelt. Dann aber führte ich sie vorwiegend allein, und bei Beginn der Jagd waren sie dann meist so selbständig, daß sie sich kaum mehr um die alten Hunde kümmerten. Interessant war es dabei, zu beobachten, wie verschieden sich die einzelnen Hunde benahmen, wie sie suchten, wie sie jagten und wie weit sie sich nur auf sich selbst verließen. Einzelne lernten es sehr bald, sozusagen neben der Spur unter Wind zu jagen, was alte Hunde ja sehr gerne tun. Es ist das dann immer ein Zeichen einer guten Nase und ausgeprägten Spurwillens, und solche Junghunde wurden zumeist die besten Kopfhunde der Meute.«

Der gesunde, wesensfeste Hund besitzt nicht nur Gedächtnis, sondern auch die Intelligenz, aus Erfahrungen zu lernen. So entwickelt sich bei ihm der sog. Jagdverstand. Ein Hund, der höchste Leistungsfähigkeit erlangen soll, muß infolgedessen nicht nur abgerichtet, sondern noch mehr *ausgebildet* werden. Mit anderen Worten: Es gilt, den Hund ganz planmäßig zu unterstützen, damit er seine Anlagen in möglichst weitem, zweckdienlichem Umfange entwickeln kann. Nur bei fortgesetzter Stärkung und bewußter Lenkung seiner Triebe vermag der Hund die Fähigkeiten zu entfalten, zu denen er von Hause aus berufen ist.

Wer die Absicht hat, seinen Hund regelrecht auf Hasen einzujagen, wählt dazu am besten einen Waldteil, in dem der Hund mit Sicherheit auf keine Rehe stößt. Wo die Gewißheit ohne weiteres nicht gegeben ist, empfiehlt es sich, zur Sicherung des Gelingens der geplanten Übung Spurschnee abzuwarten. Dann weiß man ja, wo keine Rehe stehen und sich die Möglichkeit ergibt, daß der Hund bald einen Hasen findet, und daß der angejagte Hase auch vor ihm zur Strecke kommt. Gerade der Erfolg ist ungeheuer wichtig! Er lehrt den Hund, daß Jagen auf der Hasenspur zu Beute führt.

Es kommt ja öfter vor, daß in Kulturgattern aus Maschendraht, die gegen Wildverbiß errichtet wurden, der eine oder andere Hase liegt — sei es, daß der Krumme gleich mit eingegattert wurde oder daß er später einen Durchschlupf fand. Das ist bei Spurschnee unschwer festzustellen und ergibt willkommene Gelegenheit, den Hund an einem solchen Gatterhasen einzujagen.

Gesunde Rehe wie auch ihre Fährten haben für den Hund tabu zu sein, und zwar grundsätzlich. Sehr wichtig ist dabei das sichere Halt auf Armhoch oder Trillerpfiff, wenn es sich um Stöber- oder Vorstehhunde handelt. Wer ein gejagtes Reh vorm Hunde schießt, verdirbt ihn gründlich!

Zu erfolgreichem Brackieren muß man einmal seine Hunde kennen und zum andern wissen, »wie der Hase läuft« und wie sich Reineke vorm lauten Hund verhält. Dann lernt man auch die Pässe und die Wechsel kennen, auf denen man die Jagd erwarten, Hase oder Fuchs den Paß visieren kann. Besonders eine Neue, vor und *nach* der Jagd genutzt, gibt beste Möglichkeiten, Schlupf und Schlich des Wildes zu erkunden. Jede Fehljagd muß dem Jäger Anlaß sein, aus ihr zu lernen.

Der Hasenpaß ist oft vom Fuchspaß sehr verschieden. Der vom Hund gejagte Hase nimmt ohne weiteres auch offenes Gelände an, was der Fuchs nach Möglichkeit vermeidet. Wenn es gar nicht anders geht und der Fuchs ins Freie muß, dann wählt er stets die Strecke, die ihm die meiste Deckung bietet. Auch Steige, Wege oder Straßen benutzt der Hase streckenweise gern, was der Fuchs nur notgedrungen tut. Und während Lampe Höhen öfter schräg passiert, geht Reineke meist quer darüber weg.

Ein aussichtsreicher Posten, um auf einen Fuchs zu Schuß zu kommen, befindet sich gewöhnlich dort, wo ein schmales, Deckung bietendes Gehölz zwei Dickungen verbindet. Auch leichte Senken und die oberen Ausläufer von Mulden nimmt Reineke gern an. Es gibt aber auch Posten, auf denen Jahr für Jahr der eine oder andere Fuchs zur Strecke kommt, ohne daß man sich erklären kann, warum er gerade hier passiert.

Ein fetter Fuchs, so um Hubertus, der sich an der Ernte eines Mäusejahres gütlich tat, pflegt dort, wo er zu Hause ist, vorm lauten Hunde keinen allzu weiten Weg zu machen. Vorausgesetzt natürlich, daß die Dickung die gehörige Größe hat. Zieht es der fette Fuchs im Falle einer Möglichkeit nicht vor, zu Bau zu fahren, so ist er schon nach einer halben, höchstens ganzen Stunde derart abgetrabt, daß man ihn am Paß zurückerwarten kann.

Ganz anders, wenn es sich um einen Fremdling handelt! Ein solcher läuft — im Gegensatz zum Standfuchs — in der Regel unverzüglich geradeaus. Mit anderen Worten: Er reißt aus! Dabei pflegt der Fluchtweg oft ein anderer zu sein als der vom Treiben oder Drücken her bekannte und beliebte Fuchspaß.

Anhaltspunkte für Lage und Verlauf der Pässe ergeben sich aus Art und Ort der Baue, die der Fuchs bei seiner Flucht vorm Hund mit Vorliebe berührt, um notfalls einen davon anzunehmen. Nebenpässe pflegen sich zu einem Hauptpaß zu vereinen. Schon wer bemüht ist, sich beim Reizen mit der Hasenklage immer auf den aussichtsreichsten Stand zu pirschen, riecht solche Pässe sozusagen, selbst wenn er das Revier nicht näher kennt.

Wo der Laut urplötzlich abreißt, ohne wieder einzusetzen, dürfte sich ein Bau befinden. Der Kundige weiß dann immer, wo er Hund und Fuchs zu suchen hat, vorausgesetzt, daß jener scharf ist, ohne weiteres nicht aufgibt und den Fuchs im Bau belagert oder zu belagern sucht, sofern er nicht den Ort verweist. Hunde, die als Totverweiser abgerichtet sind, lernen das sehr leicht, ja machen es mitunter ganz von selbst. Sonst pfeifen wir den Hund heran und lassen ihn den Bau verweisen. Es zieht ihn ja mit Macht zu ihm zurück! In der Folge holt er uns von selbst, besonders wenn der Hund erfahren hat, daß wir ihm mit Teckel oder Terrier helfen und der Fuchs dabei zu Strecke kommt — »sein« Fuchs, den er ja schließlich beuteln und uns apportieren darf.

Will man einen raubwildscharfen Hund, der zuverlässig spurlaut jagt, speziell auf Fuchs einstellen, so setzt man ihn zunächst nach Nutzung jeder Neuen auf eingekreiste Füchse an, und zwar in Deckungen, in denen möglichst keine Rehe stehen. Rohrgelege eignen sich für diesen Zweck besonders. Wenn gleich die ersten Füchse, die er jagt, vor ihm zur Strecke kommen, so ist damit schon viel erreicht. Es leuchtet ohne weiteres ein, daß greifbare Erfolge, die der Hund von vornherein beim Jagen auf der Fuchsspur hat, ihn bald besondere Vorliebe dafür gewinnen lassen. Was weiterhin bewirkt, daß anderes Wild und dessen Fährten oder Spuren vom Hunde unbeachtet bleiben, sobald er eine Fuchsspur in der Nase hat.

Meinen Kurzhaarsieger »Rauck-Mauderode-Westerholt« 4658, der scharf, sehr spursicher und spurlaut war, hatte ich auf diese Weise eingefucht. Vor diesem Hunde und in seinem Beisein schoß ich über hundert Füchse, die weitaus meisten allerdings beim Reizen mit der Hasenklage, allein in einem Winter vor dem letzten Kriege bei mir und in der Nachbarschaft nicht weniger als 36. »Rauck« hetzte kein gesundes Reh. Das hatte ich ihm gründlich abgewöhnt, wie allen meinen Hunden. Einige starke Sprünge, die im Winter stets auf einem ausgedehnten Wiesenplan zu stehen pflegten, traten nur beiseite, wenn der Hund dort suchte. Sie kannten ihn und wußten, daß die Fahrt, in der er durchs Gelände ging, für sie nichts weiter zu bedeuten hatte. Der Rüde sah die Rehe dabei überhaupt nicht an. Mit diesem Hund auf Fuchs zu jagen, war immer wieder ein Vergnügen! War überhaupt ein Fuchs im Bogen, so galt die Jagd nur ihm. Die Pässe kannte ich genau. Sie wurden abgestellt oder, wo ein Abstellen nicht möglich war, mit Federlappen oder niedrig aufgehängten Zeitungsbögen auffällig verblendet. So war's um einen Fuchs, der irgendwo in einer Dickung oder einem Rohrplan steckte, in der Regel schon geschehen, sobald der Rüde spurlaut wurde. Auf der Fuchsspur jagte er mit etwas tieferem Halse als am Hasen. Dann mischte sich in seinen Laut so etwas wie verhaltene Wut. Überflüssig zu betonen, daß mit diesem Hunde auch kein krankgeschossener Fuchs verlorenging.

Den ersten Fuchs brackierte ich mit ihm bei einer Neuen in einer Gatterung von etwa 25 Morgen. Ich wußte, wo der Fuchs in diese eingesprungen war. An der oberen Leiste eines Gattertürchens, hart am Pfosten, hatte er beim Ansprung Halt gefunden und sich unterm ersten Spanndraht durchgezwängt. Von dort aus schoß ich ihn dann auch, und zwar nach seiner zweiten Runde, der eine Schleife, ein durch den Spurlaut klangvolles »Changieren durch die ganze Bahn«, vorausgegangen war. Das Erlegen solcher Gatterfüchse glückte mir noch öfter.

Der beste Fuchsbrackierer, den ich kennenlernte, war aus einer Mesalliance hervorgegangen. Mutter: eine kräftige, äußerst scharfe rote Kurzhaarteckelhündin alten, guten Försterschlages, die auch locker spurlaut jagte. Der Vater war ein regelrechter Dorffix von etwas über Terriergröße, schwarz mit weißem Chemisett und hängeohrig. Ein passionierter Wilderer, der schließlich auch als solcher enden sollte. Einen Hasen jagend, lief der Fix dem Jagdaufseher, der sich auf den Laut hin rasch der Hetze vorgeworfen hatte, spurlaut in die Flinte.

Besagter Fuchsbrackierer war als einziger Hund des Wurfes seiner Frau Mama zum Absaugen belassen worden. Weil er besonders niedlich war als Welpe, verliebte sich ein Jäger unserer Nachbarschaft in ihn und nahm ihn mit. Er war kohlrabenschwarz, hatte Dachsbrackenfigur und spezialisierte sich auf Fuchs, zumal er auch brillanter Schliefer war und jeden Fuchs so oder so zum Springen brachte. Auch als Schweißarbeiter machte sich das Hundchen einen Namen. Sein Herr, ein richtiger Hundenarr mit ungeheurer Jagdpassion, hätte sich um keinen Preis von ihm getrennt. Die beiden hatten sich, wie man so sagt, gefunden. »Züchter« dieses Hundes war ich in meiner Kindheit Tagen selbst!

Wenn »Emir«, genannt »Emil«, eine Fuchsspur in der Nase hatte, brannte er auf Folge. Wie der Hund sich dann um anderes Wild nicht mehr zu kümmern pflegte, so scherte sich auch dieses nicht um seine laute Jagd. Die Rehe beispielsweise kannten »Emil« schon; sie blieben stehen oder sitzen oder traten nur beiseite. An diese und dergleichen andere Bilder mußte ich an

einem schönen Wintertag im Ringgau wieder denken, als meine Rauhhaardackeline »Holle«, locker läutend, einer warmen Fuchsspur folgte, und zwar,
wie ich von einer Höhe aus sehr schön erkennen konnte, mitten durch den
Sprung, der unter mir am Rande einer Lücke vor Aufschlagbüschen in der
Sonne saß. Nur einige Rehe standen auf, die andern blieben sitzen; flüchtig
wurde keins von ihnen.

Vom Wild fast wie ein Wolf gefürchtet und gemieden wird im Gegensatz
zum lauten Hund der stumme. Es ahnt ihn mehr, als daß es weiß, wo sich
sein ärgster Feind im Augenblick befindet. Er ist deshalb dem Wild bei dessen
ständiger Furcht vor unliebsamer Überraschung genauso unheimlich wie einem
Kind der sogenannte schwarze Mann. Ganz abgesehen davon, daß der stumme
Hund Rot- und Rehwild einen Einstand auf besagte Weise lange Zeit verleiden kann, wäre es auch völlig witz- und sinnlos, ja ausgesprochen wider-
sinnig, einen stummen Hund zum Stöbern zu verwenden.

Wie oft habe ich es bei manchem anderen sonst braven Hund bedauert, daß
er nicht spurlaut war! Ich denke da besonders an den charaktervollen Langhaarrüden »Buschmann vom Rüdenhay« 2156 Vbr. und die nervige Drahthaarhündin »Hesta-Cranzin« 3038. Beide waren ob ihrer Leistungen als Verlorenbringer und Schweißarbeiter bekannt und geschätzt. Bei Schweißhetzen
an Schalenwild waren sie zwar sicht- und leidlich »hochwindlaut«, aber
Fuchs und Hase jagten sie nur sichtlaut an, um allenfalls ein wenig nach-
zuscheppern. Die Hunde waren deshalb im umstellten Bogen nur als Treiber
zu verwenden. Was im Treiben wirklich los war, wußte man bei ihnen nie.
So kam das Wild vor ihnen meistens überraschend.

Die Teckelbracke »Emil« brachte jeden Fuchs heraus, ganz gleich, wie groß
und dicht die Deckung war, in der er steckte — bei Frost auch aus den weiten,
schilfdurchwachsenen Brüchern. Sie war ja eisern spurtreu, scharf und beinig,
hatte also alles Zeug, um Reineke in Schwung zu setzen. Spielen ließ sie nicht
mit sich. So blieb der Jäger stets in Spannung und dem Fuchs nie Zeit, die
Pässe mittels ungezählter Volten, Schleifen, Schlingen usw. zu verstänkern,
was nämlich dazu führen kann, daß Hunde, die nicht feinnasig und sehr
gerissen sind, sich schließlich keinen Rat mehr wissen. Der Fuchs hat dann
die beste Möglichkeit, sich weit vom Hunde zu entfernen. Das läßt ihm Zeit,
die weitere Flucht bedachtsam fortzusetzen. Er wird alsdann den Bogen erst
verlassen, nachdem er aus der Deckung sorgfältig gesichert und erkundet
hat, ob auch die Luft im Vorfeld rein ist. Ist das nicht der Fall, erscheint ein
feiner Luftzug irgendwie verdächtig oder hat der Schütze sich infolge Langer-
weile oder Kälte auch nur leicht bewegt, so schlägt er um, zumeist vom
Schützen ungesehen, um sich einem anderen Fluchtpaß zuzuwenden.

Bekannt ist ja, daß gute Fuchsbrackierer auch mit Vorliebe an Sauen jagen und bei einiger Übung stets die besten Finder sind. Das Folgen auf der Schwarzwildfährte ist ja ungleich leichter als das Halten einer Fuchsspur. Besonderen Antrieb gibt dem Hunde da wie dort die Schärfe.

Für richtiges Verhalten auf dem Stande sei vor allem folgendes bedacht: Der Fuchs ist hellhörig! Auch vor einem Hund, der schnell und sicher jagt, pflegt der Meister aller Ränke blitzschnell umzuschlagen, sobald sich etwas rührt oder er die Spur von Wind erhält. Bei Sauen, die in Fahrt sind, ist das öfter anders. Sie winden zwar bestimmt noch besser als der Fuchs, sind aber weniger ängstlich. So rennen sie nicht selten, ohne umzuschlagen, mit panzerartiger Sturheit in den Wind des Schützen. Sie können aber auch ganz anders! Von der Rotte abgesprengte Sauen beispielsweise, die von Hunden nicht bedrängt sind, verhalten sich ganz ähnlich wie der Fuchs. Vor allem ausgekochte Einzelgänger, also starke Keiler, verstehen es gar meisterhaft, sich heimlich, still und leise wie der Fuchs davonzustehlen, um in voller Deckung sorgsam zu erkunden, wie die Lage draußen ist, wobei der Wind für sie die größte Rolle spielt.

Beim *Stöbern* soll der Hund gezügelt jagen. Kehrt er im umstellten Treiben an der Schützenlinie um, so ist er *bogenrein*. Das lernt der Hund durch Abführung und Übung. Man stoppt ihn, wenn er überjagen will, durch Halt mit Zuruf, Armhoch oder Trillerpfiff und dirigiert ihn wieder in die Dickung. Der Hund fungiert als Treiber. Ist er einigermaßen intelligent, so lehrt ihn auch Erfahrung, daß weites Überjagen für ihn nutzlos ist. Es fehlt dort ja der Schütze, der ihm das Wild zur Strecke bringen kann. Dies aber, die Befriedigung des Beutetriebes durch den Schuß, ist für den Hund, sobald er das verknüpft hat, eigentlicher Zweck des Jagens.

Praktisch berühren sich Stöbern und Brackieren eng. Ihre Grenzen können sich sogar verwischen. Ein scharfer Trennungsstrich ist kaum zu ziehen. Wie weit sich beide unterscheiden, hängt jeweils von den örtlichen Gegebenheiten ab. Entscheidend für die Frage ist, wo und worauf gestöbert wird.

In einem ausgesprochenen, mit Kaninchen, Hasen und Fasanen gut besetzten Niederwildrevier, mit Remisen, Feldgehölzen, Weidenhegern usw., spielt sich das Stöbern anders ab als inmitten größerer Waldgebiete, wo es gilt, in einer schwierigen, ausgedehnten Dickung *den* gleichsam numerierten Hasen oder Fuchs zu finden und zum Schuß zu bringen. Hier muß der Hund sehr findig, spursicher und spurlaut sein. Dort genügt es schon, wenn er im Wind reviert und das herausgestoßene Wild mit kurzem Sichtlaut anjagt.

Von Ausnahmen abgesehen, sucht der richtige Brackierer indirekt, d. h. auf kalter oder warmer Spur und Fährte, nicht direkt, also nicht im Winde wie

Abb. 48   Strecke einer winterlichen Brackade

der Vorstehhund im Felde. Als Finder ist er deshalb kaltgestellt, wenn die
gesuchte Spur nicht steht. Der wirklich gute Stöberer, der beides kann, bedient
sich in besagtem Fall der anderen Methode und steckt die Nase in den Wind.
Er kommt infolgedessen so und so zum Ziel, ähnlich wie in seiner »Harmonie durch Gegensätze« der Urstoff Wolf. Er ist deshalb der bessere Finder.
Beim Jagen aber pflegt er weniger hartnäckig zu sein. So ist er auch zur
Bogenreinheit zu erziehen, was bei einer echten Bracke nie gelingt. Die geht
bei ihrer Zähigkeit im Jagen und ihrem ungestümen »Drang nach vorn«,
sofern die Jagd nicht abgefangen werden kann, »durch Sonne, Mond und
Sterne«.
So ist die Art, zu suchen und zu finden, das wesentlichste Merkmal, in dem
sich Stöberer und Brackierer unterscheiden, und zugleich der Grundton ihrer
Arbeitsweisen.
Unter richtigen Brackierern sind nur Bracke, Dachsbracke und Dachshund zu
verstehen. Der beste Stöberer in schwierigem Gelände ist und bleibt der
Deutsche Wachtelhund, der durch schroffe Leistungszucht wie keine andere
Rasse darauf zugeschnitten ist. Spurwille und Spurlaut sind bei ihm durch
Auslese und Linienzucht betonte Eigenschaften. So kommt es, daß zumal die
besten Schimmelwachtel als Fuchs- und Hasen-Solojager einer guten Bracke
nahekommen und daß sie deshalb in der Hand des richtigen Führers auch als
Schweißarbeiter höchsten Ansprüchen genügen. Dazu bedarf es bei so spur-
versessenen Hunden für die ruhige Suche nur gewissenhafter Einarbeit am
Riemen auf älteren Hasenspuren, gesunder kalter Hochwildfährte und auf
Schweiß. Bei der Hetze am gesprengten kranken Stück lassen solche zähen
Teufel ohnehin nicht locker.

Wie fängt man es nun an, den Hund an Bogenreinheit zu gewöhnen, wenn man allein jagt und den Bogen deshalb nicht umstellen kann?

Hier gibt's nur ein Rezept. Ich nenne es das FRIESS'SCHE, weil es R. F. im Spessart und im Pfälzer Wald erprobt und wiederholt empfohlen hat. Er selbst hat es vom Hund, und zwar von jungen Deutschen Wachtelhunden. So stellte Frieß auf Prüfungen des Vereins für Deutsche Wachtelhunde öfter fest, daß junge Hunde dort sofort die Jagd abbrachen, wo sie auf einem Weg oder Gestell auf die Fährte ihres Führers oder anderer Jäger stießen. Die Lehre, die er daraus zog und die auch ich mir gern zunutze machte, ist etwa folgende: Man umschlägt die Dickung mit dem Hund am Riemen und zeigt ihm so, wie weit sein Bogen reicht. Auf diese Weise lernt der Hund ihn eher halten. Man steckt den Bogen sozusagen für die Hundenase ab. In Verbindung damit nutzt man die Gelegenheit, bestimmte Wechsel oder Pässe zu verwittern oder zu verblenden. Wie das Auge des Jägers bei Schnee, so spürt am Vormittag die Hundenase beim Umschlagen auch auf schwarzem Boden ab, was in die Dickung eingewechselt ist. Bei Rehfährten, die der Hund uns zeigt, erhält er mit der Mahnung »wahr dich« einen leichten Riemenruck. Ist er schon auf Fuchs und Hase »eingeschossen«, so wird er sich die Nachtspur, die er beim Umschlagen fand, zum Ausarbeiten wiedersuchen, sobald wir ihn, auf unserm Stande angelangt, zum Stöbern schnallen (siehe Darstellung 12).

Es wirkt auf Prüfungen sehr schön, wenn der am Rand des Bogens abgelegte Hund auf Wink die Dickung annimmt. Zweck hat das aber nur bei kleinen Feldgehölzen usw. mit viel Wild. Vor einer großen Dickung, in der es nur *den* Hasen oder Fuchs zu heben und zu jagen gilt, empfiehlt es sich durchaus, die hier geschilderte Methode anzuwenden.

Wer einen guten Hund im Spurlaut und als Fuchs- und Hasenjager in kurzer Zeit bis zur Unkenntlichkeit verderben will, braucht nur mit ihm dorthin zu gehen, wo es viel Kaninchen gibt, und dann mit ihm zu stöbern! In einer richtigen Karnickelschonung, in der es geradezu nach diesen grauen Flitzern stinkt und es von Spuren nur so wimmelt, changiert der Hund in einem fort. Kaum daß er ein Kaninchen sichtlaut auf den Schwung gebracht hat, läuft ihm schon ein anderes in die Quere. Das macht dem Hund natürlich einen Riesenspaß, ist für ihn so amüsant und leicht, daß er nur zu käschern braucht. Wo immer er die Nase hinsteckt, riecht's nach Wild! Dabei gewöhnt der Hund sich rasch den Spurlaut ab, zumal er sich an Spuren überhaupt kaum noch zu halten braucht; er findet ja im Wind viel schneller! Es kommt nur darauf an, so ein Karnuz, wo es sich drückt, herauszupfeffern und sichtlaut auf den Schwung zu bringen. Für Abwechslung ist ja gesorgt. Jede Spurarbeit ist zwecklos. Nur wo Schweiß liegt, also ein Karnickel krankgeschossen wurde, lohnt es sich, die Nase auf der Wundspur zu gebrauchen. Das verhilft dann auch zu Beute, die vielleicht sogar noch lebt! Vorausgesetzt natürlich, daß der Flitzer sich vorher nicht in einen Bau empfohlen hat.

Das etwa ist in menschlicher Betrachtungsweise die Einstellung, zu der ein Hund gelangt, mit dem man in kaninchenreicher Gegend öfter stöbert.

Ich habe meine guten Hunde dazu grundsätzlich nie mißbraucht. Schon mein Vater hielt sich dafür immer einen »Spezialisten«. Ein Teckel, der als Hasenjager nicht befriedigt, vielleicht am Hasen auch nur sichtlaut ist, genügt dazu vollauf. Und die Kaninchen kommen vor ihm langsam, nicht als Flitzer wie vor Hunden mit mehr Gangwerk. Auch mäßige Flintenschützen können dabei Strecke machen.

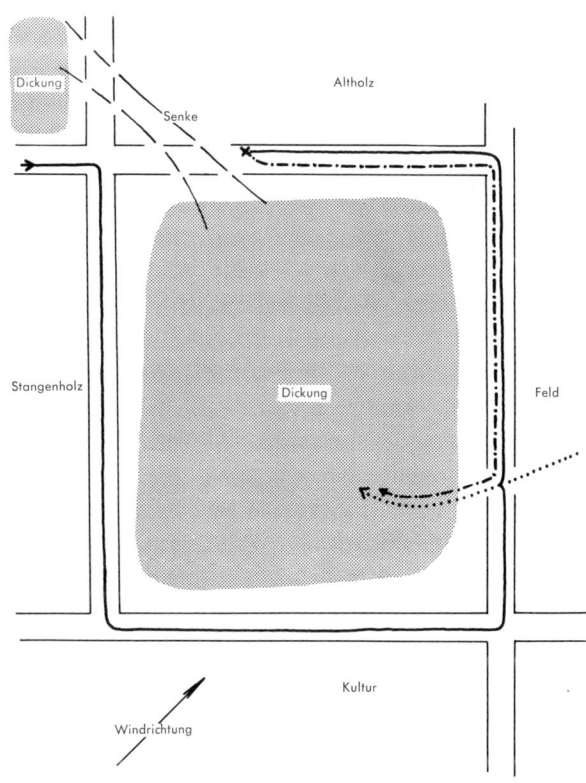

Darstellung 12
Umschlagen einer
Dickung nach dem
Einlauf

——— Weg von Jäger und Hund
. . . . Nachtspur eines Fuchses
✕ Stand am Fuchspaß
— · — · — Weg des am Stand zum Stöbern
geschnallten Hundes

Ein Freund von mir besaß einst einen hübschen Cockerspaniel, der locker spurlaut und auf der Spur des angejagten Hasen so sicher und so spurtreu folgte, daß es eine Lust war, seiner Arbeit zuzusehen. Ich warnte seinen Herrn davor, den Hund zum Stöbern auf Kaninchen zu benutzen. Er tat es trotzdem. Ein Jahr später war der Hund bei seiner Arbeit auf der Hasenspur nicht wiederzuerkennen. Was er zeigte, war kein Jagen mehr; es war nur noch ein Stümpern, und auch sein einst so klarer Spurlaut war dahin.

Und nun zur dritten Art der Arbeit »vor dem Schuß« im Walde, dem *Buschieren!* »Gestöbert wird im Dunkeln; im Hellen wird buschiert«, im Gegensatz zu jenem also nur in raumen oder lückigen Beständen mit Graswuchs, Heide- oder Farnkraut, Ginster, Brom- und Himbeer- oder sonstigen Büschen, auf bewachsenen Blößen, jüngeren Kulturen usw., kurz überall, wo wir den Hund, so weit die Flinte reicht, beobachten und bei sachgemäßer Führung ständig in der Hand behalten können. Der Hund soll dort bei Ausnutzung von Wind und Deckung planvoll suchen, ähnlich wie im Felde, nur kurz und ruhig, also sehr gezügelt und, wie schon erwähnt, im Schußbereich der Flinte. Vor gefundenem Wild und auf Geläuf hat er sich abzustoppen, also vorzustehen oder nachzuziehen (Abb. 50). Herausstoßen und Nachprellen sind schwere Fehler! Herausgetreten wird das Wild vom Führer selbst. Beim Aufstehen des Wildes muß der Hund am Fleck verbleiben, darf sich auch beim Schuß nicht rühren. Ist er leichtführig und gut dressiert, so macht er halt dabei (Abb. 49). Prellt der Hund dem Wilde nach, so kommt der Führer um den Schuß, weil er jenen sonst gefährden könnte. Wesentlich ist also, daß der Hund sich hinlegt

Abb. 49   Korrektes Verhalten auf Schuß

Abb. 50   Beim Buschieren

oder setzt, wenn Wild vor ihm herausgetreten oder flüchtig wird, und daß
er liegen- oder sitzenbleibt, bis er zum Apportieren oder Weitersuchen aufgefordert wird.

Je feiner der Appell des Hundes ist, je sicherer er auf Armhoch oder kurzen
Trillerpfiff zusammenklappt, um so leichter und vor allem *leiser* ist der Hund
im Holz zu leiten. Und darauf kommt es beim Buschieren an. Ein feiner
Zischlaut muß als Hörzeichen genügen, und weder Wink noch Wendungen
des Führers darf der Hund beim Suchen unbeachtet lassen.

In richtigem Buschiergelände drückt das Wild sich gern. Es liegt infolgedessen
fester als im Felde, so auch Rebhuhn und Fasan, die zwischen all der dichten
Bodendeckung nicht so ungehindert laufen können wie draußen in den unkrautfreien Hackfruchtschlägen. Intelligente Hunde regt das zum Umschlagen
an. Sie stehen das gefundene Wild zunächst fest vor. Schon die Haltung, die
sie dabei einzunehmen pflegen, zeigt, daß sie punktgenau die Stelle an-
visieren, wo der Hase oder der Fasan, die Schnepfe oder das Kaninchen liegt.
Die Hundenase sticht den Sitz des Wildes sozusagen an. Hat der Schütze sich
auf wenige Schritt genähert, so umschlägt der Hund den Punkt im Halbkreis,
begibt sich also über Wind des Wildes und steht es auf der anderen Seite vor.
Das Karnickel, oder was es gerade ist, liegt so zwischen Hund und Jäger und
ist auf diese Weise richtig festgemacht. Vergnüglich ist es dabei immer wieder,
den Gesichtsausdruck des vorstehenden Hundes zu betrachten! Erst scheint

sein Blick in feierlichem Ernst die Deckung förmlich zu durchbohren. Dann gleitet dieser ohne Kopfbewegung spannungsvoll zu uns empor, um danach wieder auf den Sitz des Wildes hinzudeuten. Wieviel Verständnisinnigkeit und Jagdverstand spricht doch aus einer solchen Geste! —

An der Ostseeküste und auf Rügen buschierte man zur Zeit des Vogelzuges mit Vorliebe und ausschließlich auf Schnepfen. Die Hunde hatten bei der reichen Übung bald die nötige Erfahrung und waren so speziell auf dieses Flugwild eingestellt. Man konnte sie dann selbständig viel weiter suchen lassen, als das sonst bei dieser Jagdart angebracht und üblich ist. Die Hunde kannten die Gelegenheiten aus Erfahrung bestens, standen zuverlässig vor, und die Schnepfen hielten. Damit man dann auch immer wußte, wo er vorstand und man ihn zu suchen hatte, trug der Hund das eigens zu dem Zweck verwandte Halsband mit dem Glöckchen. Verstummte dieses, stand der Hund.

10 | Die Pirsch mit dem Hunde

Kein Jagen ohne wirklich guten Hund! Das gilt für die Krone des Waidwerks, die stille, besinnliche Pirsch, nicht minder als für jede andere Jagdart. Auch hierbei kann der Waidgeselle Hund von größtem Nutzen sein. Wer sich ihm in Kameradschaft und verständnisinnigem Zusammenwirken verbunden fühlt, ihn als sein zweites Ich betrachtet, wird ohne weiteres die Vorteile zu würdigen wissen, die sich aus dieser Partnerschaft auch bei der Pirsch ergeben.

Wer gewohnt ist, mit dem Hund zu pirschen, hat ihn im Bedarfsfall immer gleich zur Hand. Und das erscheint uns doch sehr wesentlich! Man bedenke nur, daß es im Falle eines Laufschusses geboten ist, die Folge unverzüglich, also auf der warmen Fährte aufzunehmen und den Hund bereits nach kurzer Ansuche zu schnallen. Je weniger Zeit dem kranken Stück gelassen wird, sich an die Fortbewegung auf drei Läufen zu gewöhnen, um so größer ist die Aussicht, daß die Hatz durch Stellen oder Niederziehen bald zum Stehen und das Wild zur Strecke kommt.

Unschätzbar sind die Vorteile, die uns der Hund auch sonst, allein durch seine Gegenwart, als Pirschgefährte bietet. Er ist und bleibt des Jägers sogenannter sechster Sinn, und ohne diesen ist und fühlt man sich höchst unvollkommen.

Es gilt auch hier, sich in die Seele seines Trautgesellen einzufühlen und ihren Regungen in einer Art zu folgen, die der Hund versteht: um beispielsweise selbst den Schritt bedächtig zu verhalten, sobald der Hund verhält, — um seiner Nase oder seinem feinstens aufs Bewegungssehen eingestellten Auge mit dem Blick zu folgen oder aufzuhorchen, wenn der Hund mit ungleich schärferem Gehör etwas vernimmt. Berühren wir dabei durch liebevolles Auflegen der Hand den Kopf des Hundes, so ist das eine Geste, die nicht nur zur Ruhe mahnt; zugleich bedeutet sie dem Hunde, daß wir ihn verstanden haben und mit ihm zufrieden sind, ja daß wir überhaupt an allem, was er uns auf solche Weise zu erkennen gibt, gespanntest Anteil nehmen. Derart spielen Herr und Hund sich miteinander ein — als Pirschgefährten, die sich mancherlei zu sagen haben, sich weitgehend ergänzen.

Was selbst das schärfste Jägerauge nicht erspähen kann und was es auch bei aller Offenheit und Übung einmal übersieht, das zeigt die feine Hundenase. Mag auch das Wild in voller Deckung sitzen oder stehen, dem Hund entgeht es trotzdem nicht — wenn nur der Wind paßt, und das pflegt bei richtiger Anlage der Pirsch ja meist der Fall zu sein. Der Tritt des Wildes, der auf hartem oder felsigem Boden für das Auge keinen Eindruck hinterläßt, wird von der Hundenase dennoch wahrgenommen. Ebenso die oft so unscheinbaren Zeichen, die auf Wildern, Luderei oder anderes verstecktes Treiben übler Elemente schließen lassen. Wie manchem Wilddiebstahl ist man nur dadurch auf die Spur gekommen, daß der Hund den offenkundigen Beweis dafür erbrachte, indem er etwas fand und zeigte, was sonst achtlos überlaufen worden wäre: einen Anschuß etwa, die kranke Fährte eines angeschossenen Stückes, beim Wegschaffen des Wildes abgetropften oder angestreiften Schweiß, verscharrten Aufbruch, verschleppte Teile der vom Fuchs gefundenen Decke, eine Schleifspur usw.!

Ich schreibe aus persönlicher Erfahrung. Erinnert sei hier nur an einen selbsterlebten Fall, den ich mit Hilfe eines meiner Hunde festgestellt und aufgeklärt und über den ich damals in der »Pirsch« berichtet habe (vgl. Nr. 13/1951).

Mag der Hund auch wirklich einmal hinderlich erscheinen oder störend wirken, das Wiederabholen des abgelegten Hundes beispielsweise einen Umweg oder Zeitverlust bedeuten, im Vergleich zu all den Vorteilen, die er allein durch seine aufklärende Tätigkeit als Pirschgefährte bietet, fallen derlei seltene und geringe Mißlichkeiten überhaupt nicht ins Gewicht. Als solche wird sie nicht einmal empfinden, wer aus Erfahrung weiß und würdigt, wieviel er Ohr und Nase seines Hundes gerade auch bei Pirsch und Ansitz zu verdanken hat — wie manchen Anblick und wie manches Waidmannsheil!

Einen meiner stärksten Keiler, ein Hauptschwein, das nach der Rauschzeit ohne Aufbruch immerhin noch volle 135 Kilo wog, verdankte ich in erster Linie der Nase meines Hundes. Hätte »Rauck« ihn mir durch sein gespanntes Windholen nicht angezeigt, so wäre ich an ihm, der fünfzig Gänge neben mir durch Fichtenjungwuchs zog, ahnungslos vorbeigepirscht.

Ich denke auch an einen Zukunftshirsch, der laufkrank war und dessen Fährte ich bei morgendlichem Pirschgang kreuzte. Da sich der Hund von dieser absolut nicht trennen wollte, folgte ich und hatte sehr bald festgestellt, daß der rechte Vorderlauf des Hirsches schleifte. Ich kam nach längerer Riemenarbeit in einem dicht mit Fichten unterstellten Kiefernaltholz an den Hirsch heran, und der sehr schnelle, fährtenlaute »Unkas« jagte ihn nach etwa halbstündiger Hatz zu Stande. Der scharfe Rüde ließ danach den Kranken bis zum Fangschuß nicht mehr von der Stelle. Schon dabei sah ich, daß dem Hirsch der rechte Vorderlauf im Ellbogengelenk zertrümmert war. Die Schußverletzung mochte gut drei Tage alt sein. Wer von den Angrenzern den Hirsch beschossen und sein Überwechseln nicht gemeldet hatte, war leider nicht mehr festzustellen.

Und dann die heimlich genossenen Bilder, die mir alle unvergeßlich sind, wovon ich viele nur der Nase meines Hundes zu verdanken hatte und seiner Art, mich darauf aufmerksam zu machen, durch hochgespanntes Winden in der Richtung des vorerst noch unsichtbaren Wildes!

So erinnere ich mich einer Regenpirsch durch bergigen Niederwald. Dabei verhalf mir mein getreuer »Nestor« wiederholt zu nahem Anblick. Es waren heimliche und interessante Böcke, die, als der Hund sie zeigte, beide noch in voller Deckung standen. Ich wartete infolgedessen ihr Erscheinen ab und sah dann durch mein Nachtglas jedes Haar und jede Perle.

Wie oft wohl pirscht der Jägersmann allein an einem Bock vorbei, ohne daß er eine Ahnung davon hat! Im Gegensatz zum Bock, der seinen »Freund« längst weghat und getrost passieren läßt, um sich alsdann klammheimlich wegzudrücken.

Und weiter frage ich: Wann sonst wohl bietet sich dem Hund so oft Gelegenheit, seine Raubzeugschärfe zu betätigen, wie gerade bei der sommerlichen Pirsch?! Ein großer Teil der Katzen jeder Ortschaft streift zu dieser Zeit oft wochenlang in Feld und Wald umher, um sich zu Hause nur bei anhaltendem Regenwetter wieder einzustellen. Andere, die am Tage schlafend hinterm Ofen liegen, sind bei trockenem Wetter regelmäßig nächtlich unterwegs. Man trifft sie abends in der Dämmerung, gewöhnlich nach geschwundenem Büchsenlicht, und morgens in der Frühe, wenn sie wieder heimwärts schnüren, auf den Wegen. Die Katze, der man dort begegnet, deren frische Spur der Hund uns zeigt, oder die man im Gelände irgendwo verschwinden sieht, ist dann in der Regel auch geliefert, vorausgesetzt natürlich, daß der Gesell so spursicher und scharf ist, wie wir es vom Gebrauchshund fordern. Vermochte er die Katze einmal nicht mehr zu erwischen, weil es Mieze oder Mauz noch möglich war, vorm Hunde aufzubaumen, so sagt uns ja der Standlaut unseres Braven, wo wir seine hegerisch so wichtige Arbeit kurz und schmerzlos zu vollenden haben.

Wer solche Vorteile bewußt genossen hat, mag ohne Hund auch nicht mehr pirschen; er kommt sich ohne ihn recht hilflos vor. Und ob der handgreiflichen Unterstützung, die er immer wieder durch den Hund erfährt, ist es ihm unverständlich, wie andere ohne Zwang darauf verzichten können.

Und etwas anderes, Unwägbares kommt noch hinzu, was zumal das *stille* Waidwerk mit dem Hund so anziehend und reizvoll macht: der feine, in der Kameradschaft mit dem Tier beschlossene Stimmungswert, die innige Verbundenheit, das Wohlvertrautsein mit dem uns ans Jägerherz gewachsenen Gesellen, das gegenseitige Kennen und Verstehen, das Wissen oder Fühlen um das »Aufeinander-angewiesen-sein« und in Verbindung damit die Beobachtung des Hundes selbst sowie des hundlichen Verhaltens in seiner Anpassung und Fähigkeit, Erfahrungen zu sammeln und daraus zu lernen.

Freilich, wer das nicht fühlt, der wird es nie erjagen und auch wohl nie den Hund besitzen, mit dem er so zusammenschmilzt, daß Herr und Hund als Jäger sich ergänzen, zusammen eine wohlgefügte Einheit bilden.

Die Sinne, vermöge deren uns der Hund in seiner Wahrnehmung unendlich überlegen ist, sind Nase und Gehör. Aber auch die Fähigkeit, Bewegungen zu sehen und zu deuten, ist beim Hund erstaunlich hoch entwickelt. So manche Leistung, die infolge Fehldeutung dem Intellekt des Hundes zugeschrieben wurde und so den ewig Gestrigen willkommenen Anlaß gab, ihn zu vermenschlichen, ist lediglich auf diese Eigenschaft zurückzuführen.

»Seit wir wissen, daß Tiere auf unbedeutende willkürliche und unwillkürliche Ausdrucksbewegungen des Menschen reagieren und sie sinnvoll auswerten können, gehören auch die beinahe menschlich intelligenten, sprechenden, denkenden, rechnenden und wurzelausziehenden Pferde der Vergangenheit an; als Jahrmarktattraktionen dürften sie (und andere Tiere) zwar noch da und dort dem ahnungslosen Publikum vorgeführt werden.« (Dr. PETER BOPP, Biologische Abhandlungen, Heft 9: Kleine Einführung in die Tierpsychologie, Würzburg-Versbach 1954.)

Ich habe mich schon oft gewundert, mit welcher geradezu frappanten Sicherheit vom Hunde Schußzeichen erkannt und ausgewertet wurden, die mir selbst trotz Übung absolut entgangen waren. Eine Schnepfe beispielsweise, die auf dem Strich in vorgeschrittener Dämmerung mit dem Winde rasch und hoch an mir vorbeigezogen und dabei beschossen worden war, glaubte ich gefehlt zu haben. Als ich nach einer Viertelstunde abbrach und mich auf den Heimweg machte, war mein »Buschmann«, der bis dahin neben mir gelegen und mich noch begleitet hatte, plötzlich in der Dunkelheit verschwunden. Das war bei ihm so ungewöhnlich, daß ich mir darob Gedanken machte und infolgedessen nicht zur Pfeife griff. Ich setzte meinen Weg schräg über eine Blöße fort, über die ich Murkerich nach meinem Doppelschuß noch hatte streichen und verschwinden sehen. Kaum aber hatte ich am Rande dieser Blöße einen Damm erreicht, als ich den Hund von einem Erlicht her — aus der Flugrichtung der Schnepfe — kommen sah. Ich pfiff ihn an, und siehe da, er brachte mir die Schnepfe, von der ich glaubte, sie gefehlt zu haben!

Ein eklatantes Beispiel, das ich noch um manches andere vermehren könnte.

Und wie der Hund Bewegungen am Wild selbst auf beträchtliche Entfernung und auch bei Zwielicht feinstens wahrnimmt, und wie er sie meist richtig deutet, so verblüffend sind ihm auch die unseren geläufig, die sich, uns selber häufig unbewußt, mit Handlungen verbinden, die er klar verknüpfte.

Das merken wir auch immer wieder bei der Pirsch. Sei es, daß der Hund, wo es fast ganz auf seine Nase ankommt, ohne ein besonderes Zeichen etwas vorpirscht; daß er auf Wild, auch wenn er dieses selbst noch nicht gesehen oder in der Nase hat, allein nach dem Verhalten seines Herrn zu schließen weiß, oder daß er sich, sobald die Lage anfängt feierlich zu werden, selber ablegt.

Die Bewegungen des Jägers bei der Pirsch sind unterschiedlich; sie wechseln immer mit der Lage, für die sie jeweils typisch sind. Und darauf reagiert der fein auf seinen Führer eingestellte Hund mit dem Gelernten, ohne daß er dazu aufgefordert werden muß.

Dafür ein Beispiel: Ich pirschte in Begleitung meiner »Hesta« durch ein Stangenholz. Wo dieses aufhört, stand auf einer Lichtung Wild, das aus der angrenzenden Dickung ausgetreten war. Ich sprach es an und pirschte nun behutsam weiter, um das Wild nicht zu vergrämen. Eine Strecke weiter traf ich unsern Jäger, mit dem ich einiges zu besprechen hatte. Bei Fortsetzung des Weges erregte der Spektakel einiger Eichelhäher mein Interesse. Ich schlich sie an und stellte fest, daß ein vollgekröpfter Hühnerhabicht ihren Unwillen erregte. Dieser war mit Rückendeckung in den unteren Regionen einer Pappelkrone aufgeblockt und hatte Mühe, sich mit griffbereitem Fang der lästigen Schreier zu erwehren. All dies hatte mich nicht mehr an meine Hündin denken lassen. Daß sie fehlte, merkte ich erst später, und zwar auf einem Damm

Abb. 51   Die Nase des Hundes verhalf zu Anblick

vor einem langgestreckten, unterschiedlich dichten Röhricht. Der Wind stand aus dem Rohr heraus. Deshalb wollte ich auf dem umbuschten Damm längs des Röhrichts quer zum Winde pirschen. Die Spitze sollte dabei »Hesta« nehmen; ich wollte ihr mit Abstand folgen. Diese Gliederung hat den Vorteil, daß der Hund schon vor mir in den Wind des Wildes kommt, wobei mir sein Verhalten nicht entgehen kann. Ich vermißte also meine Hündin. Sie hatte sich selbst abgelegt; das war mir klar. Und als ich überlegte, was sie wohl dazu veranlaßt haben könnte, fiel mir jene Lichtung ein, die ich des ausgetretenen Wildes wegen besonders vorsichtig umgangen hatte. Im Stangenholz, vorm Rande dieser Lichtung, lag die Hündin auch. Mein Schleichen war für sie — stellvertretend für den Wink, mit dem ich sie bei ähnlichen Gelegenheiten abzulegen pflegte — allein zum Sichtzeichen für Ablegen geworden.

Das Anzeigen von Wild, das der Hund nur in der Nase, nicht im Auge hat, ist, wie schon erwähnt, ein aufmerksam gespanntes Winden in der Richtung, aus welcher ihm der Wind die Witterung zuträgt. Naturgemäß hat es dabei der hochgestellte »Hochwindzieher« leichter als beispielsweise der infolge seiner kurzen Läufe für Spur- und Fährtenarbeit so besonders vorteilhaft gestellte Teckel. Das merkt man schon, wenn man mit Vorstehhund und Teckel pirscht. Dem Wind, den jener fängt, ist dieser wegen seiner Bodennähe öfter nicht »gewachsen«.

Es gibt mittelhohe Hunde, die, nachdem sie eine Spur von Witterung aufgefangen haben, die Nase dadurch in den Wind zu heben trachten, daß sie — wie der Hase — einen Kegel machen. Dabei strecken sie die Winkelung der Hinterhand so weit wie irgend möglich, ohne daß der Mittelfuß — wie sonst beim Männchenmachen — mit als Stütze dient. Ich sah das hin und wieder auch bei Teckeln und wiederholt bei einer Schweißhundkoppel, den bekannten Wurfgeschwistern »Freia« und »Stella-Boitzenburg«. Auch der bekannte Deutsche Wachtelhund »Pirschjäger Etzel«, der Leibhund von R. F. und als solcher auch ein Pirschgefährte bester Klasse, zeigte mir das einst, als ich bei seinem Herrn und Meister von der Blaserstubn aus die Berghirschbrunft erleben durfte.

Kennt man seinen Hund genau, so weiß man oft auch, welche Wildart er gerade in der Nase hat und zeigt. Es sind bestimmte Ausdrucksweisen, die uns das erkennen lassen. Bei meiner Rauhhaarteckelhündin »Holle« beispielsweise sträubte sich ganz leicht das Barthaar, wenn sie Sauen in der Nase hatte. Der Kurzhaarsieger »Rauck-Mauderode-Westerholt« zeigte sich vor Rotwild ausgesprochen ernst und sah mich dabei öfter fragend an; vor Sauen war er äußerst konzentriert. Der Langhaarrüde »Buschmann vom Rüdenhay«, der gleich bei einer seiner ersten Schweißarbeiten einen Kujel fing und festhielt, war auf Sauen geradezu erpicht; bekam er Schwarzwildwittrung in die Nase, dann drückte sich in seinem ganzen Wesen so etwas wie verhaltene Kampfbereitschaft aus.

Dies mag genügen, um zu zeigen, daß man gut tut, die Verhaltensweisen seines Hundes immer sorgsam zu beachten. Ich selbst erblicke darin einen der besonderen Reize, die das stille Waidwerk mit dem Hunde bietet.

Kein Jäger wird mit einem Hunde pirschen, den er im Bedarfsfall nicht gebrauchen kann. Voraussetzung beim Hund sind Aufgeschlossenheit und Nase, Brauchbarkeit auf Schweiß und Schärfe.

Nicht minder wichtig ist die Wesensart des Hundes. Ein Nervenbündel ist als Pirschgefährte gänzlich ungeeignet. Es geht nichts über ausgeprägte Wesensfestigkeit. Das Temperament des Hundes soll gesund sein. Es darf infolge Ausgewogenheit die Ruhe nicht vermissen lassen, die ihn, den Hund, nicht nur zum liebenswürdigen Gesellen stempelt, sondern ihm in schwierigen Lagen auch den nötigen Rückhalt gibt. Der wesensfeste Hund verknüpft viel rascher in erwünschter Weise und meistert Knifflichkeiten ungleich besser als der wesensschwache, der bei seiner inneren Unruhe gar leicht die Kontenance verliert. Der vierläufige Waidgesell sei uns ein Stück Natur! In möglichster Ursprünglichkeit vermag dies aber nur ein Hund zu bieten, der körperlich gesund und seelisch völlig ausgeglichen ist. Umgang mit nervösen Hunden wirkt zermürbend.

Und nun zu Farbe und Behaarung! Sofern nicht Schnee liegt, fällt die sogenannte Blendlaterne im Gelände immer auf, besonders bei Bewegung. Nicht nur das Wild eräugt sie unter Umständen schon weit; auch der Lump wird auf sie aufmerksam und nimmt Gelegenheit, beizeiten zu verduften. Sie ist deshalb zum Pirschen ungeeignet. Die Farbe sei gedeckt. Dann paßt sie sich dem Hintergrunde an und verschwimmt mit diesem. Am unscheinbarsten sind die Dürrlaubfarbe, das sogenannte Eisgrau und die dunkle Schimmelung.

Die Behaarung soll zum Schutz vor Nässe und Insekten möglichst derb und dicht sein, bei Lang- und Rauhhaar ohne übermäßige Fülle, die sich bei Nässe vollsaugt wie ein Schwamm, das Fell verdreckt, den lästigen Klumpenansatz fördert und den Hund bei Wärme so belastet, daß sein Hecheln auf die Dauer unerträglich wird und bei der Pirsch nur stört.

Zum Kameraden und geschickten Helfer kann der Hund nur werden, wenn er für alle Aufgaben, die wir ihm stellen, sorgsam und methodisch vorbereitet wird. Das gilt auch für die Pirsch mit ihm. Er muß sich willig unterordnen, so aufmerksam und leise im Appell sein, daß schon ein feiner Zischlaut oder leichter Wink sofort von ihm beachtet wird. Erforderlich ist ferner, daß der Hund infolge einwandfreier Leinenführigkeit beim Gehen nicht behindert, die Leine niemals straffzieht, auf alle Wendungen so rasch und richtig reagiert, daß er nie im Wege ist und daß er uns durch dichtbestandenes Gelände in der Fährte folgt. Dasselbe müssen wir von ihm beim Folgen frei bei Fuß verlangen. Verweilen wir, so soll der Hund sich setzen oder niederlegen, ohne daß er dazu aufgefordert wird. Schußabgabe bedeutet für ihn Halt, schon das »In-Anschlag-Gehen«. Wild, das in der Nähe flüchtig wird, darf den Hund nicht aus der Ruhe bringen, auf keinen Fall dazu verleiten, sich von unserer Seite zu entfernen, einen Laut von sich zu geben oder nur zu winseln. Sehr wichtig ist auch, daß der Hund sich lediglich auf Wink, also ohne daß man einen Gegenstand bei ihm zurückläßt, ablegt und daß er nach Verschwinden seines Führers fest und ruhig liegenbleibt — so lange wir es wünschen, und sei es stundenlang. Kein Schuß, der in der Nähe fällt, darf ihn verleiten, nachzukommen. Wild, das an ihm vorüberzieht, darf ihn nicht dazu bewegen, den Platz, auf dem er abgelegt ist, zu verlassen oder gar das Wild zu hetzen.

Ein Hund, der sich so unterordnet, stört nicht — ganz im Gegenteil! Wir mögen pirschen, blatten, quäken oder irgendwelche Ansitzjagd ausüben, der Hund kann uns dabei nur nützen. Erstaunlich ist ja auch, wie fein der intelligente und erfahrene Hund sich immer wieder auf den eigentlichen Zweck der einen oder anderen Jagdart ein- und umstellt. Ich erinnere nur an Schnepfenstrich und Entenzug und — im Gegensatz zu dem dabei erwarteten

Abb. 52   Frei abgelegt

»tire haut« — an Vorpaß beispielsweise auf dem Morgeneinlauf. Hier wie dort zeigt uns der Hund durch sein Verhalten, daß er bestens weiß, worauf es jeweils ankommt.

Wie man dem Hund die nötige Unterordnung beibringt, ist bereits gesagt.

An ruhiges Beobachten von Wild müssen wir den Hund schon früh gewöhnen. Ich sage ganz bewußt: beobachten. Es wäre ja herzlos und verkehrt, vom Hunde zu verlangen, daß er sich vor sichtigem Wild in vorschriftsmäßige Daunlage begibt und stur darin verharrt. Es genügt, wenn er sich hinlegt. Den Anblick darf und soll der Hund genießen. Er soll sich ja an ihn gewöhnen! Zu fordern ist nur peinliche Bewahrung absoluter Ruhe. Es muß ihm zur Gewohnheit werden, sich angesichts von Wild ja nicht vom Fleck zu rühren. Nur wenn ihn auch nur eine Spur von Unruhe befallen sollte, vielleicht beim Flüchtigwerden eines Stückes, wirken wir *im Augenblick* ursprünglich auf ihn ein. Das ist die beste Vorübung für zuverlässiges freies Ablegen, wobei der Hund auch dann nicht wagen darf, sich vom Platz zu rühren, wenn Wild in seine Nähe austritt oder flüchtig wird.

Wie wir selbst als Jäger, so lernt der Hund beim Pirschen manches, was ihm als Gebrauchshund überhaupt zugute kommt — ganz abgesehen von der feinen Arbeit Hand in Hand mit seinem Führer, der leisen Unterordnung diesem gegenüber und der Förderung seiner geistigen Beweglichkeit.

Die Schnepfe, die am Wegrand liegt, der Iltis unterm Reisighaufen wird vom Hunde vorgestanden. Dann bietet sich — z. B. nach Beobachtung des Wechsels eines Einzelstückes — willkommene Gelegenheit zu späterer Riemenarbeit auf gesunder kalter Hochwildfährte. Ein Stück, das nicht im Feuer blieb und, mit dem Tod im Leibe, noch eine Strecke weiterfloh, gibt eine Übung für den Hund, die wir uns unter keinen Umständen entgehen lassen — sei auch die Fährte, die wir dazu selbstverständlich erst erkalten lassen, noch so kurz. Der Hund erfährt dann wieder sinnfällig, was Schweiß bedeutet. Blieb das Stück im Feuer, so brechen wir es auf und tupfen mit dem aufgefangenen Schweiß die Fährte, die der Hund nach einigen Stunden oder erst am nächsten Tage ausarbeiten darf. Es genügt schon, wenn der Hund anstatt des abgefahrenen oder heimgetragenen Stückes nur den Aufbruch findet, der gegen Raubwild oder Sauen gut verblendet und verwittert wurde. Die Milz benutzen wir dann zum Genossenmachen. Ich lasse mir auch gern das frisch erlegte Stück vom Hund verweisen oder lasse ihn das Stück verbellen, falls er abgelegt war, als ich schoß, und deshalb nichts davon gesehen hat. Dazu darf er es auf meiner Rückspur suchen usw. usf. (Vgl. S. 147.)

Jede solche Arbeit ist ein Stein im Mosaik des fertigen, vielseitigen Hundes. Wer da nicht fleißig sammelt und bedachtsam fügt, vermag das Wunschbild, das ihm vom Gebrauchshund vorschwebt, niemals in die Wirklichkeit zu übertragen.

Daß wir alles, was der Hund am Pirschpfad zeigt, zu prüfen haben, ist ein Gebot, das leider häufig nicht beachtet wird. Zeigt er eine Fährte, so sehen wir uns diese an; sie kann ja wund sein oder auf ein Stück hindeuten, das uns aus irgendeinem Grunde besonders interessiert. Ein flüchtiges Tätscheln oder liebevoller Zuspruch, auch im Flüsterton, genügt schon, um dem Hunde unsern Beifall auszudrücken. (»So brav, laß seh'n!« – »Laß zieh'n, mein Hund!«) Dasselbe gilt für alle Fälle, in denen er uns Wild zeigt, das er in der

Abb. 53 Pirschgefährten

Nase hat. Der Hund muß irgendwie erfahren, daß alles, was er wahrnimmt, uns als »Kopfhund« gleichermaßen interessiert. Da Tätscheln oder liebevoller Zuspruch aber stets Ermunterung bedeutet, muß diese sich nach Wesensart und Temperament des Hundes richten und stets so abgemessen sein, daß sie die Unterordnung unseres Pirschgefährten niemals mindert. Das ist zumal vor Wild sehr wichtig. Eindämmend wirkt ja stets sofort das Halt, auf das der Hund in jeder Lage und auf jedes Zeichen unverzüglich reagieren muß.

Unterordnung, Übung und Vertrauen — mehr braucht der Hund nicht, um sich bei entsprechender Veranlagung zu einem Jagdgefährten zu entwickeln, an dem man auch auf Pirsch und Ansitz immer wieder seine Freude hat.

11 | Die Arbeit im Wasser

Die Vorbereitung für den Gebrauch des Hundes bei der Entenjagd beginnt mit der *Gewöhnung ans Wasser.* Diese erübrigt sich bei Hunden, die von kleinauf ausgesprochen *wasserfreudig* sind. Keine Pfütze, kein Graben oder Tümpel, der sie nicht verleiten könnte, sich sofort hineinzustürzen. Und das nicht nur im Sommer! Ist das Wasser seicht, so merkt man solchen »Wassernarren« ihr Bedauern an, daß sie darin nicht schwimmen können. Dann toben sie im Nassen hin und her. Je mehr es dabei planscht und spritzt, um so größer ist für sie der Spaß. Es sind dies Hunde, die das Wasser reizt, für die der Aufenthalt in ihm — das Stöbern im Schilf, das Schwimmen und Bringen aus tiefem Wasser — wahre Lust bedeutet. Mit anderen Worten: Das Wasser ist ihr Element, es sind geborene Wasserhunde. Ein einziger Jagdtag im August auf Jungenten und Rauherpel genügt schon, um sie mit der Wasserjagd vertraut zu machen. Das Dranbleiben am Geläuf der Ente, die Ausnutzung des Windes beim Stöbern im Schilf erlernen sie dabei im Handumdrehen. Und wird ein solcher Hund geschickt geführt, so ist er schon in kurzer Zeit so routiniert, daß er auch als Verlorenbringer geflügelter oder sonstwie krankgeschossener Enten die Leistungen vollbringt, die man von einem guten Wasserhund verlangen muß.

Das Gegenteil vom wasserfreudigen ist *der wasserscheue Hund.* Bei ihm stößt die Gewöhnung an das nasse Element insofern auf besondere Schwierigkeiten, als er dabei mit größter Vorsicht zu behandeln ist. Hier kann sich jede übereilte oder unvernünftige Handlung bitter rächen und den Hund so ängstlich machen, daß er, sobald er ein Gewässer auch nur »riecht«, bemüht ist, sich von ihm und seinem Peiniger zu entfernen. Es gilt deshalb, dem wasserscheuen Hund das Wasser möglichst angenehm und ihn damit *allmählich* so vertraut zu machen, daß sich die anfängliche Scheu in Freudigkeit verwandelt. Leicht ist das nicht, im Gegenteil. Um dabei richtig zu verfahren, bedarf es nicht nur vieler Übung, sondern auch besonderer Geduld.

Die beste Zeit, den wasserscheuen Hund ans Wasser zu gewöhnen, sind die warmen Sommertage. Man begibt sich also, mit dem Hunde an der Leine, selbst ins Wasser, und zwar vom möglichst *flachen* Ufer eines *stehenden* Gewässers aus, wobei der Hund ob seiner Ängstlichkeit ganz ausgiebig geliebelt und beruhigt wird. Wir gehen dann mit ihm im seichten Wasser etwa zehn Minuten hin und her und dabei ganz allmählich etwas tiefer, bis dem Hund das Wasser etwa an den Brustkern reicht. Zunächst nicht weiter! Auch dabei wird der Hund geliebelt und ermuntert. Betrachtet der wasserscheue Hund den Führer als rettenden Strohhalm und versucht er, diesen mit den Vorderläufen zu umklammern, so wird er sanft daran gehindert, also ohne Hast und ohne Schmerzerregung. In den nächsten Tagen wird dieselbe Übung wiederholt, und zwar so lange, bis der angeleinte Hund die Scheu vorm Wasser überwunden hat. Klemmt er die Rute nicht mehr ein, wenn wir uns dem Wasser nähern, so ist damit schon viel gewonnen. Erst dann — nicht früher! — waten wir mit ihm in etwas tieferes Wasser, in dem der Hund jedoch noch nicht zu schwimmen braucht. Dazu ermuntern wir ihn später, wenn uns der Hund auch ohne Leine bis zum Halsansatz ins Wasser folgt. Wir nehmen ihn dann wieder an die Leine und lassen ihn im Halbkreis etwa eine Stubenlänge schwimmen. Das wiederholen wir auch in den nächsten Tagen, bis der Hund gemerkt hat, daß er schwimmen kann, und sich vor tiefem Wasser nicht mehr fürchtet. — Das Hörzeichen zum Schwimmen ist »voran«. — Um im Hund die Wasserfreude zu beleben, schwimmen wir auch öfter mit. Jetzt erst lassen wir ihn an der langen Leine den von einem Bleßhuhn- oder Haubentaucherbalg umhüllten Strohbock aus dem Wasser holen. Wir werfen diesen erst, nachdem wir ihn dem Hunde zeigten, auch so, daß ihn der Hund aufs Wasser fallen sieht und, um ihn zu erreichen, erst kürzere, dann etwas längere Strecken schwimmen muß. Klappt diese Vorübung, so können wir den Hund auch ohne lange Leine aus tiefem Wasser apportieren lassen. Beim Bringen aber jede Spielerei vermeiden und immer darauf achten, daß der Hund sich dabei und beim Abgeben des Gegenstandes einwandfrei verhält! Ich komme darauf noch zurück.

Die Arbeit soll dem Hunde Freude machen und immer wieder Lust verheißen, weshalb mit »so ist's brav« und Liebeln nicht zu sparen ist, sobald er sich erwünscht verhält oder verhalten hat. Man übe möglichst oft, doch niemals lange, weil jede Anstrengung des Hundes bei Gewöhnung an das Wasser sorgfältig vermieden werden muß.

Ich ging betreffs Gewöhnung von der schwierigen Behandlung wirklich wasserscheuer Hunde aus. Auf dieselbe Weise können wir verfahren, wenn der Hund nicht wasserscheu ist, aber tieferem Wasser irgendwie mißtraut, weshalb er sich von selbst zum Schwimmen nicht entschließen kann. Bei ihm bedarf es nur geringer Mühe, um ihn mit dem Wasser ganz vertraut zu machen. Die Hemmung vor dem Schwimmen verliert der Hund nach der empfohlenen Methode rasch. Auch der sogenannte Wassertreter, der sich, anstatt zu schwimmen, im tiefen Wasser senkrecht stellt und mit den Vorderläufen planschend Wasser tritt, lernt sehr bald schwimmen. Dazu genügt es, wenn man ihn im Mitgehen an kurzgefaßter Leine oder an der Halsung ruhig und behutsam in die Waagrechte zieht. Das ist kein Kunststück. Der Erfolg ist unausbleiblich, wenn der Führer jede Hast vermeidet und den Hund beim Üben fortgesetzt ermuntert. Stets muß er darauf bedacht sein, diesen Zwang so anzuwenden, daß beim Hunde das Vertrauen zu der Hand des Lehrers nicht erschüttert wird.

Verfügt man über einen Kahn, so kann man Hunde, die nicht wasserscheu sind, aber sich zum Schwimmen ohne weiteres nicht entschließen können, diese Hemmung auch auf andere Weise überwinden lassen. Der Führer legt den Hund am flachen Ufer ab, fährt mit dem Kahn ein Stück ins offene Wasser und ruft den Hund heran. Geht der Hund auf diesen Abruf hin ins Wasser, und nähert er sich schwimmend, so fahren wir vorm Hunde her ans andere Ufer oder, wenn es für das erste Mal zu weit entfernt sein sollte, im Bogen auf die nächste Uferstelle zu.

Nötigenfalls bedient man sich dazu der langen Leine, also dann, wenn sich der anhängliche Hund, obwohl es ihn zum Führer treibt, zum Schwimmen selber nicht entschließen kann. Man zieht den Hund dann ohne Hast zum festgelegten Kahn herüber und strebt, den Hund »im Schlepptau« und ihn fortgesetzt ermunternd, in ruhiger Fahrt dem nächsten Ufer oder einer anderen Stelle des verlassenen Ufers zu.

Der Hund soll nur erfahren, daß er schwimmen kann, und dadurch seine Angst vor tiefem Wasser überwinden.

Die ständige Ermunterung beim Üben und das Liebeln gleich im Anschluß an die Übung nicht vergessen!

Mitunter wirkt das Beispiel eines älteren Hundes, der ohne weiteres ins tiefe Wasser geht, als Anreiz auf den jungen — vorausgesetzt, daß sich die Hunde kennen und vertragen. Versucht der junge Hund, es seinem älteren Partner gleichzutun und ihm ins nasse Element zu folgen, so ist das der bequemste Weg, ihn an das Wasser und ans Schwimmen zu gewöhnen. Die beste Anleitung dazu empfängt der Junghund häufig schon im Welpenalter von der eigenen Mutter.

Der Reiz, dem älteren zu folgen, ist für den jungen Hund besonders stark, wenn sich der Führer mit dem Kahn entfernt und beiden, nebeneinander abgelegten Hunden gleichzeitig das Hörzeichen zur Folge gibt. Das facht den Meutetrieb erheblich an, und dieser wie das Beispiel seines Meutepartners wird den jungen Hund bewegen, sich dem älteren Kameraden anzuschließen und ihm nachzuschwimmen.

Will man den Hund nach der geschilderten Gewöhnung dahin bringen, daß er lediglich aufs Hörzeichen »voran« ins tiefe Wasser geht und auf Wink in der von uns gewünschten Richtung schwimmt, sich beim Schwimmen also in beliebiger Weise leiten läßt, so empfiehlt sich die Benutzung der zuerst von HEGENDORF erprobten und empfohlenen *unendlichen Leine* (Abb. 54).

Ihre Anwendung ist denkbar einfach, vorausgesetzt natürlich, daß uns ein geeignetes Gewässer zur Verfügung steht. Wir versehen einen Pfahl mit einem Ring und rammen ihn am Ufer ein. Nachdem die 40 Meter lange Leine durch den Ring gezogen ist, werden wir die beiden Enden an das andere Ufer, wo sie am Haltering der Hundehalsung — nicht am Würgering! — getrennt befestigt werden. Jetzt liebeln wir den Hund, geben ihm alsdann mit Hörzeichen »voran« den Wink und dirigieren ihn mit Leinenzug ins Wasser. Beim Schwimmen wird der Hund mit »so ist's brav« ermuntert. In der Mitte des Gewässers lassen wir ihn wenden — auf Zuruf »hier« —, um den zurückgekehrten Hund am Ufer liebelnd zu empfangen.

Bei der nächsten Übung schwimmt der Hund, dem Zug der Leine folgend, bis zum anderen Ufer. Bevor er es erreicht, ertönt der Zuruf »hier«, und gleichzeitig erfolgt im Zugwechsel das Wenden.

Einige Wiederholungen genügen; dann hat der Hund verknüpft, daß er auf »voran« und Wink in der gewiesenen Richtung schwimmen muß und erst auf Zuruf »hier« zu wenden hat. Sobald er ohne Leinenzug ins Wasser geht und schwimmend wendet, lassen wir die lange Leine weg, allenfalls die kurze Leine an der Halsung hängen, um dem Hund zunächst noch das Gefühl zu geben, er sei angeleint. Verhält der Hund sich dabei weiter wunschgemäß, so setzen wir die Übungen an anderen Stellen fort oder wechseln überhaupt mit dem Gewässer. Bald läßt der Hund sich dann auch seitlich dirigieren. Dazu geben wir ihm einen kurzen Pfiff und gleichzeitig den Wink in die gewünschte Richtung.

Den wasserscheuen Hund von vornherein an der »Unendlichen« zu üben, dazu habe ich mich nie entschließen können, obwohl nach HEGENDORF auch das gelungen ist. Der damit verbundene Zwang erscheint mir für den Anfang doch zu stark. Erst nach der hier geschilderten Gewöhnung wandte ich ihn an. Der Erfolg war immer der gewünschte, weshalb ich die Methode angelegentlich empfehlen kann.

Ich darf nochmals betonen, daß alle Übungen, die vorstehend von mir geschildert und empfohlen wurden, vom *flachen* Ufer aus an einem *stehenden* Gewässer vorzunehmen sind und daß sie immer *kurz* sein müssen. Bei der Gewöhnung eines Hundes ist stets darauf Bedacht zu nehmen, daß jede Überanstrengung vermieden werden muß. Daß man den Hund nach *jeder*

Abb. 54   Schwimmen an der »unendlichen Leine«

Wasserarbeit gründlich trockenreibt, ist selbstverständlich. Im Anschluß daran muß er auch Gelegenheit erhalten, sich ungezwungen aus- und warmzulaufen. Ganz abgesehen davon, daß man das dem Hunde aus gesundheitlichen Gründen schuldig ist, empfindet er das Abreiben als Wohltat. Und eine Freude ist für den erfrischten Hund der freie Lauf, bei dem er sich nach Herzenslust bewegen darf.

Haben wir erreicht, was wir nach der gelungenen Gewöhnung mit der empfohlenen ersten Vorübung bezweckten, nimmt also unser Hund auf Hörzeichen und Wink das tiefe Wasser an, und kann man ihn beim Schwimmen dirigieren, so lassen wir ihn wieder aus dem Wasser apportieren, dies jedoch nicht regelmäßig, sondern ab und zu. Der Strohbock wird zu diesem Zweck erst dann geworfen, wenn der Hund schon schwimmt — nicht vorher! Im Gegensatz zu der mit einer Bringleistung verbundenen Gewöhnungsübung soll hier das Werfen für den Hund kein Anreiz sein, das tiefe Wasser anzunehmen. Der Hund soll jetzt erfahren, daß er, sofern er unseren Direktiven folgt, *vielleicht* Gelegenheit erhält, etwas zu bringen. Auf diese Weise versetzen wir ihn in Erwartungsspannung, was dazu angetan ist, seine Arbeitsfreude zu erhöhen und — im Zusammenhang damit — auch seine Willigkeit, die ihm gegebenen Direktiven zu befolgen.

Grundsätzlich soll der Hund erst dann aus tiefem Wasser apportieren, wenn er seine Scheu vorm Wasser überwunden hat und ohne weiteres schwimmt. Es muß also bewußt vermieden werden, daß der Hund auf das gegebene Hörzeichen »apport« sich weigert, den geworfenen Gegenstand zu bringen, nur weil er sich vorm Schwimmen fürchtet. Mit anderen Worten: Heißt es »apport«, so *muß* der Hund aus tiefem Wasser bringen. Dies setzt voraus, daß er des Schwimmens kundig ist. Sonst bringen wir ihn leichtfertig in einen schwierigen Konflikt: Er möchte bringen, traut sich aber nicht; »das Wasser ist viel zu tief«. Ein Mittel, durchzugreifen, um unserer Forderung Geltung zu verschaffen, gibt es aber nicht, wenn wir beim Hund die Scheu vor tiefem Wasser nicht verstärken wollen. Erführe der Hund, daß er mit seiner Weigerung gewann, so würde er sich das für künftige Fälle merken. Das Fehlerhafte solcher Übung auf gut Glück ist also offenbar, weshalb sie grundsätzlich zu unterlassen ist.

Über das schulmäßige Bringen aus tiefem Wasser äußerten wir uns schon im Abschnitt »Apport«.

Ich wiederhole kurz: Geht der Hund ins Wasser, und schwimmt er, ohne daß er Wasser tritt, so machen Griff und Bringen keine Schwierigkeiten, sofern der Hund das Apportieren schulmäßig erlernt hat. Worauf es aber letzten Endes ankommt und beim Üben immer wieder sorgfältig geachtet werden muß, ist das korrekte Abgeben des apportierten Wildes oder Gegenstandes (Abb. 55).

Kommt der Hund an Land, so ist es fehlerhaft, wenn er die Ente hinlegt, um sich erst einmal zu schütteln. Diese könnte ja geflügelt sein und würde dann vom Ufer aus sofort in das ihr so vertraute Element entweichen. Die Arbeit nach der weggetauchten Ente müßte dann erneut beginnen, was einmal Zeitverlust bedeuten und anderseits die Kraft und Ausdauer des Hundes wiederum in Anspruch nehmen würde. Deshalb ist von vornherein darauf zu achten, daß der Hund die Ente *in einem Zuge* bis zum Führer bringt und sich erst schüttelt, wenn ihm diese abgenommen ist. Durch Rückwärtsgehen wird der Hund herangezogen. Sobald er Miene macht, die Ente hinzulegen, ertönt ein drohendes »apport«. Wirft er die Ente dennoch weg, um sich zu schütteln, so wiederholen wir nach einer Pause diese Übung an Zwangshalsung und langer Leine, um unverzüglich einzuwirken, sobald der Hund die Ente ablegt. Auf diese Weise und durch Lohn und Liebeln für korrektes Bringen lassen wir den Hund erfahren, daß Ablegen der Ente Unannehmlichkeit verursacht, wogegen das sofortige Bringen bis zum Führer und das Festhalten der Ente bis zum Abgeben auf »aus« stets Angenehmes im Gefolge hat.

Nur nicht stur am Ufer stehenbleiben, wenn der Hund die Ente schwimmend bringt! Je augenfälliger der Führer sich entfernt oder seinen Körper durch Gehen in die Kniebeuge verkleinert, um so rascher folgt der Hund. Er hat dann gar nicht Zeit, die Ente hinzulegen, sondern strebt damit zum Führer.

Abb. 55
Geflügelte Ente,
korrekt gefaßt und
gebracht

Sitzt der Hund, so darf das Abgeben der Ente — wie überhaupt von allem, was er bringt — nicht früher als auf »aus« erfolgen. Zwischen »sitz« und »aus« ist deshalb immer eine Pause einzuschieben. In dieser hat der Hund das Wild zu halten, auch wenn es der Führer anfaßt oder gar daran herumzupft.

Es sind dies Kleinigkeiten, deren peinliche Beachtung für die Praxis aber äußerst wichtig ist, um den Hund dressurmäßig im Schwung zu halten.

Nach diesen Übungen in stehenden Gewässern und vom flachen Ufer aus wählen wir als »Einstieg« steile Ufer, von denen aus der Hund ins Wasser springen muß. Ein Übergang, der nach der Schritt für Schritt vollzogenen Vorbereitung keine Schwierigkeiten zu bereiten pflegt. Wir springen, wenn der Hund noch zögern sollte, selbst ins Wasser und ermuntern ihn, uns nachzuspringen, oder wiederholen dort die Übung an der unendlichen Leine. Er wagt den Sprung dann bald allein. Wir müssen uns nur peinlich hüten, den Hund, anstatt ihn liebelnd zu ermuntern, vom Ufer aus mit einem Stoß ins Wasser zu befördern. Das Vertrauen zu der Hand und Nähe seines Führers würde sonst darunter leiden.

Bei entsprechender Gelegenheit können wir den Hund jetzt auch in einem fließenden Gewässer üben.

Springt der Hund auf unser Hörzeichen »voran« von einem steilen Ufer aus ins tiefe Wasser und läßt er sich danach durch Wink beim Schwimmen dirigieren, so empfiehlt es sich, nach Möglichkeit auch folgendes zu üben:

Ohne daß der abgelegte Hund es sehen kann, legen wir *an Land* des jenseitigen, anfangs *flachen* Ufers oder auf dem *flachen* Rande einer Insel eine Ente aus. Dann dirigieren wir den Hund durchs tiefe Wasser — im Anfang gegen Wind — dorthin und lassen ihn die Ente apportieren. Wobei wir darauf achten, daß er diese auf direktem Wege, also ohne jeden Umweg bringt. Da der Ausstieg flach ist, den der Hund benutzen mußte, um zur Ente zu gelangen, wird das in der Regel schon auf Anhieb klappen.

Anders, wenn der Hund, um drüben aussteigen zu können, erst klettern oder kriechen und zur Rückkehr mit der aufgenommenen Ente von dem *steilen* Ufer aus ins Wasser *springen* muß!

Sollte sich der Hund dann weigern, uns die Ente auf demselben Wege zuzutragen, indem er trotz des Zurufs »hier« am Ufer hin- und herläuft, um nach einer besseren Einstiegmöglichkeit zu fahnden, oder weil er uns auf festem Boden zu erreichen sucht, so üben wir dasselbe an der unendlichen Leine. Diese läßt ihm keine andere Wahl, als uns die Ente ohne Umweg zuzutragen. Sobald der Hund dazu des leichten Leinenzugs nicht mehr bedarf, indem er nach dem Aufnehmen der Ente von selbst und ohne Zögern dort das Wasser wieder annimmt, wo er zuvor mit einiger Mühe ausgestiegen war, exerzieren wir dasselbe wieder frei und in der Folge an verschiedenen Stellen. Wir lassen ihn dann auch mit Nackenwind zum andern Ufer oder nach der Insel schwimmen und wechseln dabei ständig mit der Schwierigkeit des Ausstiegs ab.

Bei allen solchen Exerzitien muß der Hund, sobald er sich erwünscht verhält, mit »so ist's brav« ermuntert und anschließend auch ausgiebig geliebelt werden. Dabei als Lohn den leckeren Brocken nicht vergessen!

Danach ist der Hund für alle Vorkommnisse und Gegebenheiten bei der Wasserjagd gerüstet. Andernfalls besteht Gefahr, daß er, auf sich gestellt, damit ohne weiteres nicht fertig wird, was wir im letzten Abschnitt dieses Buches noch erläutern werden.

Für die Entenjagd bedarf der Hund nach solcher Vorbereitung nur der Praxis, zumal er sich jetzt auch vom Kahn aus dirigieren läßt, was für die Jagd auf Seen oder Teichen von besonderem Vorteil ist.

Ein nicht zu großer Teich, gegebenenfalls ein größeres Wasserloch mit schilfbewachsenen Rändern sind bestgeeignet, um den Hund an einer eingesetzten Ente vorzuüben. Gewässer mit viel Teichrosengeschling vorerst vermeiden! Mittels Schere stutzen wir der Ente Arm- und Handschwingen des einen Flügels. Dann lassen wir sie über Wind des Ufers frei und drücken sie ins

Schilf, ohne daß der abgelegte Hund das sieht. Nachdem die Ente weggerudert und im Schilf verschwunden ist, bringen wir den Hund, dem vor dem Stöbern grundsätzlich die Halsung abzunehmen ist, auf das Geläuf. Sobald er diesem folgt, wird er mit »so ist's brav« ermuntert. Dann lassen wir ihn stöbern. Kommt er an die Ente, und rudert oder flattert diese vor ihm weg, so animieren wir ihn weiter. Die Passion des Hundes wird auf diese Weise mächtig angeregt. Taucht die Ente plötzlich vor ihm weg, so wird der junge, unerfahrene und daher erstaunte Hund die Stelle wiederholt umkreisen. Schließlich wird er aber unter Ausnutzung des Windes weitersuchen, um, eifrig stöbernd, wieder Anschluß an die Ente zu gewinnen. Hat er das geschafft, und flieht die Ente wieder vor ihm her aufs offene Wasser, so beenden wir die Arbeit mit dem Schuß und lassen uns die Ente apportieren.

Der Hund wird danach liebevoll ermuntert. Dann reiben wir ihn ab und geben ihm Gelegenheit, sich wieder warmzulaufen.

Dasselbe, einige Tage später wiederholt, genügt als Vorübung zur Entenjagd.

Der Hund wird jetzt auch ohne vorher eingesetzte Ente stöbern, zumal er ja gelernt hat, auf »voran« das Wasser anzunehmen und auf Wink zu schwimmen. Zur Stöberübung setzen wir den Hund stets über Wind des Ufers an, damit er sich dort nicht schon vorher mit der Nase überzeugen kann, ob es

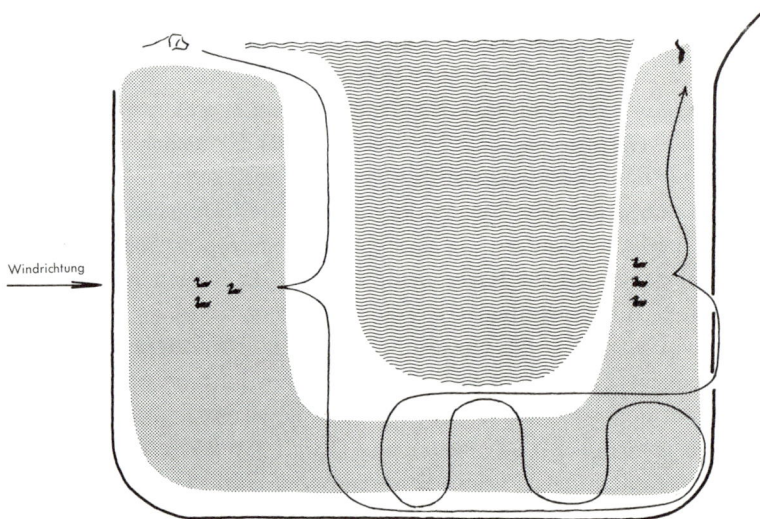

Windrichtung

Darstellung 13 Abstöbern des Schilfgürtels einer Bucht bei bester Ausnutzung des Windes (rechts oben geflügelte Ente)

für ihn im Schilf wohl überhaupt etwas zu finden gibt. Auf diese Weise sieht er sich gezwungen, von selbst das Wasser anzunehmen und unter Wind am Schilf entlangzuschwimmen.

Alles weitere, vor allem die Routine, bringt die praktische Bejagung, auch das Verlorenbringen krankgeschossener Enten außerhalb des Wassers. Das lernt der Hund sehr bald, wenn man es regelmäßig übt, man nach Beendigung der Jagd, nachdem am abgestöberten Gewässer wieder Stille eingetreten war, den Hund am Ufer frei verlorensuchen läßt. Geflügelte Enten, wenn sie wieder Ruhe haben, gehen bald an Land und laufen öfter weit vom Wasser weg. Deshalb den Hund gewähren lassen, sobald er sich mit tiefer Nase auf Geläuf landein entfernt!

Um den Hund mit aller Lust und all den Freuden richtiger Entenjagd vertraut zu machen — dazu eignet sich am besten, sobald die Jungenten beflogen sind, in einem gut besetzten Wasserwildrevier ein schöner Jagdtag im August.

12 Mannschärfe – Raubzeugschärfe Wildschärfe

Immer wieder ist festzustellen, daß Hunde irrtümlich als mannscharf gelten, die in Wirklichkeit infolge unerwünschter Wesensart nur Beißer sind. Das ist bedauerlich und kann auch züchterisch zu falschen und in ihrer Auswirkung verhängnisvollen Schlüssen führen, denn zwischen beiden, dem im Verkehr ungefährlichen, also verkehrssicheren, im Bedarfsfall aber mannscharfen Hunde und dem Beißer besteht ein himmelweiter Unterschied. Fördere die Veranlagung des Beißers, und er entwickelt sich über kurz oder lang zu einer gemeingefährlichen Bestie! Die Führung eines solchen Hundes birgt Gefahren, die der Halter vorsorglich bedenken sollte, wenn er trotz Versicherung gegen Haftpflicht sein Gewissen nicht belasten und mit dem Strafgesetzbuch nicht in peinlichen Konflikt geraten will.

Der mannscharfe Hund, wie er beim Forst- und Jagdschutz nützlich werden kann und wie er für den Dienstbetrieb der Polizei benötigt wird, soll sich im Beisein seines Führers Fremden gegenüber absolut neutral verhalten. Lediglich durch einen Angriff wird sein Wehrtrieb ausgelöst oder aber durch ein Hörzeichen des Führers. Erst dieser Reiz bewirkt, daß der Hund die Umgebung ins Auge faßt und auf jede hastige Bewegung oder irgendwie verdächtige Haltung feindlich reagiert. Eine Beruhigung des Hundes durch den Führer muß jedoch genügen, um eine solche absichtlich hervorgerufene Spannung nötigen Falles schnellstens wieder aufzuheben.

Most sagt in seinem für die Diensthunddressur grundlegenden Werk »Die Abrichtung des Hundes« (13. Auflage, Braunschweig 1956) bei Behandlung der Wehrarbeiten des Schutzhundes: »Das im Verhältnis zum erwachsenen Menschen sehr beschränkte Auffassungsvermögen des Hundes gestattet ja gerade, das Tier auf bestimmte Reizlagen einzustellen: Im Beisein des Führers sind Fremde *zunächst* keine Feinde. Das Hörzeichen ändert diese Reizlage und löst beim Hund schlagartig feindliche Einstellung zu Fremden aus. Die Folge ist nicht etwa, daß der Hund beißt, sondern, wie gesagt, Beobachtung der Körperbewegung des Fremden und Bellen ... Man kann also einen neutralen und gutmütigen Hund blitzschnell in einen feindlich eingestellten verwandeln.«

Hierzu ein Beispiel: Bei einem Aufenthalt in Lohr am Main im März 1949 führte mir Herr Erich Bulheller seinen Deutsch-Drahthaarrüden »Arndt vom Bärenhof« 18178, 7888 (»Bodo von der Hammer Mark« 17428, 7610—»Jutta II vom Geyerstein« 16998, 7641) zur Begutachtung vor, einen ansprechenden Hund, der im folgenden Monat drei I. Preise auf VJP errang, darunter Ia-Preis VJP Aschaffenburg (Note 4 in allen Fächern, spurlaut), der dann im Herbst schönster Hund der XX. HZP in Hamm war und ein Jahr später mit I. Preis und 266 Punkten aus der VGP Gießen hervorging. Auch Oberforst-meister Frieß war in Lohr sehr angetan von dem markanten Rüdentyp und dem Adel dieses schönen, ideal behaarten Hundes. »Arndts« ganze selbst-bewußte Haltung und sein klarer, energiegeladener Blick verrieten außer Temperament auch Wesensfestigkeit und Härte. Mich reizte es deshalb, bei ihm den Wehrtrieb zu entfachen. Daß der Rüde den besaß und zeigen würde, war ihm an der Nasenspitze anzusehen. So bat ich Bulheller, die Leine fest-zuhalten und am Fleck zu bleiben. Dann machte ich mit Austeilung von Gertenhieben einen Scheinangriff. »Arndt« warf sich augenblicklich in die Halsung und versuchte, mir mit Wut in fortgesetztem Ansprung an die Binde zu gelangen. Ein Aus- oder Zurückweichen gab's bei ihm nicht. Kaum aber hatte ich die Gerte weggeworfen und mich mit vorgestreckter Hand als Freund genähert, als »Arndt« auch schon beruhigt war und sich so in direktem An-schluß an das Reizen ohne weiteres von mir liebeln ließ. Diese urgesunde, zuverlässige Wesensart war dem Hunde auf die Stirn geschrieben. Ich wußte, daß er blitzschnell reagieren würde — so und so. Bei einer weniger klaren Wesensart des Hundes hätte ich den Übergang vom Feind zum Freund so unvermittelt nicht gewagt.

Dieses Wesensbild ist kennzeichnend für einen Hund, der dazu veranlagt ist, bei entsprechender Abrichtung die Leistungsforderungen zu erfüllen, die man an einen Schutzhund stellen muß. Hauptforderung ist, daß der Hund nur im Falle der Flucht des Täters oder bei Widersetzlichkeiten *im Beisein des Führers* zupackt, und zwar von selbst, also ohne ein Zeichen des Führers abzuwarten. Endet die Flucht des Täters, und hört sein Widerstand auf, so muß der Hund sofort von selbst loslassen.

Unterordnung ist für den Schutzhund *conditio sine qua non.* Wüstes, nicht durch Abrichtung gezügeltes Draufgängertum macht den Hund für den ge-dachten Zweck unmöglich. Stößt der streifende Hund auf einen Menschen, so darf er ihn bis zum Herankommen des Führers nur bellend umkreisen. Zupacken darf der Hund selbst dann nicht, wenn der Mensch versuchen sollte, ihn mit einem Stecken abzuwehren. Der Gefundene, ein Pilz- oder Beerensammler, könnte ja harmlos sein und seine Abwehr nur aus Angst erfolgen!

Der Hund hat also den gefundenen Menschen nur zu stellen, ähnlich wie der Schweißhund den kranken Hirsch. Versucht der Gestellte zu fliehen, so hält der Hund ihn freilich fest, um aber augenblicklich wieder loszulassen, wenn der Mann sich wieder stellt. Nähert der Gestellte sich dem Hunde, so umkreist ihn dieser bellend oder geht nur schrittweise zurück, um etwaigen Hieben blitzschnell auszuweichen. Diese könnten ja sehr ernst gemeint sein und dem Hunde nach dem Leben trachten. Mit anderen Worten: Zweck des Stellens ist, die Flucht des Menschen zu vereiteln, ohne diesen zu verletzen (Abb. 56).

Diese Leistungsforderung ist *sicherheitsbedingt*. Darüber muß sich unbedingt im klaren sein, wer im Forst- und Jagdschutz einen Hund als Schutzhund führt oder zu führen beabsichtigt.

Wer sich über die methodische Abrichtung des Schutzhundes belehren will, der lese das schon erwähnte vorzügliche Buch von Konrad Most, in dem jeder Satz durchdacht, jedes Wort erwogen ist und das als hundertprozentig erprobter und bewährter Leitfaden der Diensthundabrichtung auch nirgends seinesgleichen hat.

Doch zurück zur Wesensprägung des zum Schutzdienst veranlagten Hundes! Ihr Kern ist naturburschenhafte Ursprünglichkeit: wohlausgewogenes Temperament im Verein mit Gutmütigkeit und Selbstvertrauen, ohne List und Tücke, aber mit spontaner feindlicher Reaktion, sobald es gilt, sich selbst, den

Abb. 56   Stellen und Verbellen eines Verdächtigen

eigenen Führer oder dessen Eigentum zu schützen. Daß dieser Wehrtrieb augenblicklich wieder abklingt, wenn die Reizlage ins Gegenteil verändert ist, erscheint mir typisch für den wesensfesten, selbstbewußten Hund.

Demgegenüber ist das Wesen des Beißers ein häufig auf Angst beruhendes Mißtrauen. So ein Hund traut keiner Weiberschürze! Ob solcher seelischen Verfassung ist er ein bedauernswerter Wesenskrüppel und als solcher überhaupt sehr unberechenbar, weshalb man ihn auch nie zur Zucht verwenden sollte. Daß solche Hunde trotzdem Schutzhundprüfungen bestehen konnten, ist bekannt. Einen solchen »Schutzhund« lernte ich bei einer Hundemusterung der Wehrmacht kennen. Obwohl er laut Attest drei Schutzhundprüfungen bestanden hatte, war dieser Schäferhund so wesensschwach, daß nach der ersten Platzpatronensalve aller Schneid bei ihm verflogen war. Als zusammengesunkener Unglückshaufen und mit dem Ausdruck der Verzweiflung schnappte er beim Reizen nur noch nach der Gerte und bot dabei ein Bild des Jammers!

Solche Prüfungshelden haben sich im Ernstfall oft genug als unbrauchbare Ängstlinge erwiesen. Die auf Mißtrauen und feindlicher Einstellung beruhende Beißsucht eines solchen Ängstlings darf daher mit Schärfe nicht verwechselt werden, wie es leider immer noch aus irrtümlicher Auffassung geschieht. Läßt man den Hund erfahren, daß ihm beim Kampf mit dem gewohnten Schutzanzügler nie Ernstliches passiert, ja daß er schließlich immer Sieger wird, so sind dabei leicht Scheinleistungen zu erzielen.

Bei der Gelegenheit zu einem Schlagwort, das schon viel Verwirrung angerichtet hat! »Drei Dinge gibt es, gegen die der menschliche Geist vergebens ankämpft: die Dummheit, die Bürokratie und das Schlagwort.« (SEECKT, »Gedanken eines Soldaten.«) Auch »stock- und hiebfest« ist ein solches Schlagwort.

Wut pflegt bekanntlich Schmerzempfindlichkeit sehr stark herabzusetzen. Wird nun beim Reizen jeder Gertenhieb so abgemessen, daß die Schmerzerregung gerade ausreicht, um den Hund in höchste Wut und Wehrlust zu versetzen, so lassen sich auch Ängstlinge (alias Beißer) einigermaßen stockhart machen. Im Ernstfall aber wird mit einem wuchtigen Knüppel zugeschlagen, und zwar aus der Schulter heraus mit voller Kraft! Demgegenüber verliert die oft so prahlerisch betonte Stock- und Hiebfestigkeit eines Hundes jeden Sinn. Soll sich der Hund etwa erschlagen lassen?! Da ist es doch entschieden vorteilhafter, wenn der wirklich scharfe Hund gelernt hat, stellend dranzubleiben und allen Hieben blitzschnell auszuweichen — so wie der Schweißhund, wenn ihn der gestellte Hirsch zu forkeln sucht.

Und nun zurück zur Beißlust mißtrauischer Hunde! Hier gilt es, bei Beurtei-

lung der Wesensart zu unterscheiden, ob das Mißtrauen dem Hunde angewölft ist oder ob er diese üble Eigenschaft dadurch erworben hat, daß er
falsch behandelt wurde. Über Hunde, die geborene Beißer, also unerwünscht
veranlagt sind, ist kein Wort mehr zu verlieren. Anders, wenn ein Hund
zum Beißer wurde, der es ursprünglich als ausgereiftes Tier nicht war!
Ein Beispiel möge hier erläutern, was ich meine.
Ich kannte einen Hund, der einst lebhaft von sich reden machte. Ich hatte
ihn als Jährling eingehend geprüft, weshalb ich wußte, daß der schöne Draht-
haarrüde bestveranlagt, auch wesensfest und mannscharf, aber umgänglich
und absolut kein Beißer war.
Im Sommer nach der Jugendprüfung kam der Hund in andere Hände. Er
wurde auf den Mann dressiert und bestand die Schutzhundprüfung I mit
»sehr gut«. Was dann der Anlaß war, daß dieser einst so umgängliche Hund
zu einer Bestie wurde, die mit Argusaugen fast in jedem Menschen einen
Feind erblickte, weiß ich nicht. Der Verdacht liegt aber nahe, daß der Rüde
bei Forcierung seines Wehrtriebs falsch behandelt wurde und deshalb seelisch
in ein Gleis geriet, das auch die jagdliche Verwendbarkeit des Hundes stark
in Frage stellte. Eine Änderung seiner seelischen Verfassung trat erst nach
erneutem Führerwechsel ein. Er kam in eine sehr erfahrene und geschickte
Hand, der es mit viel Geduld gelang, den Rüden wieder umgänglich zu
machen. Was in der Folge jagdlich aus dem Hunde wurde, zeigt, daß er imstande war, in einem Herbst drei hohe 1. Preise auf Gebrauchsprüfungen zu
erringen.
Drei in Mutterlinien-Engstzucht gezogene Söhne dieses Rüden kannte ich.
Zwei von ihnen schnitten auch auf Zucht- und Gebrauchsprüfungen mit
1. Preisen ab. Die Engstzucht hat bei ihnen keine Mängel aufgedeckt — im
Gegenteil, denn auch die Wesensfestigkeit und Zuverlässigkeit der Hunde
war bemerkenswert.
Grundsätzlich ist auch hier zu prüfen, ob ein Hund verdorben wurde oder
ob er schlecht veranlagt ist. Erworbenes vererbt sich nicht. Auch sind Fehler,
die erworben wurden, durch zweckdienliche Gegenwirkung wieder abzustellen.
Betont sei im Zusammenhang damit, daß die Abrichtung zum Schutzhund
größte Sachkenntnis erfordert. Auch die Führung eines Hundes, der als
Schutzhund abgerichtet ist, kann nur Sache eines zuverlässigen und ver-
antwortungsbewußten Mannes sein, der geübter Hundeführer ist und weiß,
was er vom Hunde zu verlangen hat, und daß der Hund im täglichen Verkehr für andere nie lästig oder gar gefährlich werden darf.
Schutzhundführung ist gleichbedeutend mit der Führung einer Waffe, und

die allgemeine Sicherheit erfordert, daß, wer eine solche Waffe führt, auch mit ihr umzugehen weiß.

Naheliegend ist die Frage: Sind wesensfeste Hunde mit viel Wehrtrieb, die also *keine Beißer*, aber im Bedarfsfall mannscharf einzustellen sind, in Verbindung damit auch so raubzeugscharf, daß sie zuverlässig würgen?

Drei Hunde, die ich selbst besaß und die alle, ohne bösartig zu sein, verläßlich mannscharf waren, würgten unbedingt und haben das auch öffentlich bewiesen. Es waren dies die Deutsch-Kurzhaarhündin »Hirschmanns Senta II vom Schwichtensee« *1144* sowie die deutsch-langhaarigen »Totus«-Söhne »Buschmann vom Rüdenhay« *2156* und »Hasso vom Müritzstrand« *3347*. Die Langhaarrüden packten auch bei Sauen zu und stellten krankgeschossenes Rotwild äußerst scharf. Krankes Damkahlwild und angeschweißte Rotwildkälber zogen beide an der Drossel nieder. Die Kurzhaarhündin, von der ich mich im ersten Weltkrieg nolens volens trennen mußte, hatte vorher dazu nie Gelegenheit gehabt. Eine Ricke, der ein Vorderlauf zerschossen war, hetzte sie zu Anfang ihres ersten Feldes. Sie zog die Ricke an der Drossel nieder und würgte sie im Handumdrehen ab.

Auch alle anderen Hunde, von deren zuverlässiger Wesensart und Mannschärfe ich mich persönlich überzeugen konnte, waren Würger. Wieder andere, die in den Augen ihrer Herren zwar als mannscharf galten, aber dann, bei Licht besehen, doch nur Beißer waren, würgten nur zu einem sehr geringen Teil.

Anscheinend hat ein Hund, der ohne Wesensmängel lediglich aus angewölftem Wehrtrieb mannscharf ist, auch alle Anlagen zum Würger. Ein solcher Hund ist hart, daher auch hart im Nehmen. Prankenhiebe oder Bisse schüchtern ihn nicht nur nicht ein, sondern steigern seine Wut, und diese macht den Hund so unempfindlich und so rabiat, daß er in seinem Drange, drauf- und dranzugehen, würgt.

Um die Frage möglichst eingehend zu klären, wandte ich mich an mir gut bekannte, diesbezüglich sehr erfahrene Rüdemänner.

Revierförster Karl AHLGRIMM, Hittbergen, und der inzwischen — am 1. Juni 1959 — verstorbene Revierförster KÖHN, Lensahn, beide als Abrichter von Jagdgebrauchshunden rühmlichst bekannt, waren im letzten Kriege auch als Ausbilder bei Diensthundstaffeln der Wehrmacht tätig. Schon deshalb wissen sie genau, was man nach fest umschriebenen Begriffen unter Wehrtrieb, Wesensfestigkeit und Verkehrssicherheit versteht.

Ahlgrimm schreibt sehr richtig, daß leider nur wenige Jagdhundleute imstande sind, Wesensfestigkeit zu beurteilen. Unter den vielen Hunden, die durch seine Hände gingen, kann er die wirklich mannscharfen, wesensfesten

Tiere an den Fingern einer Hand aufzählen, »aber bei denen war auch beides, Mann- und Raubzeugschärfe, fest gekoppelt. Will man — nach allgemeinen Begriffen — auch Angstbeißer als mannscharf bezeichnen, so habe ich es allerdings erlebt, daß auch Hunde darunter waren, die nicht würgten.«

Köhn teilte mir u. a. mit: »Ich habe nur Jagdhunde gehalten und abgeführt, die Mannschärfe besaßen. Meine langjährigen Erfahrungen haben gezeigt, daß mannscharfe Hunde immer zuverlässige Würger sind. Als mannscharf bezeichne ich einen Hund, der auch absolut wesensfest ist. Besitzt er diese Eigenschaft, so ist er in der Regel auch verkehrssicher ... Hunde mit einwandfreiem Wehrtrieb haben größtenteils einen anständigen Charakter, wobei jedoch zu sagen ist, daß solche Hunde nur von Jägern geführt werden können, die selbst keine Hampelmänner sind und auch im eigenen Leben wissen, was sie wollen.«

Revierförster OSKAR SAHRE, ein hochtalentierter Abrichter und einer unserer erfolgreichsten Suchenführer, ließ auf meine Umfrage hin seine früheren Hunde im Gedächtnis Revue passieren. Er neigt »zu der Ansicht, daß fast alle mannscharfen Hunde auch zuverlässige Würger sind. Es kommt jedoch vor, daß auch solche Hunde am Raubwild einmal Zeit und Hilfe brauchen. Das ist aber sehr selten. Vielleicht hängt das mit der verschieden stark ausgeprägten Erbanlage zur Mannschärfe zusammen.«

Revierförster HANS REIGBER, früher Greulich in der Bunzlauer Heide, jetzt Baden-Baden, ein tüchtiger Jäger und erfahrener Gebrauchshundmann, der in seinem schönen Greulicher Revier stets ausgesuchte Hunde führte und von ihnen viel verlangte, schreibt: »In meiner Praxis hatte ich drei Rüden und zwei Hündinnen, die mannscharf und dabei auch rücksichtslose Würger waren.«

Längst nicht alle wesensfesten Hunde kann man mannscharf machen, auch wenn man sich die größte Mühe gibt. Fehlt der nötige Wehrtrieb, so nutzt auch alles Reizen nicht. Trotzdem können solche Hunde nicht nur zuverlässige, sondern sogar rücksichtslose Würger sein. Georg *Bohlkens* einst bekannter »Rino-Schackendorf« *101* war so ein wüster Würger, bei dem es nie ein Stellen gab. Ganz gleich, ob Altfuchs oder starker Kater — der rabiate Rüde griff nur einmal zu und ließ erst wieder los, wenn er vor seinem Führer saß, um die ihm zugetragene Beute abzugeben. Wehrtrieb aber hatte »Rino«, wie mir Bohlken selber sagte, nicht die Spur.

Dieses Beispiel ließe sich um ungezählte weitere vermehren. Es wäre deshalb ganz verfehlt, wollte man von Raubzeugschärfe auch auf Wehrtrieb gegenüber Menschen schließen. Wohl aber scheint der umgekehrte Schluß doch einige Berechtigung zu haben: vom Wehrtrieb nämlich auf vorhandene

Raubzeugschärfe. Vorausgesetzt natürlich, es handelt sich um einen wirklich wesensfesten, also nervlich absolut intakten Hund, der seinem ganzen Naturell nach weder mißtrauisch noch Beißer, sondern — um es hier einmal vermenschlichend zu sagen — ein Ritter ohne Furcht und Tadel ist.

Ähnlich verhalten sich beim Hunde Wild- und Raubzeugschärfe zueinander. Ein wildscharfer Hund braucht also durchaus nicht ausgesprochen raubzeugscharf zu sein. Aber umgekehrt sind raubzeugscharfe Hunde in der Regel auch zuverlässig wildscharf, wenn man darunter als Norm das Niederziehen von krankem Rehwild versteht. Mit Sicherheit verbürgt ist mir bis heute nur ein einziger Fall, in dem ein Hund, der auf der VGP den Fuchs gut würgte, ein angeschweißtes Reh nicht niederzog. Mein Gewährsmann war P. van Gülpen. Wir waren beide Prüfungsrichter dieses Hundes, den van Gülpen dann auch in der Praxis kennenlernte.

Das Verhalten auch raubzeugscharfer Hunde an Rot- und Schwarzwild kann sehr unterschiedlich sein. Manche müssen diese Wildarten erst richtig kennenlernen, bevor man sich darauf verlassen kann, daß sie kranke Stücke ausdauernd und schneidig stellen. Ich kannte einen Hund, der angeschweißte Rotwildkälber ohne weiteres an der Drossel niederzog und auch geringe Sauen packte, sich am Hirsch zum Stellen aber erst entschließen konnte, nachdem er durch das Beispiel eines anderen dazu angeeifert war.

Wie sich richtige, wesensechte Mann- auf Raubzeugschärfe auszuwirken scheint, so dürfte Raubzeugschärfe in der Regel auch mit Wildschärfe verbunden sein, *nicht umgekehrt!* Füglich darf ein wesensfester Hund mit starkem Wehrtrieb überhaupt als scharf betrachtet werden.

Hunde, die statt regelrechtem Wehr- nur *Schutz*trieb haben, wie ich diese Aufwallung bei scheinbarer und wirklicher Gefahr bezeichnen möchte, »verteidigen sich selbst in ihrem Herrn, wie sie sich auch abgelegt verteidigen und damit gleichzeitig die Habe ihres Herrn«. Oberforstmeister FRIESS hat das so kurz wie treffend ausgedrückt.

Bei meiner braunen Kurzhaarhündin »Senta vom Schwichtensee« 560 M, mit der ich in den letzten Jahren vor dem ersten Weltkrieg meinen ersten Suchenlorbeer pflückte, war dieser Trieb sehr ausgeprägt. Bei Gewehr und Rucksack abgelegt, ließ sie niemand in die Nähe dieser Sachen. Selbst meinen Vater, den sie kannte und auch liebte, suchte sie zu packen, wenn wir scherzhaft miteinander rangen. Auf einen anderen hetzen ließ sich »Senta« aber nicht, obwohl sie manche Menschen überhaupt nicht leiden mochte, was übrigens auch stets begründet war. Gebissen hat sie aber niemand. Halt, daß ich nicht lüge: einmal tat sie's doch! Und das kam so: Als »Senta« im dritten Felde stand, gab ich sie an meinen Freund und Gönner Georg Woltmann ab, der sich danach von seinem aus England importierten Pointer trennte und durch »Senta« Mitglied des »Klub Kurzhaar« wurde. Ihm gehörte später bis zu seinem allzu frühen Tode auch »Mars-Altenau«.

Bei seinen Fahrten in die Lausitz, wo Woltmann ein sehr gutes Niederwild-revier gepachtet hatte, pflegte er in Luckau im Hotel von Natusch abzusteigen. Als er dort nach einer Hühnerjagd das hübsche »Kammerkätzchen«, das ihm frisches Wasser brachte, zärtlich in die Arme schloß — honi soit qui mal y pense! —, glaubte »Senta« wohl an einen Kampf. Urplötzlich sprang sie zu und riß der Maid den Rock vom Leibe... Schreck und Schaden wurden reichlich repariert. Der Fall sprach sich herum. Als Woltmanns Freund St. davon erfuhr, bemerkte dieser mit verschmitztem Lächeln: »Was gäbe meine Frau darum, wenn sie mir diese Hündin schenken könnte!«

Woltmann verstarb nach einer Jagd an Herzschlag, und zwar im Eisenbahn-abteil auf der Rückfahrt nach Berlin. Er hatte außer »Senta« einen braunen Wachtelrüden bei sich. Beide Hunde ließen niemand an die Leiche, auch Woltmanns Jagdfreund nicht, bis nach dem Eintreffen des Zuges in Berlin der ihnen wohlvertraute Diener kam.

»Senta« war zwar scharf auf alles Raubzeug, aber unbedingt verläßlich war ihr Würgen nicht — im Gegensatz zu ihrer schon genannten Tochter »Senta II«, die dabei nie zu fackeln pflegte. Diese hatte, wie erwähnt, auch Wehrtrieb. Einen Mann, der für das Pfingstfest Maien stehlen wollte und, überrascht, vor uns die Flucht ergriff, holte sie nach kurzer Hetze ein und stellte ihn energisch. Dergleichen hatte ich noch nie mit ihr geübt. Ich war erstaunt. Ihre Mutter hätte sich auf einen Fliehenden nicht hetzen lassen.

Selbst Hunde, die den Schutztrieb nicht annähernd so ausgeprägt besitzen, wie ihn die ältere »Senta« offenbarte, ja auch in Haus und Zwinger nicht besonders wachsam sind, knurren häufig, wenn uns im Wald ein anderer begegnet, zumal bei Dunkelheit und meist auch dann, wenn die betreffende Person auch uns verdächtig oder nicht sympathisch ist. Der feinstens auf uns eingestellte Hund scheint gleichsam unsere Gedanken zu erraten. Das tut er freilich nicht. Instinktsicher verknüpfend, dürfte er die plötzlich aufgekom-mene Gemütserregung seines Führers an untrüglichen Bewegungen erkennen. Und diese sind momentbedingt, daher so unwillkürlich, daß sie jenem selber gar nicht zum Bewußtsein kommen.

Erneut sei hier die Mahnung ausgesprochen, bei Beurteilung der Mannschärfe doch ja recht vorsichtig zu sein. Die bestandene Schutzhundprüfung kann zunächst nur Anlaß sein, die wahre Wesensart des Hundes sorgsam zu er-kunden. Erst wenn die sachverständige Nachprüfung die absolute Wesens-festigkeit des Hundes einwandfrei ergeben hat und feststeht, daß der Hund

Abb. 57   *Bei schneidigem Stellen*

kein Beißer, sondern im Verkehr ganz ungefährlich ist, erst dann verdient er nähere Beachtung. Vorher nicht! Der Züchter hüte sich vor der Benutzung eines Beißers! Wir brauchen wesensfeste Hunde. Die Hände weg von Wesenskrüppeln jeder Art, wenn man die Zucht vor Krebsschäden und schweren Rückschlägen bewahren will!

Was im besonderen die Raubzeugschärfe anbelangt, so kann man diese fördern wie auch unterdrücken. Sie einem Hunde beizubringen aber, ist unmöglich, sofern er die Veranlagung dazu nicht hat. Zeigen kann sich diese zwar schon früh, doch wäre es verfehlt, sie schon in einem Alter zu erproben, in dem der Hund der nötigen Reife noch entbehrt. Ja, es empfiehlt sich dringend, davon abzusehen, solange er die erste Hälfte seines zweiten Lebensjahres noch nicht überschritten hat. Den Hund dann gleich auf starkes Raubzeug loszulassen, wäre aber sehr gewagt. Erhält er dabei eine schwere Abfuhr, was bei seiner Unerfahrenheit sehr leicht geschehen kann, so vermag das seinen Schneid für lange Zeit zu dämpfen. Je schwächer anfänglich das Raubzeug oder Raubwild ist, an dem er seine Kraft erproben darf (Ratte, Hamster, Wiesel, Iltis, ausgelaufener Jungfuchs usw.), um so vorteilhafter wirkt sich das auf die Entwicklung seiner Schärfe aus. Nicht jeder Hund ist ein geborener wüster Würger, der schon als Jährling einen angeflickten Altfuchs oder einen alten, im Revier beim Wildern überraschten Kater ohne weiteres nimmt und abtut. Die weitaus meisten müssen für den Kampf mit stärkerem Raubzeug auf besagte Weise erst einmal Vertrauen zu sich selbst gewinnen und gleichzeitig die nötige Sicherheit im Griff.

Wenn auch das *Beispiel* eines älteren scharfen Hundes einen jüngeren dazu bewegen kann, ihm nachzueifern oder es ihm gleichzutun — helfen darf der andere dem Jüngling nie! Andernfalls verläßt sich dieser überraschend schnell darauf, was nicht zur Festigung seines Selbstvertrauens beiträgt.

Wie schon erwähnt, darf aus vorhandener Raubzeug- auch auf Wildschärfe geschlossen werden. Näheres über diese siehe Seite 112 ff. (»Die Arbeit nach dem Schuß«).

Abb. 58   Mit gutem Griff

13 | Anschneider und Totengräber

Anschneiden und Totengräberei gelten mit Recht als übelste Eigenschaften verdorbener oder erblich belasteter Hunde. Offenkundige Anschneider und Totengräber sind jagdlich völlig unbrauchbar. Was nützt schon ein Hund, der gefundenes Wild, anstatt es zu bringen, anschneidet oder vergräbt!

Die Frage, ob ein solcher Fall hoffnungslos ist oder das Übel durch entsprechende Maßnahmen behoben werden kann, vermag nur zu entscheiden, wer die wahren *Ursachen* kennt, die einer derart abträglichen Eigenheit zugrunde liegen. Diese können — ihrer Natur nach grundverschieden — auf einem ererbten oder erworbenen Wesenszug beruhen, auf besondere Umstände, auf falsche Behandlung oder unzweckmäßige Fütterung zurückzuführen sein. Darüber gilt es in jedem Falle Klarheit zu gewinnen. Nur so kann es gegebenenfalls gelingen, das Übel mit der Wurzel auszurotten. Andernfalls sind alle Mühen um Behebung nur Heilversuche am Symptom und daher nutzlos.

Betrachten wir zunächst den *Anschneider!*

Ich behaupte, ein *gesunder* Hund, der *richtig erzogen* ist und *naturgemäß gefüttert* wird, schneidet nicht an — es sei denn, er wird durch besondere, natürlich bedingte Umstände dazu veranlaßt, durch Reize oder Einflüsse, die im Moment stärker sind als alle auf Erziehung und Abrichtung beruhenden Hemmungen.

Der Wildhund ist im Gegensatz zum Haushund Selbstversorger. Infolgedessen frißt er, was ihm vor den Fang kommt, selbst. Anders, wenn er in der Meute jagt; dann muß er warten, bis der Kopfhund sich als erster an der Beute gütlich tat und, sattgefressen, das übrige den anderen Mitgliedern der Meute überläßt. Nur die ihr Geheck betreuende säugende Hündin »apportiert«, indem sie diesem Beute zuträgt. Beim Fuchs besorgt das notfalls auch ein Rüde.

Sogar ein sauberst durchdressierter Vorstehhund kann zum »Selbstversorger« werden, wenn er durch unglückliche Umstände dazu gezwungen wird. Mit dem Hunger meldet sich in ihm das Erbe seiner wilden Ahnen. Dann raubt er, was ihm vor den Fang gerät, um sich am Leben zu erhalten.

Hierfür ein Beispiel: Einer Stichelhaarhündin, die verkauft und mit der Bahn versand worden war, gelang es auf der Endstation, sich aus ihrer Kiste zu befreien. Sie verschwand im nächstgelegenen Walde, suchte in der Folge keine Ortschaft auf und war so scheu und heimlich, daß man sie ganz selten sah, nur hin und wieder spürte. Nach 14 Tagen fing sie sich in einem Tellereisen, dessen Bügel vorsorglich mit Stoff umwickelt waren, und zwar an einem Reh, das sie selbst gerissen und zur Hälfte schon gefressen hatte. Die Hündin hatte in der ganzen Zeit auf eigene Faust gejagt und war danach nicht im geringsten außer Kondition — im Gegenteil, ihr Futterzustand konnte gar nicht besser sein!

Wer nun glaubte, daß die Hündin so auf den Geschmack gekommen und zum Anschneider geworden sei, hatte sich durchaus getäuscht. Ihr Jagen »für die eigene Küche« war ja nur ein Notbehelf gewesen. Nach Gewöhnung an den neuen Führer erwies sie als Gebrauchshund ihre alten Qualitäten. Sie war der Schatten ihres Herrn und dachte gar nicht mehr daran, zu wildern oder anzuschneiden.

Als Raubtier ist der Hund vornehmlich Fleischfresser, der seine Nahrung — je nach Konsistenz — schlappt oder schlingt. So vermochte er sich trotz weitgehender Domestikation und sonstiger Anpassungsfähigkeit in seinem Verdauungstraktus und Stoffwechsel dem seine Nahrung kauenden und schluckenden Omnivoren Mensch nicht anzugleichen. Was bei der Fütterung zum Nachteil seiner Gesundheit leider häufig nicht beachtet wird.

Am zuträglichsten ist dem Hunde rohes, in kleinen Stücken verabreichtes Frisch- oder Trockenfleisch, vor allem Rindermagen oder Wildpansen, die vor Verfütterung nur oberflächlicher Reinigung bedürfen. Blättermagen, aufgeschärft und ausgeschüttelt, ist für ihn ein Hochgenuß. Der zwischen den Zotten haftende »Spinat« dürfte seinem Vitaminbedarf ebenso dienlich sein wie kleingeschabte Möhren. Er soll auch ein gegen Staupe schützendes Ferment erhalten. All dies braucht der Hund zu seinem körperlichen Wohlbefinden, daneben Knorpel und weiche Kalbsknochen, von denen die Hals- und Schwanzwirbel am bekömmlichsten sind. Haferflocken oder Hafer- und Gerstenschrot, aufgebrüht und mit einem Zusatz von Talg oder Grieben, sind demgegenüber nur als Beifutter zu bewerten. Lediglich als solches sind sie tragbar. Ihr Proteingehalt ist für den Hund zu niedrig. Er muß durch konzentriertes Eiweiß ausgeglichen werden, und das ist Fleisch.

Findet dieser Ausgleich nicht statt, oder wird der Hund dauernd in vermenschlichender Weise naturwidrig ernährt — womöglich mit übergar gekochtem und so im Nährwert auf die Hälfte herabgesetztem Futter —, so darf man sich nicht wundern, wenn er versucht und bemüht ist, diesen Ausgleich bei passender Gelegenheit durch Anschneiden selbst herzustellen.

Zur Befriedigung seines Ammoniakbedarfs frißt der Hund mit Vorliebe auch Aas. Überhaupt scheint *Haut gout* seiner Zunge mehr zu behagen als der Geschmack von Frischfleisch. Weshalb es sich empfiehlt, ihn in der warmen Jahreszeit hin und wieder auch mit Fleisch zu füttern, das schon angegangen ist.

Nichts verleitet den Hund mehr zum Anschneiden als ein Stück Wild, dessen Wildbret bereits anbrüchig ist. Gar mancher Hund, der sonst nie angeschnitten hat, wurde bei der Gebrauchsprüfung dazu verleitet, wenn der am Ende der künstlichen Rotfährte liegende Bock seiner Nase den verlockenden *Haut gout* verriet. Je weniger naturgemäß ein Hund ernährt wird, um so mehr ist er versucht, solchen Reizen nachzugeben.

Das Triebleben einer Hündin, die Mutterpflichten zu erfüllen hat, ist beherrscht von der Sorge um ihre Jungen. Fressen diese schon, so neigt sie zum Anschneiden — nicht aus Eigennutz, sondern im Bestreben, ihre Jungen mit Fraß zu versorgen. Sie schlägt dabei so viel in sich hinein, wie ihr Magen zu fassen vermag, um diesen dann im Nest der Welpen wieder zu entleeren. Der Rest des angeschnittenen Wildes wird, wenn möglich, vorsorglich verscharrt. Erstaunlich ist bei alledem die Schnelligkeit der Handlung.

Je ausgeprägter die mütterlichen Instinkte einer Hündin sind, um so größer ist ihre Gier, den Welpen auf jede nur mögliche Weise zu Fraß zu verhelfen. Sie trägt den Jungen Freßbares zu oder würgt ihnen aus, was sie selbst schon vorverdaut hat. Diese Verhaltensweise ist arterhaltend, der Trieb dazu so zwingend, daß er alle Regungen, die ihm durch Abrichtung entgegenstehen, unterdrückt. Wozu da eine Hündin in Versuchung führen, anzuschneiden, solange ihre Sorge noch dem Wurf gehört?! Erst wenn die Welpen abgesetzt sind und die Hündin sich von den Strapazen ihrer Mutterschaft erholt hat, soll man wieder mit ihr jagen.

Eine Drahthaarhündin, die auf einer Brauchbarkeitsprüfung geführt wurde, hatte daheim einen vier Wochen alten Wurf. Sie hielt die Hasenschleppe flott und sicher, nahm den Hasen auf und verschwand mit ihm in einer ausgedehnten Hecke. Der Führer pfiff und rief in allen Tönen; es nutzte nichts. Nach wenigen Minuten kam die Hündin wieder — ohne Hasen. Als sie in der Folge nicht mehr zu bewegen war, zur Suche nach dem Hasen in die Hecke einzudringen, konnten wir uns denken, was geschehen war. Ein anderer, danach zur Verlorensuche angesetzter Hund fand nur noch die vordere Hälfte des vermißten Hasen, die vergraben war, und brachte sie; die hintere hatte sich die Hündin einverleibt. Als ihr Besitzer darob lebhaft lamentierte und das Todesurteil über »dieses Mistvieh« schon verkündet hatte, fiel ich ihm ins Wort und belehrte ihn, daß und warum er das Erlebte selbst verschuldet hatte. Das schien er einzusehen. Er hob das Todesurteil wieder auf, und seine Stimmung wurde merklich milder. Ich prophezeite ihm dann noch, daß er die gefressene Hälfte seines Hasen im Nest von »Donnas« Welpen bald nach Heimkehr wiedersehen würde. Und das geschah dann auch.

Auch der instinktive Drang zur Beseitigung einer Magenverstimmung oder sonstigen Unpäßlichkeit kann den Hund zum Anschneiden bewegen. Ebenso Beuteneid; dieser meist infolge falschen Verhaltens des Führers.

Hierfür ein eklatantes Beispiel: Es war vor dem ersten Weltkrieg auf einer VGP des Vereins für Prüfung von Gebrauchshunden zur Jagd, Berlin, in Blumberg. Ein später auch als Zuchthund sehr bekannt gewordener Deutsch-Kurzhaarrüde in der Hand eines der besten ostpreußischen Gebrauchshundführer stand kurz vor Schluß der Prüfung in allen Fächern hoch im 1. Preis. Und dieser war damals mit der ansehnlichen Summe von 300 Goldmark dotiert! Außerdem hatte der Führer Anwartschaft auf einen Sonderpreis, dessen Höhe nicht weniger als 500 Mark betrug. Und diese Summen, von deren Kaufkraft man sich heute kaum noch eine Vorstellung macht, wähnte der hochgewachsene königlich-preußische Hegemeister ob der Leistungen des von ihm geführten Hundes schon in seiner Tasche. Vergnüglich mag er sich den wallenden Wodansbart gestrichen haben. Es war wohl auch niemand, der dem sympathischen Manne diesen Erfolg mißgönnt hätte, im Gegenteil: man freute sich herzlich mit ihm. Nur eine Arbeit stand noch aus: die »lumpige« Kaninchenschleppe. Was sollte da wohl noch passieren! Man war sich sicher, allzu sicher. Leider!

Auf einem Waldweg stand die stattliche Korona, dabei die zwei- und vierbeinige Konkurrenz und unmittelbar davor — in angeregter Unterhaltung mit den Richtern — der Führer des von der Schleppe zurückerwarteten Hundes, der schon als Held der Prüfung galt. »Da kommt er schon mit dem Karnickel!« tönte eine Stimme. »Richtig!« Der Führer blickte nur mal hin und unterhielt sich weiter. Es war ja für ihn selbstverständlich, daß der Hund die Schleppe halten und das an ihrem Ende liegende Kaninchen vorschriftsmäßig bringen würde. Er brachte es auch im Galopp. Aber plötzlich stutzte er! Die vielen Menschen und dabei die anderen Hunde waren ihm verdächtig. Seinem Führer hätte er — wie immer — das Kaninchen sicher gern gebracht, aber nicht dorthin. Der Beuteneid erwachte, und ehe es der Führer sich versah, geschah, was nie hätte passieren dürfen: Der sonst so zuverlässige Hund legte das Kaninchen hin, um die Vorderläufe draufzustellen und es angesichts der staunenden Korona und seines peinlich überraschten Herrn und Meisters derart entschlossen anzuschneiden, daß er es in kurzer Zeit mit Haut und Haar gefressen hätte, wenn er nicht daran gehindert worden wäre.

Und weg war erster Preis und alles
infolge des fatalen Falles!

Und die Moral: Dieser bitterböse Lapsus war verschuldet; er wäre nie passiert, hätte sich der Führer schon beim Anlegen des Hundes von Richtern und Korona distanziert oder sie gebeten, möglichst weit entfernt zu bleiben. Dann wäre er dem Hund bei seiner Rückkehr sofort aufgefallen. Ein kurzer Anruf, leichtes Verkleinern des Körpers (das dem Hunde ein Weggehen des Führers vortäuscht) und mit der Ermunterung »so ist's brav« die anziehende Armbewegung — all das hätte den Hund bewogen, seinen Fund dem Führer flott und freudig zuzutragen.

Auch Verlegenheit kann einen Hund zum Anschneiden bewegen. Ich denke da an einen Hund von Christian Bode. Bei einem Solms des Stammklubs Kurzhaar im Havelländischen Luch sollte dieser Altenauer im Anschluß an das Stöbern die Ente aus tiefem Wasser bringen. Diese aber war beim Wurf, anstatt ins Wasser, auf eine kleine schwimmende Schilfinsel gefallen. Der Hund schwamm hin. Mühsam kroch er aus dem tiefen Wasser auf die Insel, die dabei dauernd nachgab. Zum Bringen fand er angesichts der Lage nicht den Absprung. Liegenlassen wollte er die Ente aber nicht, und da er auf besagtem Eiland sonst nichts Rechtes mit ihr anzufangen wußte, entschloß er sich dazu, sie aufzufressen, und zwar mit Stumpf und Stiel. Dabei hat dieser Hund sonst nie, auch später niemals wieder angeschnitten.

Das Apportieren einer Ente, die der Hund *an Land* aufnehmen soll, um dann mit ihr im Fang von einem *steilen* Ufer aus das *tiefe* Wasser wieder anzunehmen und zurückzuschwimmen, bedarf besonderer, wenn auch meist nur kurzer Übung. Der Hund muß so etwas erst kennenlernen. Andernfalls kann er in solcher Lage in verzweifelte Verlegenheit geraten, wie der besagte Altenauer. Er weiß dann einfach nicht, was tun, besonders wenn es sich bei solchem Land wie hier um eine winzige schwimmende Insel handelt. Anders, wenn ein längeres Ufer es dem Hund ermöglicht, einige Male hin und her zu traben, wobei er sich die Stelle für den Absprung selber suchen kann. Gegebenheiten dieser Art erleichtern ihm die innere Entscheidung.

Die geschilderten Fälle mögen genügen, um darzutun, welche Umstände selbst einen gut dressierten Hund auch dann zum Anschneiden bewegen können, wenn er sonst dazu nicht neigt. Er handelt dabei unter einem momentanen Zwang, nicht etwa aus »Pflichtvergessenheit« oder ähnlichen Motiven, die man ihm in törichter Vermenschlichung so gerne unterstellt. Dieser innere Zwang, naturgesetzlich und durch äußere Umstände bedingt, kann augenblicklich mächtiger sein als jede Abrichtung und der durch sie verstärkte Trieb zur Unterordnung.

Das gilt es bei der Fütterung und Führung unserer Hunde zu bedenken, um sie vor Lagen und Konflikten zu bewahren, auf die sie unter Umständen in angewölfter, nicht in angelernter Weise reagieren. Wer kann es einem Hund verdenken, daß er bei sonstiger Ausweglosigkeit der »Stimme« seiner wilden Ahnen folgt! Vermenschlichung seiner Psyche zwingt ihn leider oft zu solcher Zuflucht oder zu Verhaltensweisen, die uns unerwünscht sind oder Nachteil bringen.

»Dem Hunde, wenn er wohlerzogen, ist auch ein weiser Mann gewogen.« Schon in der Meute geht's nicht ohne Disziplin. Tonangebend ist der Kopfhund. Wehe dem Genossen, der vom Raub zu fressen wagt, bevor er das gestattet!

Wir füttern unsere Hunde selbst. Sie dürfen nur das fressen, was wir ihnen eigenhändig übergeben, vom Wild nur das, womit wir sie genossen machen. Alles andere ist für sie tabu. »Abrichtung ist die Gewöhnung an bestimmte Verhaltensweisen...« Folgerichtige Gewöhnung verhilft dem Hunde auch zu Freßkomment. Hunde, die ihn haben, sind weitgehend davor gefeit, zum Anschneider zu werden. Davor bewahrt ist auch der Hund, der gewohnt ist, *rasch* zu apportieren. Ihm bleibt ja keine Zeit, sich mit dem von ihm gegriffenen kranken Hasen länger aufzuhalten, als die Vorbereitung für das Apportieren es erfordert. Ein Hase, der noch so lebendig ist, daß er sich nicht apportieren läßt, muß durch festen Griff — durch Eindrücken des Brustkorbes — ruckzuck getötet werden. Dann aber auf, und ab damit zum Herrn! Beschäftigt sich der Hund mit dem gegriffenen Hasen, nachdem er ihn getötet hat, noch länger, zaust und zerrt er erst noch eine Weile unnötig an ihm herum, bevor er sich dazu entschließt, ihn aufzunehmen und zu bringen, so deutet das auf oberflächliche Dressur oder laxe Führung. Sie kann bewirken, daß der Hund, dem solche Fehler nachgesehen werden, über kurz oder lang darauf verfällt, den Hasen anzuschneiden. Gelingt ihm dies das erste Mal, indem er außer Sichtweite des Führers ist, so wiederholt er es bei nächster passender Gelegenheit bestimmt, und der Anschneider ist fertig.

Nach dem Grundsatz *principiis obsta* gilt es diesem Übel dadurch vorzubeugen, daß der Hund im Apportieren peinlich durchdressiert und so geführt wird, daß er seine Abrichtung behält und nicht verbummelt. Es gilt deshalb, den Hund in Übung zu erhalten und Lockerungen, sobald sie in Erscheinung treten, durch exakte Wiederholung des Gelernten von Grund auf zu beheben. Das gilt besonders auch für Hunde mit Anlage zum Knautschen. Die Versuchung, das geknautschte Federwild zu »schlucken«, wächst bekanntlich mit der Kleinheit des Objekts.

Der gerecht geschulte Totverbeller unterliegt dem Zwang, solange am gefundenen oder niedergezogenen Stück zu bleiben, bis ihn der durch seinen Laut herbeigerufene Führer abträgt, der ihn dann mit einem Brocken oder nach der roten Arbeit mit der Milz genossen macht. Allein ob dieser Bindung ist er weitestgehend der Versuchung überhoben, anzuschneiden. Dasselbe gilt dem Sinne nach auch für den Totverweiser. Dieser weiß, daß er nach Finden oder Niederziehen den Führer schnellstens wieder aufzusuchen hat, um ihn alsdann geradenwegs und angesichts der winkenden Belohnung freudig zum gefundenen Stück zu führen.

Schon im Interesse korrekten Benehmens am Stück empfiehlt es sich, den Hund, dessen Hauptaufgabe auf Schweiß die Riemenarbeit ist und bleibt, möglichst auch als Totverbeller oder Totverweiser auszubilden.

Bekanntlich ist Vorbeugen leichter und besser als Heilen. Deshalb habe ich zunächst versucht, die Gründe darzulegen, die einen Hund zum Anschneiden bewegen können. In direktem Zusammenhang damit galt mein Bemühen der Erörterung der Frage, wie man einen Hund davor bewahren kann, besagtem Laster zu verfallen. Danach bleibt zu klären, was zweckmäßig zu unternehmen ist, um eine solche Unart wieder zu beheben, nachdem sie offensichtlich oder gar schon zur Gewohnheit wurde.

Der Hund soll etwas lassen, was ihm — im Gegensatz zu uns — gefällt. Annehmlichkeiten dieser Art müssen ihm daher ins Gegenteil verwandelt werden. Dazu wirken wir mit Nachdruck auf ihn ein — just in dem Augenblick, da er im Begriff ist, sich einer solchen hinzugeben. Nur so vermag er zu verknüpfen, daß sich sein Tun für ihn mit Ungemach verbindet. Folglich wird er es in Zukunft unterlassen.

Auf den Anschneider übertragen, bedeutet das, ihm sein Verhalten zu verleiden, und zwar durch *momentane* Schmerzzufügung, die ihn *überraschend* treffen muß — wie der bekannte Blitz aus heiterem Himmel. Und diese darf er nicht mit seinem Führer in Verbindung bringen. Sonst könnte ja der Hund verknüpfen, daß sein unerwünschtes Tun allein in dessen Gegenwart mit Schmerz verbunden ist. In diesem Falle würde er davon nur Abstand nehmen, solange er sich unter dessen Augen wähnt. Das aber wäre nur ein Scheinerfolg. Wir müssen uns deshalb bei unserem Korrekturversuch von vornherein um eine Möglichkeit bemühen, im Augenblick der wirksam werdenden Verleitung aus einer Ferne einzuwirken, in welcher sich der Hund mit seinem Fund ganz außer Sicht und Reichweite des Führers und daher unbeobachtet und sicher fühlt.

Hierfür ein Beispiel.

Ein mir gut bekannter Forstmann ward mit einem Hund beschenkt, weil dieser sich zum Anschneider entwickelt hatte und angeblich trotz Prügel und

Korallen nicht zu korrigieren war. Ursprünglich hatte er den Hund deshalb erschießen sollen. Der tat ihm aber leid, und der Förster fragte mich, was wohl zu unternehmen sei, um diesen sonst so guten und so schönen Hund von seinem Laster zu befreien.

Die Sache reizte mich. Ich wollte die Gelegenheit zur Korrektur selbst schaffen, und das gelang mir rascher als geahnt. Eines Morgens erlegte ich in einem lichtgestellten Altholz von einer Kanzel aus ein schwaches Schmalreh. Einschuß: Blatt; Ausschuß: tief waidwund, kurz vor der rechten Keule. Ich zog das Reh, ohne es sonst noch zu berühren, an einem Vorderlauf bis auf Schleuderschußentfernung an die Kanzel und »servierte« es dort »mundgerecht«. Dann schoß ich ein Kaninchen, warf es aus und legte mit dem frischen, schweißigen Gescheide eine Schleppe. Diese kreuzte ein Gestell, führte anschließend durch einen etwa hundert Meter breiten Jungwuchs bis zum Anschuß in dem Altholz und dann weiter bis zum Reh.

Meinen Bekannten wies ich an, zu festgesetzter Zeit mit dem Hunde frei bei Fuß das Gestell entlang zu gehen. Wo die Schleppe dieses kreuzte, lag ein Bruch. Sobald der Hund dort auffiel, sollte er ihn auf der Schleppe unbeeinflußt weitersuchen lassen, selber aber stehenbleiben, bis der Hund zurückgekehrt und von der Kanzel her mein Waldkauzruf ertönt sei. Dieser sei das Zeichen, daß er jetzt den Hund der Schleppe nach zum Reh zu dirigieren und ihn dort für eine halbe Stunde abzulegen habe. Falls der Hund das

Abb. 59   Er schneidet an

Schmalreh vorher angeschnitten haben sollte, solle er das nicht beachten. Ich bliebe, ohne mich zu rühren, in voller Deckung auf der Kanzel und sei dort für ihn nicht ansprechbar. Es liege mir daran, das weitere Verhalten des am Schmalreh abgelegten Hundes, der nach wie vor von meiner Nähe keine Ahnung haben dürfe, »schußbereit« zu überwachen. Erst nachdem er seinen abgelegten Hund vom Schmalreh wieder abgeholt und dieses aufgebrochen habe, wollten wir uns eine Viertelstunde später wie durch Zufall auf dem Heimweg treffen.

Die Korrektur verlief programmgemäß. Als der Hund die Schleppe anfiel, saß ich längst geduckt auf meiner Kanzel, die mit drei Posten wohlversorgte Zwille auf der Brüstung schon im Voranschlag. Der Hund kam forsch und freudig auf der Schleppe an. Er untersuchte seinen Fund sehr gründlich, zerrte auch an ihm herum. Dann umkreiste er ihn einmal eng und lauschte angespannt in Richtung Führer. Die Luft schien rein, das Frühstück konnte jetzt beginnen. Kaum aber hatte »Lord« die Vorderläufe auf das Stück gestellt, um sich auf seine Art der »roten Arbeit« zuzuwenden, da schnellten ihm auch schon die Posten auf die Rippen. Er zeichnete mit hohem Seitensprung, wobei er einen Mauzer hören ließ, und räumte fluchtartig das Feld. Merklich überrascht und eingeschüchtert suchte er den Führer auf. Der tat sehr verwundert und hatte alle Mühe, ihn zum Stück zu dirigieren. Aber es gelang. Abgewandten Blickes lag der Hund danach am Reh, bis sein Führer nach Verlauf von einer halben Stunde wiederkam, um ihn liebelnd abzutragen. Der Rüde hatte so erfahren, daß der Aufenthalt am Stück nur dann mit Schmerz verbunden ist, wenn »man« dieses anzuschneiden wagt. Genannter Hund hat danach nie mehr angeschnitten, auch nicht nach Niederziehen eines kranken Stückes. Er war kuriert.

Daß man Hunde, die schon einmal angeschnitten haben, nach Korrektur sobald nicht mit der Milz genossen machen darf, versteht sich wohl am Rande.

Zum sogenannten *Totengräber!*

Für ihn kennzeichnend ist die Tatsache, daß er durch niemand und durch nichts bewogen werden kann, das von ihm vergrabene Wild zu »exhumieren«, geschweige denn zu bringen. Peinlichst ist ein solcher Hund darauf bedacht, den Ort, an dem er seine Tat beging, zu meiden. Wer die Absicht hat, das Grab zu finden, das ein Totengräber einem Wild bereitet hat, tut deshalb gut, nur dort zu suchen, wo jener selbst durchaus nicht suchen will. Ob solches Vorhaben gelingt, ist trotzdem mehr als fraglich — vor allem, wenn bestimmte Anhaltspunkte fehlen und kein anderer Hund zur Stelle ist, der suchen hilft.

Man glaubt ja gar nicht, wenn man es nicht selbst gesehen hat, wie rasch das »Buddeln« vor sich geht! Erstaunlich ist auch, wie geschwind und außerordentlich geschickt ein richtiger Totengräber nach Bettung seines Fundes das immer nur verhältnismäßig flache Grab zu schließen weiß. Indem er die herausgescharrte Erde mit der Nase wieder draufschiebt und dann festdrückt, ebnet er es sorgsamst ein. Diese Ausführung ist derart tarnend, daß die mit der Totengräberei verbundene Erdbewegung nach Beendigung der »Arbeit« wenig oder gar nicht auffällt.

Abb. 60 Totengräber

Da ein Totengräber meist nur dann zu buddeln pflegt, wenn er sich in guter Deckung weiß, kann es unter Umständen recht lange dauern, bis man hinter seine Schliche kommt. Griff er, zum Verlorenbringen abgesandt, im Walde einen Hasen, den man klagen hörte, und bringt er ihn dann nicht – auch nicht, nachdem er dann noch wiederholt zum Apportieren dieses Hasen aufgefordert wurde, so ist anzunehmen, daß er ihn vergraben hat. Man sehe sich gleich seine Nase an! Haftet Dreck daran, so ist das sehr verdächtig. Um Licht in eine solche dunkle Angelegenheit zu bringen, bedient man sich am besten eines anderen zuverlässigen Hundes, den man den vermißten Hasen suchen läßt. Bringt der ihn, und haftet Erde oder Streu am Balg des Hasen, so besteht kein Zweifel mehr, daß der andere Lampe schon bestattet hatte.
Sehr verschieden sind die Gründe, die bewirken können, daß ein Hund zum Totengräber wird.
An sich ist jeder Hund bestrebt, Fraß zu vergraben, den er zur Zeit für sich nicht mehr verwerten kann, aber anderen mißgönnt. Wir wissen ja, daß schon ein satter Welpe sich bemüht, jeden Brocken einzubuddeln, den er infolge überfüllten Magens nicht mehr fressen kann. Er will ihn vor dem Zugriff anderer Hunde sichern – solange, bis er wieder Hunger hat, um ihn dann selber zu verzehren. Sein Motiv ist also Futterneid. Einer meiner Hunde

fühlte sich sogar bewogen, die nicht leergefressene Futterschüssel so mit Erde zu behäufeln, daß von dem in ihr verbliebenen Futterrest nichts mehr zu sehen war.

Ein anderer gut erzogener Hund, abgelegt an einem frisch gestreckten Hirsch, der vorerst nur gelüftet war, schob mit der Nase so viel Moos auf die weit aufgeschärfte Bauchwand, bis von der mit einem Aststück aufgesperrten Öffnung nichts mehr zu erkennen war. Instinktiv war er bemüht, diese Stelle sorgsamst zu verdecken. Das herausgequollene Gescheide und die Wittrung, die der Bauchhöhle entströmte, hätte ja am Ende einen anderen Hund verlocken können, sich dem Hirsch zu nähern. Das aber mußte er verhindern. Er hätte keinen fremden Menschen oder anderen Hund an den von ihm bewachten Hirsch herangelassen und zeigte auch die Geste der Besitzergreifung, indem er seinen Kopf fest auf den Hals des Hirsches preßte.

Der Ernst, der ihn dabei beseelte, sprach aus seinem Blick. Eindeutig sagte der: Das ist *mein* Hirsch; wehe dem, der ihm zu nahe kommt!

Der Hund bemüht sich, alles zu »verblenden«, was ihm wertvoll ist und sonst allzu leicht auch das Interesse anderer erregen könnte — nicht nur Beute.

So hatte ich mit einer etwas diffizilen Kurzhaarhündin folgendes Erlebnis: Ich nahm an einem Schliefen teil, bei dem ich einen Rauhhaarteckel führte. Anschließend wollte ich mit beiden Hunden weiterreisen, weshalb ich auch die Kurzhaarhündin auf dem Schliefplatz bei mir hatte. Bevor ich mit dem Teckel an den Bau gerufen wurde, legte ich die Kurzhaarhündin etwas abseits ab, und zwar an einem Hang in einem Buchenaltholz. Meinen Lodenmantel legte ich dazu. Unterhalb des Hanges erstreckte sich ein Weg, der zum Kunstbau führte und an dem Tage von den Prüfungsteilnehmern und ihren Hunden viel begangen wurde. Nach Beendigung der Prüfungsarbeit, bei der der Schliefenfuchs das Zeitliche gesegnet hatte, begab ich mich zurück zur abgelegten Hündin, um sie und meinen Lodenmantel wieder abzuholen. Die Hündin lag noch da, der Lodenmantel aber war verschwunden. Gestohlen konnte er unmöglich sein. Ganz abgesehen davon, daß bei der Zusammensetzung der Korona dergleichen gänzlich ausgeschlossen war, hätte auch die scharfe Hündin einen solchen Zugriff nicht geduldet. Wo zum Teufel aber war der Mantel denn geblieben?! Als ich schließlich nähertrat, um genauer nachzusehen und die Hündin anzuleinen, gab das Fallaub, das dort haufenweise angewecht war, plötzlich unter meiner Sohle so elastisch nach, daß ich augenblicklich darauf reagierte, indem ich mit der Stiefelspitze prüfend unter diese Laubschicht fuhr. Und siehe da: Beim Wiederanheben des Fußes zog ich meinen Lodenmantel mit empor! Also hatte »Zille« ihn verbuddelt! Die fremden Menschen und die anderen Hunde, die dort fortgesetzt auf etwa

30 Schritt passierten, waren ihr verdächtig. Der Lodenmantel trug ja meine Wittrung, war ein Stück von mir. Deshalb gehörte er auch ihr. Der Trieb der Hündin, den Besitz des Gegenstandes zu bewahren, war unter den besagten Umständen besonders stark und ließ sie handeln. So kam es, daß sie mit der Nase soviel Fallaub auf den Mantel häufte, bis kein Zipfel mehr davon zu sehen war.

Später hat die Hündin das noch einmal wiederholt. Wie sich das gehört, hatte ich sie vor dem Frühstück einer Treibjagd abseits über Wind des Platzes abgelegt. Im Gegensatz zu ihr durfte sich ein anderer Hund während dieses Schüsseltreibens frei bewegen. Das hatte sie bewogen, meinen Mantel wieder zu vergraben — diesmal nicht mit Fallaub, das dort nicht vorhanden war, sondern regelrecht mit Moos und Erde.

Dieselbe Hündin, auch im Bringen peinlich durchdressiert, trug alles in Betracht kommende Nutz- und Raubwild ohne Unterschied so flott und freudig zu, daß es eine Lust war, ihr bei solcher Arbeit zuzusehen. Sie war ein ausgesprochen williger und guter Apporteur. Es durfte nur kein anderer Hund dazwischenkommen oder gar in meiner Nähe sein! Sie legte dann das apportierte Wild oder den geholten Gegenstand *in Deckung* ab. So verhielt sie sich das erste Mal, als sie den ausgestopften Hasenbalg auf meiner Rückspur holen sollte und auch holte. Da ich aber meinen Teckel bei mir hatte, bog sie bei der Rückkehr etwa 40 Schritt vor uns vom Wege ab, um seitlich im Getreide zu verschwinden und bald danach aus diesem wieder aufzutauchen — ohne Hasenbalg. Die Art und Weise, wie sie sich jetzt näherte, wobei sie die ihr gut bekannte Rauhhaardackeline scharf in die Pupille nahm, war aber gar nicht zu mißdeuten. Aus ihrem Blick sprach Sorge um den Hasenbalg, den sie angesichts des Teckels irgendwie gefährdet wähnte. So ging ich etwa 30 Schritt zurück, um die Teckelhündin hinter einer Schlehenhecke abzulegen, und begab mich mit der Kurzhaarhündin wieder auf den Platz, auf dem ich sie vorher erwartet hatte. Ohne dann noch einen Zuruf abzuwarten, verschwand die Hündin hurtig im Getreide, um den dort vorsorglich verborgenen Schatz zu holen und ihn mir so freudig zuzutragen, wie ich das bei ihr gewohnt war. Beifall klatschend und mit »so ist's brav« empfing ich »Zille«, um sie anschließend mit einem Brocken zu belohnen und vor ihren Augen *unser beider* Beutestück, den Hasenbalg, so umständlich wie möglich im Rucksack zu verstauen. Erst nach einer Weile gingen wir zur abgelegten Dackeline und setzten dann selbdritt unseren Reviergang fort.

Was hätte in der Folge wohl passieren können, wenn die Ursache besagten hundlichen Verhaltens nicht erkannt und die Hündin gleich, nachdem sie im Getreidefeld den Hasenbalg in volle Deckung brachte, barsch empfangen und mit Zwang behandelt worden wäre? Vermutlich hätte sie sich dann in ähnlich heikler Lage trotz sonstiger Willigkeit im Bringen doch zur Totengräberei entschlossen. Zumal sie sich bei ihrem Argwohn gegenüber anderen Hunden und der durch ihn hervorgerufenen Absicht, etwas zu verbergen, im Buddeln schon betätigt hatte. Dabei war sie aber abgelegt gewesen. Beim Bringen war das anders. Selbst in einer Lage, die sie um die Sicherheit der Beute bangen ließ, war bei ihr der Drang, zu apportieren, ungleich stärker als der Trieb, zu buddeln. Weshalb sie sich im Falle der Gefahr damit begnügte, den Gegenstand in Deckung abzulegen, um ihn so gewissermaßen zu verstecken.

Das zeigt auch folgendes Erlebnis:

Bei einer Waldtreibjagd war ein Hase krankgeschossen worden. Gleich danach war er in einem dicht verwachsenen Niederwaldbestand verschwunden. Am Anschuß lagen einige Wolleflöckchen. Die Hündin fiel die etwa zehn Minuten alte Wundspur eifrig an. Einige Minuten später hörten wir den Hasen etwa in der Mitte des Distriktes klagen. Auf der Schneise, auf der ich mit dem Schützen stand, hatten sich inzwischen weitere Schützen und auch Treiber eingefunden, außerdem ein Jagdterrier, der mit getrieben hatte und noch frei umherlief. Ich bat, ihn anzuleinen, aber er parierte nicht nur nicht, sondern sauste weiter — ausgerechnet in den Waldteil, aus dem ich meinen Hund zurückerwartete. Ich würgte an verhaltenem Zorn auf diesen Terrier und den Treiber, der den Hund nicht gleich nach Schluß des Treibens wieder angenommen hatte. Da war es mir, als hätte ich aus der Entfernung von etwa 60 Schritt ein kurzes, wütendes Gekeif gehört. Wenig später kam der Terrier wieder an. Die Hündin folgte ihm, aber ohne den doch zweifellos gegriffenen Hasen. Sie behielt dabei den Terrier scharf im Auge, und als dieser wieder in das Dickicht strebte, fuhr sie ihm wie eine Furie entgegen und jagte ihn zurück. All dies spielte sich viel rascher ab, als ich es hier schildern kann. Ich wußte augenblicklich, was geschehen war, bat nun ernstlich, endlich um das Anleinen des Jagdterriers bemüht zu sein, und setzte mich sofort entlang der Schneise, etwa parallel zur Wundspur, möglichst rasch und weit von der Korona ab. Die Hündin sah das, eilte nunmehr flugs zurück und brachte mir nach wenigen Minuten flott und freudig ihren Hasen. Fraglos hatte sie, als sie mit der Beute in Richtung Anschuß unterwegs war und dabei den Jagdterrier erblickte, rasch den Hasen hingelegt und den Terrier abgewehrt. Damit nicht genug, war sie ihm dann noch gefolgt, um seine Umkehr zu verhindern.

Wie leicht ein Hund unter solchen oder ähnlichen Umständen versucht sein kann, zu »buddeln«, ohne daß er Totengräber ist, zeigt folgender Fall, den wir als Richter bei der 22. Hegewald-Zuchtprüfung erlebten.

Eine schnittige braune Drahthaarhündin hatte nicht nur an Hühnern stilvoll gearbeitet, sondern auch eine hervorragende Leistung auf der Hasenspur vollbracht. Sie hielt auch die Kaninchenschleppe einwandfrei. Flott nahm sie das Karnickel auf und strebte damit im Galopp in Richtung Führer. Auf halbem Wege mußte sich die Hündin lösen; sie besorgte das mit dem Kanin im Fang. Dann lief sie weiter. Etwa hundert Meter vor dem Führer blieb sie aber plötzlich stehen und äugte angespannt in Richtung »Anschuß«, hinter dem auf einem hohen Damm ein Führer mit zwei anderen Hunden weithin sichtbar war. Schließlich ließ die Hündin das Kaninchen fallen. Zögernd lief sie danach auf den Führer zu, auf dessen Zuruf aber zum Kanin zurück. Sie nahm es wieder auf, trug es seitlich etwa 50 Schritt bis zu einem frisch gemähten Futterstreifen, legte es dorthin und bedeckte es *in Sicht des Führers* vermittels ihrer Nase rasch mit Heu. Als sie dann zum Führer eilte und dieser, ihr entgegengehend, der Hündin ein »apport« zurief, wandte sie sich unverzüglich wieder dem Kaninchen zu, zog es aus dem Heu und brachte es.

Das geschilderte Verhalten dieser Drahthaarhündin hatte aber nichts mit Totengräberei zu tun. Wie eingangs schon erwähnt: Ein Totengräber pflegt nur dann zu buddeln, wenn er sich in Deckung oder ungesehen weiß. Danach meidet er den Ort der Tat oder ist bemüht, ihm auszuweichen. Infolgedessen weigert er sich auch, das eingegrabene Wild zu holen; er tut vielmehr, als sei dergleichen überhaupt nicht da. Im Gegensatz dazu hatte die besagte Drahthaarhündin nicht die Absicht, ihre Beute zu vergraben. Was sie bewegte, war nur Sorge um ihren Fund, den sie deshalb nicht in die vermeintliche Gefahrenzone bringen und schließlich nur verstecken wollte.

Bevor der Führer sie zur Schleppe legte, hatte sich ein anderer Hund dort frei bewegt. So ist anzunehmen, daß ihr die beiden fremden Hunde, die sie bei der Rückkehr schon von weitem sah, bereits aus diesem Grunde sehr verdächtig waren. Was sie dann tat, vollführte sie in Sicht des Führers. Sie zögerte danach auch gar nicht, bei dessen Näherkommen und auf seinen Zuruf das von ihr versteckte Wild zu holen.

Nach einhelliger Auffassung des gesamten Richterkollegiums konnte das Verhalten dieser Hündin nicht als Totengräberei, nicht einmal als Versuch dazu betrachtet werden. Für das Ausarbeiten der Kaninchenschleppe erhielt sie eine 4; ihr Bringen des Kaninchen konnte aber nur mit Note 1 bewertet werden.

Zu besonderer Beachtung sei im Anschluß hieran folgendes gesagt:

»Weg vom Haufen!« rufe ich bei Treibjagden pp. immer wieder denen zu, die offenbar bestrebt sind, ihrem Herdentrieb auch dann zu folgen, wenn ihr Hund verlorensuchte und bereits mit dem gefundenen Wild im Anmarsch ist. Sie bedenken nicht, daß der apportierende, um seine Beute besorgte Hund derartigen Zusammenrottungen mißtraut — besonders dann, wenn andere Hunde dabei sind. Beim Anblick solcher Haufen pflegt er stets sein Tempo zu verkürzen. Sein Auge sucht dann nur den Führer, was dieser ihm erleichtern soll. Damit der Hund ihn schon von weitem sieht, tut er gut daran, allein zu sein. Er soll sich ihm, dem trefflichen Bewegungsseher, wenn nötig, auch bemerkbar machen und dabei möglichst noch von ihm entfernen. Je mehr der Führer das bedenkt und danach handelt, um so rascher nähert sich der Hund. —

Ist bei einem Hund der Beuteneid derart extrem, daß dieser sich sogar dem eigenen Führer gegenüber regt und daß er ihn nur überwindet, solange er sich noch in dessen Blickfeld oder Einflußsphäre fühlt, so wird er seinen Fund bei erster, dafür günstiger Gelegenheit vergraben. Dann ist er ohne Frage, was man einen Totengräber nennt.

Diese Eigenschaft kann einem Hund im Blute liegen — wie einem Menschen als scheußlichstes Erbe der giftgrüne, dem Nächsten alles mißgönnende Neid — und kann bei ihm selbst dann zur Auswirkung gelangen, wenn er so abgerichtet wurde und geführt wird, wie sich das gehört.

Es kann das Übel aber auch verschuldet sein — durch laxe Abrichtung und eine Führung, bei der sich Hund und Führer auseinanderleben, dem Hunde das Vertrauen, das er zu dem »Kopfhund« haben muß, verlorengeht.

Ein Führerwechsel kann hier Wunder wirken!

Der Hund muß wissen, daß alles, was er seinem Führer zuträgt, diesem fühlbar Freude macht, und daß sein Herr und Meister diese Freude mit ihm teilt, indem er ihm ermunternd zuspricht und den Hund dann nicht nur herzlich liebelt, sondern möglichst oft auch noch belohnt. Nichts macht dem Hunde unsere Liebe so begreiflich und erwiderungswürdig wie der leckere Brocken! Auf diese Weise wird die Beute zum gemeinsamen Besitz und die Besitzergreifung zum Erleben, das beide Partner gleichermaßen mit Freude und Befriedigung erfüllt. —

Einer meiner Hunde, den ich schon erwähnte — derselbe, der die Futterschüssel zu beerdigen versuchte, wenn sie nicht ganz leergefressen war —, bedeckte jeden Funken, der in der Asche glomm, indem er mit der Nase vom Rand her sehr behutsam soviel Asche darauf schob, daß sie die Gut erstickte. Er machte das derart geschickt und, wenn die Asche selbst noch warm war, so mit Schwung, daß er sich dabei die Nase nie verbrannte. Es war immer wieder spaßig, ihm beim Funkenlöschen zuzusehen. Die Funken störten ihn, bereiteten ihm Unbehagen. Instinktiv schien er in ihnen Brandgefahr zu wittern. Also wurden sie bedeckt.

Im Bestreben, Unannehmlichkeiten aus der Welt zu schaffen, kann ein Hund auch leicht zum Totengräber werden. Hunde, die mit Widerwillen apportieren, neigen sehr dazu, auch solche, die des Bringens überdrüssig sind, weil es ihnen bei der Abrichtung durch falsche Maßnahmen verleidet wurde.

Deshalb soll man einen Hund nie Schleppen ausarbeiten, überhaupt etwas verlorenbringen lassen, bevor er die dazu verwandte oder die gesuchte Wildart nicht ganz sicher und nicht wirklich flott und freudig zuträgt, und soll dann jede Überarbeitung vermeiden. Der Hund muß alle etwaigen Abneigungen überwunden haben, die ihn daran hindern könnten, das gefundene Wild anstandslos zu bringen.

Eine Kurzhaarhündin, die ich als junger Dachs in jugendlichem Unverstand denselben starken Kater täglich zweimal auf der Schleppe holen ließ, bis dieser stank und die Hündin zum Ausarbeiten der mit ihm gelegten Schleppen und zum Apportieren erst gezwungen werden mußte, grub den Kater plötzlich ein. Vorsorglich hatte ich auch diese Schleppe so gelegt, daß ich sie aus guter Deckung überblicken konnte. So sah ich, daß die Hündin, nachdem sie den verstunkenen Kater aufgenommen hatte, anstatt mit ihm zu mir zurückzukommen, in Richtung einer abseits liegenden Wacholdergruppe strebte. Ihre Absicht ahnend, lief ich unter Wind besagter Stelle rasch und leise hinterher — wie Diabolo auf Socken. Und siehe da: Inmitten der Wacholderstauden ging die vorausgesehene Bestattung schon vonstatten! Ich stand gedeckt, und da die Hündin so mit ihrem Werk beschäftigt war, daß sie mich nicht wahrnahm, machte ich beschleunigt kehrt, um die Totengräberin nach vollbrachter Tat am Ausgangspunkt der Schleppe zu erwarten. Die Hauptsache, ich wußte, daß und wo der Kater von ihr eingebuddelt war. So hielt ich letztlich alle Trümpfe in der Hand. Es kam jetzt darauf an, sie richtig auszuspielen.

Die Hündin kam zurück, und beide taten wir, »als ob wir von nichts was wüßten«. »Verloren apport!« rief ich ihr zu, und, Dienstbeflissenheit markierend, ging sie wieder ab — weit unter Wind der Schleppe, aber dann, rechts ausholend, im großen Bogen um das Schleppenende. Und weiter suchte sie und immer weiter, hin und wieder nach mir Umschau haltend, um festzustellen, ob sie mir wohl folgte. Dann pfiff ich sie zurück und versuchte, sie mit wiederholtem Hörzeichen »verloren apport« nach links zu dirigieren — dorthin, wo sie Hinz bestattet hatte. Doch raffiniert umging die Hündin die Wacholdergruppe. Wieder schlug sie einen großen Bogen und strebte dann, mit Blickverbindung eifrig weitersuchend, in die Ferne. »Komm schon«, schien ihr Blick zu sagen, »komm nur, hier wird's interessant!« Ich sah, die Hündin war aufs äußerste bemüht, mich aus der Gegend wegzulocken, in der der Kater nunmehr unbehelligt schlummern sollte. Sie verhielt sich dabei ähnlich wie ein um seine Brut besorgter Vogel, der, unbeholfen in bestimmter Richtung überm Boden flatternd, Flügellahmheit vortäuscht und zur Folge zu verleiten sucht, um eine seinen Jungen drohende Gefahr von diesen abzuwenden.

Eine Weile sah ich mir das Schauspiel an. Dann pfiff ich den Akteur herein, nahm ihn an die Leine und ging mit ihm genau dorthin, wo er den Kater aufgenommen hatte. Hier hieß es erstmal »halt« und dann »apport verloren«. Als die Hündin darauf in entgegengesetzter Richtung in die Leine sprang, riß ich sie herum und ließ sie dann »down vorwärts« bis zum Grab des Katers kriechen. Dem energischen »apport« wurde hier mit Gerte und Koralle nachgeholfen — solange, bis der Kater wieder freilag und die Hündin ihn verzweifelt packte, um ihn aufzunehmen. Sie mußte ihn dann bis zum Ausgangspunkt der Schleppe tragen. Dabei sprach ich ihr mit »so ist's brav« ermunternd zu, um ihr den Kater schließlich abzunehmen.

So war alles noch mal gut gegangen, und es ging auch weiter gut. Ich gestand mir ein, daß ich die Hündin selbst zur Totengräberei gezwungen hatte, und verwünschte den an ihr versuchten überspannten Drill. Daß ich so unbedacht gehandelt hatte, reute mich. Im stillen bat ich meiner sonst so braven Hündin alles ab. Das schien sie auch zu merken. Acht Tage ließ ich sie in Ruhe, verlangte nichts von ihr und nahm sie nur mit ins Revier. Dann haben wir im Apportieren alles wiederholt, dabei nichts übertrieben und nichts überstürzt, angefangen mit dem ausgestopften Hasenbalg und, allmählich weitergehend, bis zum schweren Apportierbock — auf Sicht und auf der anfangs kurzen, allmählich verlängerten und schließlich kilometerlangen Rückspur. Dabei habe ich mit Liebe nicht gespart, noch weniger mit Lohn. Die kleingehackten Flechsen, die ich ihr als sehr geschätzte Brocken überreichte, haben ihre Wirkung nicht verfehlt und unser gutes Einvernehmen völlig wiederhergestellt. So kam es, daß die Hündin ihre Arbeitsfreude auch auf alle später wieder aufgenommenen Schleppen übertrug, die schließlich gar nicht lang genug sein konnten. Allerdings, ich legte ihr nie mehr als eine an demselben Tage, und das dazu verwandte Raubzeug oder Wild war mindestens noch leidlich frisch.

Nie wieder hat die Hündin etwas eingegraben. Auch in der Praxis war sie ein Verlorenbringer, von der der alte, anspruchsvolle Langhaar- und Gebrauchshundmann Direktor ANNERS vom Berliner Tattersall bei einer Treibjagd in der Altmark einmal anerkennend sagte: »In der Tat, die kann's; was überhaupt zu kriegen ist, die bringt's verloren!« Und »so was freute einen denn ja auch«.

Und nun zur Korrektur von Totengräbern, die nicht durch falsche Maßnahmen dazu veranlaßt wurden, sondern die von Hause aus dazu veranlagt sind — entweder aus übertriebenem, auf den eigenen Führer ausgedehntem Beuteneid, oder weil sie widerwillig, also nur gezwungenermaßen apportieren und verhindern wollen, daß ein anderer Hund das findet und von dem Besitz ergreift, was sie selbst nicht bringen wollen.

Um es gleich zu sagen: Die Korrektur derartiger Hunde ist sehr schwer, besonders dann, wenn sie nur Wild vergraben, das von Menschenhand noch unberührt ist, also solches, das sie selbst gefunden oder selbst gegriffen haben. Wie man solche Hunde, die ja nur in Deckung buddeln, günstigen Falles überführen kann, ist bereits erwähnt. Gelang das, hat man sie als Totengräber einwandfrei entlarvt, so schießt man sie am besten hinter die Behänge. Versuchen kann man sonst nur eine Korrektur, wie ich sie schon geschildert habe. Ob sie bei solchen Hunden wirklich hilft, indem sie auf die Dauer wirkt, ist aber mehr als fraglich.

Leichter ist die Korrektur von Hunden, die auch geschlepptes Wild verbuddeln. Sie kann man absichtlich verleiten, um im gegebenen Moment in einer Weise auf sie einzuwirken, die sie nachhaltig verknüpfen läßt, daß Totengräberei mit Schmerz verbunden ist. Zu diesem Zweck empfiehlt es sich, die Unterstützung eines anderen zu erbitten, der über die entsprechende Geschicklichkeit verfügt. Ein solcher zweiter Mann ist für gedachtes Unternehmen von besonderem Nutzen, indem er in bewachsenem, aber einigermaßen übersichtlichem Gelände die vorher abgesteckte Schleppe legt, danach in Deckung geht und dann beobachtet und unauffällig folgt, sobald der Hund mit dem gefundenen Wild verschwindet. Es gilt für ihn, den Hund zu überraschen. Während dieser noch beim Buddeln ist, muß ihn der gut gezielte Schleuderschuß urplötzlich treffen. Selbstverständlich bleibt der Schütze außer Wind in voller Deckung, auch wenn der also schmerzlich überraschte Hund darauf verzichten wird, sich dann noch umzusehen. Der Befunkte wird vielmehr darauf bedacht sein, fluchtartig das Feld zu räumen, um eiligst seinen Führer aufzusuchen. Durch ein vereinbartes Signal hat dieser schon erfahren, was geschehen ist. Er wird den Hund zunächst mit »such verloren apport« zum Schleppenende dirigieren, dessen Lage er ja kennt. Bei der Weitersuche ist der Hund bemüht, der Stelle auszuweichen, wo er seine Buddelei infolge jäher Schmerzempfindung unterbrach. Deshalb wird er schließlich angeleint und gezwungen, auf direktem Wege hinzukriechen. Wie der Hund dann weiter zu behandeln ist, haben wir bereits erwähnt.

Principiis obsta: Wehre den Anfängen! So sei hier abschließend noch einmal folgendes betont: Ohne Zwang kein zuverlässiges, korrektes Apportieren. Hat der Hund aber verknüpft, daß er bringen *muß*, sobald er dazu aufgefordert wird, darf unsererseits nichts unterbleiben, was ihn dazu bewegen kann, seine Arbeit *freudig* zu verrichten. So wird mittels sinnvoller Gewöhnung das Erzwungene zu Lust. Was bewirkt, daß sich beim Bringen Beutetrieb und Meutetrieb zu jener Harmonie verschmelzen, die bei allen passionierten Apporteuren so sichtbar und so herzerfrischend in Erscheinung tritt. Nicht anders als auf diese Weise vermag ein Hund die Arbeitsfreude zu erlangen, die ihn vor unerwünschten Hemmungen und Abwegen bewahrt.

Schlußwort

Ob ein Hund vielseitig geführt oder mehr oder minder spezialisiert werden soll, hängt ab von seiner Rasse, seiner Veranlagung und den jeweils in Betracht kommenden Revier- und Wildstandsverhältnissen. In jedem Falle aber muß er sich dem Führer unterordnen. Dazu bedarf er der empfohlenen Grundabrichtung, die ihn in die Hand des Führers zwingt. Wie dargetan, gibt nur ein solches Fundament die Möglichkeit, den Hund zu zügeln und vermittels klarer Hilfen für den ihm zugedachten praktischen Gebrauch so plan- und sinnvoll anzuleiten und zu schulen, daß er an Leistungsfähigkeit von Mal zu Mal gewinnt.

All dies gelingt, sofern wir uns, wie ausgeführt, die Spielregeln zu eigen machen und konsequent beachten und befolgen, die der Hund versteht. — Wer lehren will, muß wissen; denn »Unwissenheit im Handeln ist etwas Schreckliches«, wie Goethe sagt. — Es gilt dabei elastischer zu sein, als es der Hund von uns erwartet. So werden wir uns als der »Kopfhund« unserm Meutepartner gegenüber durchzusetzen wissen, peinlichst jede Unbedachtsamkeit vermeidend und immer daran denkend, daß jegliche Vermenschlichung des Hundes Nachteil bringt, ja häufig Quälerei bedeutet.

Liebevolles Eingehen auf alles, was sein Herz bewegt und was der Hund uns zeigt, verweist und leistet, fördert nicht nur seinen Jagdverstand und seine innere Bereitschaft, es webt auch jenes unsichtbare Band, das Hund und Jäger fest verbindet. Und nichts vermag im Herzen eines gut geführten Hundes mehr zu zünden als der bewußte Funke, der bei echtem, rechtem Jagen Hand in Hand aus beiderseitiger Spannung überspringt!

Ein Hund, der so behandelt wird und bei gerechter Schulung so mit uns verwächst, bewahrt nicht nur Respekt, er ist uns auch mit ganzer Seele zugetan und gibt dann alles her, was aufzubieten ist an Liebe und Vertrauen, Aufgeschlossenheit und Arbeitsfreude.

> »O Mensch, du bist des Tieres höh'res Wesen,
> Gewalt'gen Willens, überreich an List,
> In seinen Augen kannst du lesen,
> Ob du sein Gott oder sein Teufel bist.«

Nur volle Harmonie des Willens im Sinne seelischer Verbundenheit vermag das Äußerste an Leistungen hervorzubringen.

Der beste Ausweis eines guten Jägers ist und bleibt sein wohlgeschulter Hund.

Anhang   Zur Formbeurteilung
beim Jagdgebrauchshund

Zuchtziel beim deutschen Vorstehhund — dem Gebrauchshund zur Jagd im Sinne Hegewalds — ist leicht zu weckende, der Abrichtung weitest entgegenkommende Veranlagung zu vielseitiger Verwendbarkeit. Mit Hilfe des Erlernten für praktischen Gebrauch zu möglichster Vollkommenheit entwickeln kann *geistige* Eigenschaften aber nur ein Hund, der auch *körperlich* dazu befähigt ist.

Was verlangen wir vom Vorstehhunde als Gebrauchshund?

Um hier nur das für unser Thema Wesentlichste zu berühren:

1. daß er gängig ist, im Felde — auch bei warmem Wetter — mit *hoher* Nase raumgreifend und ausdauernd sucht, mit einer Wendigkeit, die es ihm erlaubt, sich vor gefundenem Wild aus voller Fahrt zum Vorstehen herumzuwerfen;

2. daß er in tiefem Wasser und dichtem Schilf unermüdlich schwimmt und stöbert;

3. daß er, wenn es sein muß, kilometerweit und dabei mühelos mit *tiefer* Nase der Spur des angeflickten Hasen oder Fuchses folgt, den Fuchs dann würgt und das genannte Wild mit festem Griff in flotter Gangart seinem Führer zuträgt — auch über Hindernisse, die nur im Sprung zu nehmen sind;

4. daß er ein krankgeschossenes Reh ausdauernd hetzt, es an der Drossel niederzieht und abwürgt.

Ein Hund, der solche Leistungen vollbringen soll, muß auch körperlich dazu imstande, d. h. organisch kerngesund sein und ein leistungsfähiges Gebäude haben.

Triebbedingter Wille vermag zwar auch bei einem minder gut gebauten, körperlich gehemmten Hunde Leistungen hervorzubringen, die beachtlich sind. Was ihm fehlt, versucht er auszugleichen durch Einsatz erhöhter Muskelkraft und psychischer Energie. Ein solches Tier ermüdet aber über kurz oder lang, besonders dann, wenn zeitweilig ein starker Antrieb fehlt, ein die Sinne erregender, den Hund zu äußerster Kraftanspannung bewegender Reiz. Es ist bei dauernder Beanspruchung auch bald verbraucht; je nach Art und Ausmaß seiner körperlichen Mängel geht es früher oder später »aus dem Leim«. Ganz im Gegensatz zu einem Hunde, dessen klare Zweckform sich durch Übung stärkt und festigt, so daß er, ausgereift, den Anstrengungen harter Arbeit voll gewachsen ist und selbst bei reichlicher Betätigung seines Arbeitsdranges lange die ihm eigene Leistungsfähigkeit behält. Was Arbeitskraft vermindern könnte, bleibt am Gebäude eines solchen Hundes mangels aller Angriffspunkte wirkungslos.

Das weiß, wer viel und vielseitig — und nicht nur stunden-, sondern tage- und wochenlang — mit Hunden ausgeprägten Arbeitstyps gejagt und sie dabei mit anderen verglichen hat, die — bei sonst gleicher Güte — zwar dasselbe leisten wollten, aber auf die Dauer doch nicht leisten konnten, weil sie trotz aller aufgebotenen Energie körperlich dazu nicht in der Lage waren.

Und schließlich ist's beim Hund nicht anders als beim Menschen: körperliche Ermüdung hemmt auch den Gebrauch der Sinne, infolgedessen ebenso die Fähigkeit, sich ganz auf eine Aufgabe zu konzentrieren. Was beim Hund zumal im Nachlassen der Nasenleistung spürbar wird. Mit anderen Worten: Je besser, zweckbestimmter das Gebäude, um so leichter ist es für den Hund, auch seiner geistigen Veranlagung gerecht zu werden.

So reizvoll es ist, eine Tierart mit der anderen auch nach Bauart und Bewegungseigentümlichkeiten zu vergleichen, vor Fehlschlüssen bewahren kann sich dabei aber nur, wer bei Betrachtung jeder der verglichenen Arten auch das Gesetz bedenkt, nach dem sie angetreten ist.

Um da gleich mit einem verhängnisvollen Fehler aufzuräumen, der bei Beurteilung von Gebrauchshunden noch immer gern begangen wird: *Es ist grundfalsch, das Pferd als Vorbild für den Körperbau des Hundes zu betrachten!* Das Pferd bewegt sich ja ganz anders als der Hund infolge seiner artgemäßen, von der des Hundes wesentlich verschiedenen Formung.

Das Skelett ist beim Hunde viel weniger starr konstruiert als beim Pferd. Da der Widerrist beim Hunde vom oberen Rand des Schulterblattes, beim Pferd nur von den stabilen Enden der vorderen Brustwirbeldornfortsätze unterlagert wird, ist er beim Hunde beweglich, beim Pferde dagegen starr. Und der Rücken des Hundes ist — zumal im Trab und Galopp — nicht wie beim Pferde versteift, sondern in schwingender Mitbewegung.

Dies und vieles andere verglich sehr instruktiv Professor SEIFERLE (Zürich) in seinem gehaltvollen Vortrag »Anatomische Grundlagen zur Beurteilungslehre des Hundes« *, dem wir hierzu wörtlich folgendes entnehmen: »Während bei diesen (den Huftieren) die einzelnen Skeletteile in erster Linie durch straffe und meist sehr starke Bänder und Sehnen zusammengefügt sind, sind es beim Hund neben den immer nur schwach entwickelten Bändern vor allem

* Kynologischer Weltkongreß Dortmund 1956

224

Muskeln, welche die einzelnen Knochen unter sich verbinden und dem ganzen Gerüst seinen inneren Halt geben. Der Hund ist also relativ stärker und weit komplizierter bemuskelt als das Pferd. Dies hat zweierlei zur Folge: Erstens ist der Hund viel beweglicher und geschmeidiger und darum auch bedeutend schwieriger zu beurteilen. Nie wird er längere Zeit ruhig stehen, und kaum einmal wird er hintereinander genau die gleiche Stellung einnehmen. Denn er ist nicht nur körperlich, sondern auch psychisch beweglicher und labiler als die meisten anderen Haustiere und deshalb auch in seiner Haltung weitgehend von der jeweiligen Stimmungslage abhängig ... Zum zweiten wird beim Hund auch die Fixation der einzelnen Skeletteile und Gelenke nicht vorab passiv, wie beispielsweise beim Pferd, sondern in erster Linie durch aktive Muskelarbeit bewerkstelligt, was zur Folge hat, daß auch das eigene Körpergewicht im Stand der Ruhe wie in der Bewegung zur Hauptsache von ermüdbaren Muskeln und nicht von passiven Bändern, Sehnen und Faszien getragen werden muß. Aus diesem Grunde ist der Hund nicht in der Lage, größere Lasten zu tragen oder längere Zeit zu stehen. Er setzt oder legt sich bekanntlich bei jeder Gelegenheit nieder, um seine Muskeln zu entlasten und sie so ständig zu vollem Einsatz in der Bewegung startbereit zu halten. Dank seiner reichen Bemuskelung ist der Hund also ein außerordentlich schnelles und gewandtes Bewegungstier ...«

Fürwahr, *die körperliche Leistungsfähigkeit des Hundes beruht auf der Bewegung*. Die meiste Arbeit soll der Jagdgebrauchshund im Galopp verrichten — nicht nur für einen Tag, sondern in gleicher Tagesleistung wochenlang, und zwar bei der Suche im Felde auf meist unebenem und bewachsenem Boden, auf Sturz, in Kartoffel- und Rübenäckern mit ihren Furchen und ihrer Vegetation, beim Stöbern in Dickungen, klüftigem Felsgelände oder schilfbewachsenem Sumpf und bei der Hetze. Wie stark diese körperliche Inanspruchnahme ist, geht schon daraus hervor, daß in besagtem Gelände bei jedem Schritt oder Sprung der eine Lauf hoch, der andere tief aufgesetzt werden muß und die Läufe demgemäß in dieser verschiedenen Haltung stützen und abstoßen müssen. Dazu kommen dann noch die anderen, ungeheure Arbeitskraft erfordernden Leistungen wie das Schwergewichtsapportieren, auch über Hindernisse, das Schwimmen beim Stöbern im Schilf, das Würgen von Raubwild und Raubzeug sowie das Niederziehen von angeschweißtem Schalenwild.

Vorbild im Körperbau kann deshalb für unsere Zwecke immer nur ein Hund derselben Leistungsrichtung sein, dessen ausgesprochene Zweckform ihn befähigt, sein Können in Vollendung zu entfalten. »Hinter der Form sitzt nun

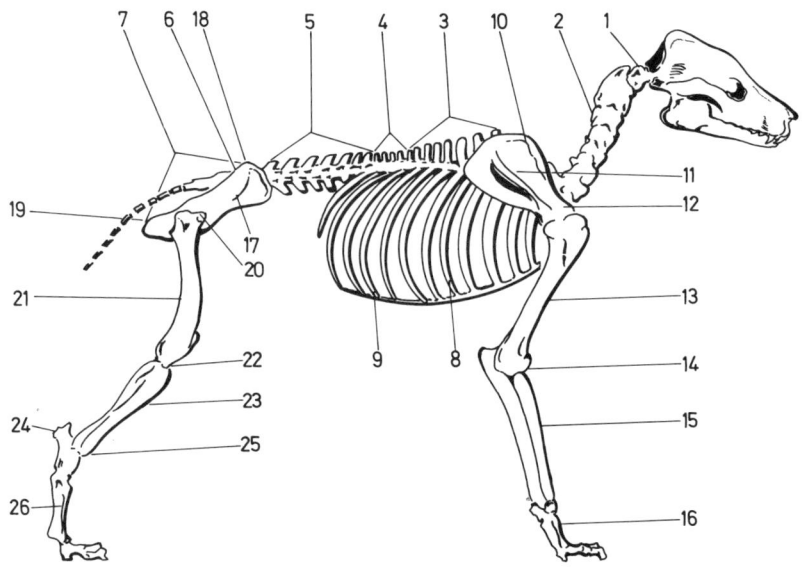

Abb. 61 Skelett (Zweckform) eines deutsch-kurzhaarigen Vorstehhundes: 1 Atlas
(erster Halswirbel), 2 übrige Halswirbel, 3 Widerrist (Dornfortsätze), 4 Rücken (im
engeren Sinne), 5 Lende, 6 Kreuzbein, 7 Kruppe, 8 Brustrippen, 9 Fehlrippen, 10
Schulterblatt, 11 Schulterblattgräte, 12 Schultergelenk, 13 Oberarm, 14 Ellbogengelenk, 15 Unterarm, 16 Vordermittelfuß, 17 Becken, 18 Hüfthöcker, 19 Sitzbeinhöcker, 20 Hüftgelenk, 21 Oberschenkel, 22 Kniegelenk, 23 Unterschenkel, 24
Sprungbeinhöcker, 25 Sprunggelenk, 26 Hintermittelfuß

einmal der Zwang einer inneren Notwendigkeit«, schreibt *Dr. Kleemann*,
»unsere besten Hunde sind immer unsere besten Lehrmeister gewesen!«
Je zweckvoller ein Hund gebaut ist, um so schöner ist und wirkt er.
»Schönheit ist Form der Zweckmäßigkeit, soferne sie ohne Vorstellung eines
Zweckes an ihm wahrgenommen wird«, sagt *Kant*, und *Dr. Kleemann* um-
reißt denselben Begriff in ähnlichem Sinne: »Nur die Form, die vollkommen
zweckmäßig ist, genau zum Inhalt stimmt, weil sie durch ihn erzwungen
wurde, dünkt uns schön und erweckt im Betrachter ungetrübtes Wohlgefal-
len. Nirgends wird in uns das Gefühl von etwas Unwesentlichem, Überflüs-
sigem oder gar Störendem wach.«
Zu richtiger *Erfassung einer Leistungsform* sei grundlegend an folgendes erinnert:
Kein Körperteil wirkt nur für sich allein, sondern im Zusammenspiel mit
allen anderen desselben Organismus. So gilt es, seine Form und Lage im Hin-

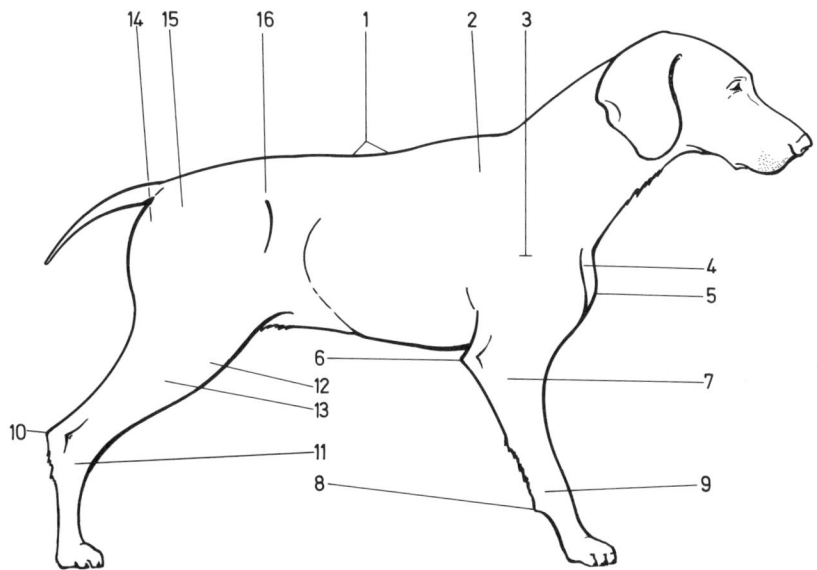

Abb. 62   Umriß zur Skelettzeichnung (Abb. 61) mit Gelenken und Körpergegenden:
1 Rücken (im engeren Sinne), 2 Schulterblattgräte, 3 Schultergelenk, 4 Oberarmleiste,
5 Brustbeinspitze, 6 Ellbogenhöcker, 7 Ellbogengelenk, 8 Carpalballen, 9 Vorderfußwurzelgelenk, 10 Sprungbeinhöcker, 11 Sprunggelenk, 12 Kniescheibe, 13 Kniegelenk, 14 Sitzbeinhöcker, 15 Hüftgelenk, 16 Hüftrand

blick auf die Leistungsfähigkeit des *ganzen* Körpers zu betrachten — und auf
die Zwecke, die er bei der Arbeit der Gesamtheit aller Teile zu erfüllen hat.
Grundlegend für die Form ist das Knochengerüst. (Vgl. Abb. 61 und 62: Skelett
eines harmonisch geformten Hundes und zugehöriger Körperumriß, in dem
die Gelenke und Körpergegenden markiert und benannt sind.) Ohne Kennt-
nis des Skeletts und der natürlichen Bewegungseigentümlichkeiten des Hundes ist eine zutreffende Beurteilung des Gebäudes kaum möglich. Fast alle
Abweichungen von der normalen Form und die meisten Mängel von Bedeutung gehen vom Skelett aus.
Getragen und bewegt von den vier Gliedmaßen, bilden Hals, Rumpf und Rute
den Stamm des Hundekörpers, auf dessen vorderem Teil der Schädel sitzt. Da
wir diesen als Ganzes im Verhältnis zum übrigen Körper betrachten wollen,
beginnen wir hier nicht mit ihm, sondern wenden uns zunächst dem *Körperstamm* in der genannten Reihenfolge seiner Teile sowie dem Gangwerk zu.

Der die Arbeit von Kopf und Kiefern grundlegend unterstützende *Hals* soll bei guter Länge wie ein kräftiger Stamm aus den Schulterblättern herauswachsen. Er soll nicht horizontal, sondern so getragen werden, daß er im Winkel über die Wirbelsäule hervorragt. (Vgl. die Röntgenaufnahme von Hals, Schulter und Oberarm von KS »Rauck-Mauderode-Westerholt«.) Spürbar sind beim Abtasten der Halswirbelsäule infolge der Muskulatur allein die Atlas-Flügelränder.

Halswirbel und Halsmuskulatur müssen kräftig entwickelt, Hals und Kopf, Genick und Widerrist durch starke Muskeln verbunden sein. Gut entwickelte Muskulatur bedingt, daß der Hals bei klarer Nackenwölbung rund ist und der Querschnitt dieser Rundung brustwärts stetig zunimmt. Zumal eine kräftige Nackenmuskulatur befähigt den Hund zu blitzschnellen, kraftvollen Kopfbewegungen, zum Packen, Halten und Schütteln im Kampf sowie zum Tragen beträchtlicher Lasten beim Apportieren.

Ein so geformter, schön geschwungener, trockener Hals erleichtert auch die Fährtenarbeit, das Herunternehmen der Nase. An ihm stört auch ein wenig Kehlhaut nicht. Häßlich aber ist der sog. Hirschhals. Während dieser infolge unzureichender Bemuskelung konkave Nackenlinie hat, steht ein zu kurzer Hals in regelmäßiger Wechselbeziehung zu steiler, fast senkrecht gelagerter Schulter.

Der Nackengegend folgt hinterwärts der *Rücken* mit Widerrist, Brust- und Lendenteil und seinem Übergang zur Kruppe. Sehr wichtig für Form und Festigkeit des Rückens und die Beschaffenheit des mit ihr verbundenen Brustkorbs ist die Wirbelsäule, die mit Becken, Kreuzbein und den ersten Schwanzwirbeln den Rumpf stützt.

Der Widerrist mit den langen, starken Dornfortsätzen der vorderen acht Rückenwirbel bietet die beste Ansatzstelle für die breiten, flachen Muskelzüge, die ihn mit der Schulter verbinden. Er soll etwas höher liegen als das Kreuz. Ein Hund, der vorn unterständig und hinten überbaut ist, wirkt nicht nur unschön, sondern ist auch im Gangwerk gehemmt — durch Verkürzung im Trab und Galopp.

Dem Widerrist folgt im Brustteil der Wirbelsäule der Rücken im engeren Sinne, der nur etwa drei Wirbel zählt, und diesem die bei einem gut geformten Hunde stets breit bemuskelte, elastische Lende, die bis zur Kruppe reicht. Vom Rumpfskelett spürbar sind die Dornfortsätze der Brust-, Lenden- und Kreuzwirbel, die Rippen, der Rippenbogen und das Brustbein mit der immer gut fühlbaren Brustbeinspitze, dem vorderen Festpunkt zur Bestimmung der bis zum Sitzbeinhöcker reichenden Rumpflänge.

Wie die Hals-, so sind auch die Rückenmuskeln beim Hunde auffallend kräftig angelegt. Dank ihrer Elastizität verleihen sie dem Rücken den Charakter eines federnd gespannten, in der Bewegung mitschwingenden Bogens. Da er die Schubkraft von der Nachhand auf die Vorhand überträgt, ist der Rücken an der Vorwärtsbewegung sehr wesentlich beteiligt. »Dabei arbeiten die kräftigen Hals- und Rückenstrecker mit den unteren Hals- und inneren Lenden- sowie den Bauchmuskeln zusammen, was am deutlichsten im Galopp zum Ausdruck kommt« *(Seiferle)*. Zumal die Lende muß für schnelle, ausdauernde Bewegung und zum Nehmen von Hindernissen nicht nur breit und stark, sie muß auch biegsam sein — zu ausgiebigem Unterschub der Nachhand. Die Bandmassen, die den letzten Wirbel mit dem Kreuzbein verbinden, sind ja derart stark und kurz, daß hier praktisch von einer gelenkigen Verbindung kaum noch gesprochen werden kann. Die Biegung vollzieht sich also notwendig in den Gelenken der davorliegenden Lendenwirbel.

Nach alledem kommt einer kräftigen Rückenmuskulatur größte Bedeutung zu.

Bei allzu breiter Lende »schaukelt« der Hund, zumal im Trab. Es sieht dies aus wie seitliches Schwanken. Bei schweren, lymphatischen Hunden mit weiter, lockerer Haut kommen dazu noch schwabbelnde Verschiebungen.

Die seitliche Brust- und Bauchwand sowie die Flanke bilden die Seitenflächen, Unterbrust und Unterbauch die Unterseite des Rumpfes.

Der geräumige, im Querschnitt ovale Brustkorb birgt die lebenswichtigsten Organe: Herz und Lunge. Die der Wirbelsäule bogenförmig entspringenden Rippen sollen lang, leicht gewölbt und nicht nach außen, sondern nach hinten gebogen sein. Rippen, die von oben nach unten gerade verlaufen oder tonnenförmig nach außen gebogen sind, können den Brustraum nicht erweitern. Lungen-Fassungsraum und Brustkorblänge stehen in innigem Zusammenhang. Je besser die Rippen gebaut sind, um so leichter können Brustraum und Lunge erweitert und verengert werden. Verhältnismäßig stark dehnbar sind die hinteren sog. falschen oder Fehlrippen. Um der Atmungsbewegung folgen zu können, die in der Ruhe und bei leichter Anstrengung in der Hauptsache mit Hilfe des Zwerchfells erfolgt, sind sie durch elastisch nachgiebige Knorpel mit dem Brustbein verbunden. Die letzten falschen Rippen sollen weit herabreichen, bei geringem Abstand vom Becken.

Diese die Ausdauer begünstigende Formung steht im Gegensatz zur sogenannten Wespentaille, was bei der Formbeurteilung leider häufig nicht beachtet wird.

Der hinter der Ellbogengegend befindliche Teil des Brustbeins darf also nicht kurz und aufsteigend, sondern muß lang und waagerecht sein und — wie der Rippenbogen — weit nach hinten reichen, so daß die Flanke kurz ist. Um

Dr. Schäme wörtlich wiederzugeben: »Eine gute Brustbildung zeigt sich nicht in der Tiefe der Brust zwischen den Ellbogen, sondern in der *Länge* der Brust, der Länge und dem horizontalen Verlauf des Brustbeins nach hinten und der guten Rundung der Rippen und des Rippenbogens nach hinten . . . Die Brust braucht demnach in der Ruhehaltung durchaus nicht übermäßig breit zu sein, sondern sie braucht keinesfalls breiter zu sein als die Schultergegend, kann sogar schmäler sein. Hauptsache ist nicht die Brustbreite in der Ruhe, sondern die Erweiterungsfähigkeit bei Anstrengung.« *

Nach *E. v. Otto* haben Hunde mit gut entwickelten Brustmaßen, mit Tiefe und großer Breite der hinteren Rippen die höchsten Blutwerte.

Treibende Faktoren bei der Brustentwicklung sind einmal die Kraft, die von innen heraus die knöcherne Grundlage des Brustkorbs, vorwiegend die Rippen erweitert, und zum andern die äußere Kraft, welche die erstgenannte in ihrer Wirksamkeit unterstützt. Sie geht von den Muskeln aus, die den Brustkorb zwischen den Vordergliedmaßen vergurten: dem *musculus serratus ventralis* (oben) und dem großen Baucharmbeinmuskel (unten). Um den Anforderungen des Stoffwechsels zu genügen, sind diese Kräfte bei Jungtieren verhältnismäßig groß. Nach vergleichenden Messungen dauert diese Entwicklung bis zum 18., ja 20. Lebensmonat. Was zu wissen für die Aufzucht und Formbeurteilung von Junghunden wichtig ist.

Beim Hund als Fleischfresser ist die vordere, noch innerhalb des Brustkorbs liegende Bauchgegend naturgemäß wesentlich kleiner als bei den Pflanzenfressern. Die Bauchhöhle reicht vom Zwerchfell bis zum Beckeneingang. Rückenwärts bilden die letzten Brust- und die Lendenwirbel mit den anliegenden Muskeln, bauchwärts das Ende des Brustbeins und dessen Knorpel die Begrenzung, an der auch die Brust- und Bauchmuskeln beteiligt sind. Statisch stellen diese die untere Verspannung der Wirbelbrücke dar. Gleichzeitig sind sie, wie eben erwähnt, direkt oder indirekt an der Atmung beteiligt, und namentlich die Bauchmuskeln wirken sehr aktiv an der Vorwärtsbewegung mit. Die Bauchhöhle birgt die Verdauungsorgane: Magen und Darmkanal, Leber mit Gallenblase, Bauchspeicheldrüse und Milz. Die Nieren befinden sich beiderseits der Wirbelsäule unmittelbar unter dieser und der Lendenmuskulatur, weshalb der Lendenteil des Rückens auch als Nierenpartie bezeichnet wird. Die Harnblase liegt völlig in der hinteren Bauchhöhle.

---

* Dr. Rudolf *Schäme*, Jäger, Gebrauchshundmann und Forscher, der sich dem Zusammenhang zwischen Form und Leistung ein Leben lang mit wissenschaftlichem Ernst gewidmet hat. Vgl. seine tiefgründigen »Betrachtungen zur Körperbeurteilung des Jagdgebrauchshundes« in Nr. 16–21, 23, 24 und 26/1951 sowie in Nr. 1/ 1952 der »Pirsch«.

Aus der Gewichtsverteilung der Innenorgane im Bauch- und Brustraum sowie aus der Lage des Kopfes zum Rumpf ergibt sich ohne weiteres, daß die Vordergliedmaßen im Stand wie in der Bewegung stärker belastet sind als die hinteren. Es liegt also bei normal proportionierten Hunden der Schwerpunkt des Gesamtkörpers eindeutig im Bereich der *Vorhand*.

Während so die Vordergliedmaßen bei geringerer Winkelung und Muskulatur, aber stärkerer sehniger Durchsetzung mehr als vertikale Stützen anzusehen sind, liegt die vorwärtstreibende Kraft der Bewegung in der Hauptsache bei der ungleich stärker gewinkelten und bemuskelten Hinterhand. Der Vorhand fallen die Wendungen zu, im Trabe der Vortritt, und da sie in der Aktion auffängt und stützt, muß sie der Nachhandbewegung angepaßt sein.

Vom Vordergliedmaßenskelett sind Schulterblatt und Oberarm durch kräftige Muskulatur seitlich so eng mit dem Brustkorb verbunden, daß es meist nicht

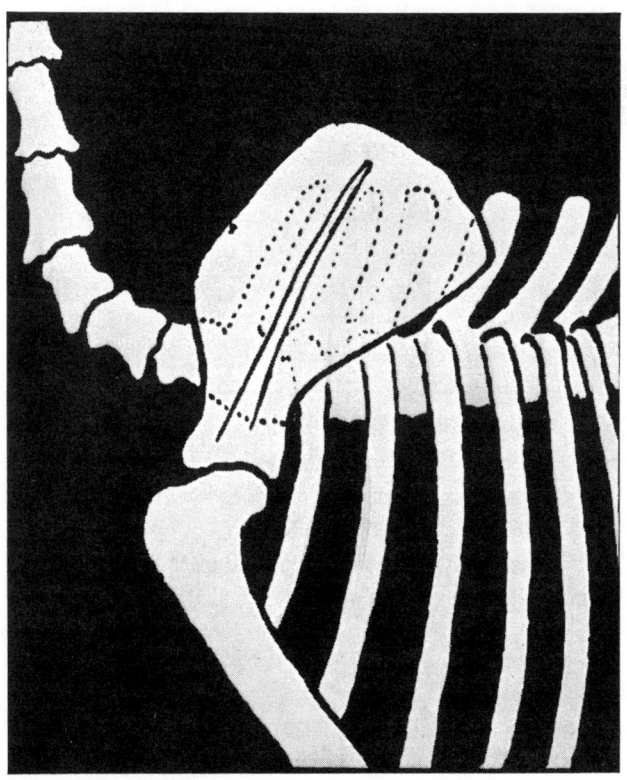

Abb. 63   Röntgenaufnahme von Hals, Schulter und Oberarm von KS »Rauck-Mauderode-Westerholt« 739 h, 4658

leicht ist, ihre Lage genau zu ermitteln. »Das Schulterblatt ist breit, um kräftigen, dicken Muskeln Raum und Ansatzfläche zu geben, denn die Schultermuskeln sind weniger zu dem Zweck vorhanden, um durch extreme Zusammenziehung und Dehnung eine weite Beweglichkeit des Schultergelenks zu veranlassen (dazu ist der Kopf-, Hals-, Armmuskel und der breite Rückenmuskel da), sondern um das Schultergelenk in allen Haltungen, Lagen, Beugungen und Streckungen festzustellen, zu fixieren, wie beim Galopp auf unebenem Gelände, beim Schwergewichtsapportieren, beim Würgen von Raubzeug, beim Niederziehen« *(Schäme).*

Wie das Röntgenbild von Schulter und Oberarm von KS »Rauck-Mauderode-Westerholt« (Abb. 63) deutlich erkennen läßt, überragt der obere Rand des Schulterblattes die langen Dornfortsätze der vorderen Brustwirbel und unterlagert den Widerrist. Er ist deshalb fühlbar, meist aber auch sichtbar. Fühlbar ist auch die Schulterblattgräte, ein Knochenkamm, der in der Mitte des Schulterblattes von oben nach unten verläuft. Zwischen ihrem unteren Ende, dem sog. *Akromion,* und dem Oberarmbeinhöcker befindet sich das Schultergelenk.

Richtpunkte, um das untere Ende des Oberarmes und das Ellbogengelenk zu bestimmen, sind der äußere Gelenkknorren des Oberarmbeines und der gut sichtbare Ellbogenhöcker. Das Ellbogengelenk befindet sich unterhalb des Ellbogenhöckers und etwas nach vorn. Es gibt Anhaltspunkte zur Feststellung der Oberarm- und Unterarmlänge.

Die Schultergürtelmuskeln sind sehr kräftige, strahlig um das Drehfeld des Schulterblattes angeordnete Muskelplatten. Sie entspringen an Kopf, Hals und Rumpf und sind angesetzt an Schulterblatt und Oberarm. Statisch dienen sie als Hängegurt des Körperstammes zwischen den beiden Vordergliedmaßen, zur Ergänzung des auf das Schulterblatt beschränkten knöchernen Schultergürtels. Dynamisch sind sie sehr wesentlich an allen Vor-, Rück-, Ein- und Auswärtsbewegungen der Vordergliedmaßen sowie an Lageveränderungen von Hals, Kopf und Rumpf beteiligt.

Die sehr bewegliche Verbindung zwischen Rumpf und Schulterblatt ermöglicht dem Hunde — im Vergleich zu anderen Tieren — auch die relativ große Schrittlänge.

Im Gegensatz zur Hinterhand ist also die Vorhand durch keine Gelenke mit dem Rumpf verbunden. Ihre Festigkeit hängt daher in erster Line vom Schultergürtel ab. Straffheit bewirkt Strammheit der Vorhand und Aufrichtung. Diese Straffheit und Elastizität ist aber nicht nur für den bequem stehenden — nicht künstlich aufgereckten — Hund ein notwendiges Erfordernis, sondern auch für den trabenden und galoppierenden Hund. »Diese natürliche Straffheit und Elastizität der Muskeln erspart nämlich eine Menge aktiver Muskelarbeit, besonders auch bei der Bewegung im Galopp usw., da der Hund mit schlappen Muskeln bei jedem Schritt und Galoppschwung den Körper dann mit aktiver Muskelkraft hochrichten muß und ihn die passive Elastizität und Straffheit dabei nicht unterstützt. Das bedeutet einen erheblichen Mehrverbrauch an aktiver Muskelkraft und zehrt ganz erheblich an der Ausdauer, unterminiert aber auch die ganze Tätigkeit der Vorhand« *(Schäme).*

Tadelloses Anliegen der Schulter, die also weder lose noch angepreßt sein darf, ist für ausdauernden Galopp des Hundes von großer Wichtigkeit. Lose oder lockere Schulter, richtiger gesagt: abstehende Ellbogen sind auf ungenügende Entwicklung oder mangelnde Straffheit der Schultergürtelmuskulatur zurückzuführen.

Gut aufgerichtete Vorhand mit schräger Schulter, langem Oberarm, hohem und langem Widerrist, freiem und kräftigem Hals legt auch den Schwerpunkt der vorderen Körperhälfte höher und mehr rückwärts. So kommt sie der Bewegung, die den Rumpf zum Sprunge hebt, entgegen. Eine der Vorbedingungen für langen, flachen Sprung. (Vgl. Abb. 64, 65 und 67.)

Eine steile Schulter ist zwangsläufig kürzer als eine schräge, die der Muskulatur zur Verfügung stehende Fläche daher relativ klein und schmal. Das bedingt, daß die betreffenden Muskeln bei nötiger Entwicklung in die Dicke wachsen und so die Schulter beladen. Daher der Ausdruck »beladene Schulter« für eine Bildung, die einer gut gewinkelten Vorhand fehlt.

Richtige Schräglage der Schulter zeigt die Röntgenaufnahme von »Rauck-Mauderode-Westerholt«. Sie läßt auch erkennen, daß das Schulterblatt kürzer ist als der Oberarm. Die Schräglage von Schulter zu Oberarm ist gut, wenn sie einem Winkel von 110 bis 120 Grad entspricht. Bei genügender Winkelung und schräger Stellung des Oberarmes sind die Vorderläufe gut unter den Rumpf gestellt. Bei steilem Oberarm stehen sie zu weit vorn. Diese Steilheit der Vorhand bedingt kurzen Vortritt; der Hund hat keinen weiten Schritt.

Nach *Dr. Schäme,* der das mit Hilfe kinematographischer Reihenbilder überzeugend nachwies, hat den größten Einfluß auf die Schrittweite die Oberarmlänge. In zweiter Linie kommt die Lauflänge und erst zuletzt die Schulterlänge. Indem nämlich ein langer Oberarm seine Länge — zumal auf unebenem Gelände — für die Weite, die Länge des Schrittes nutzbar macht, verbindet er größtmögliche Schrittweite mit größtmöglicher Gangsicherheit.

Das bestätigt auch die Ansicht von *Dr. Kleemann,* der in Band 39 des Zuchtbuchs Kurzhaar also schreibt: »Bei Kurzhaar ist der Oberarm immer länger als die Schulter. Mit der Länge des Oberarms wächst auch die Schrittweite.

Abb. 64 Deutsch-Drahthaar-Hündin beim Absprung vom Grabenrand mit dem Hasen. Die vorwärtstreibende Kraft der Bewegung liegt eindeutig in der muskulösen Hinterhand.

Außerdem muß jede Verlängerung des Oberarms die Schulter entsprechend mehr aufrichten und schräger lagern. Selbstredend stellen solche Hunde in der Ruhe Schulter und Oberarm möglichst gerade, um die starke Hebelwirkung und den Druck auf die Fessel auszugleichen. Eine sichere Beurteilung von Schulterlänge und Schrittweite gewinnt man am besten beim flotten Traben des Hundes.«

Auch das gegenseitige Längenverhältnis von Schulter und Oberarm scheint bei unseren bestgeformten Hunden den Proportionen des Goldenen Schnitts zu entsprechen. Das ergaben Messungen mit dem Tasterzirkel an verschie-

Abb. 65 Hier ist zu sehen, wie der weite flache Bogen, in dem die Hinterhand den Körper vorwärtsschnellt, trotz der Belastung durch den Hasen, eine Ausweitung nach vorn erhält.

denen Hunden, u. a. an KS »Bodo von dem Radbach«. Es zeigte sich auch an dem Skelett von »Blücher von der Jungfernheide«, das Dr. Kleemann besaß, sowie auf dem Röntgenbild, das ich seinerzeit auf Dr. Kleemanns Wunsch von meinem KS »Rauck-Mauderode-Westerholt« herstellen ließ.

Apropos Goldener Schnitt: Sehr leicht zu messen ist beim Hunde die Länge des Unterarmes (vom Ellbogenhöcker einschl. bis zum Fußwurzelgelenk). Dieses Maß ist gleich der Kopflänge, gemessen von der Nasenkuppe bis zum Vorsprung des Hinterhauptbeins. Es entspricht dem sog. *minor.* Der Verhältniskoeffizient ist 2,6. Multipliziert man diese Zahl mit der Länge genannten

Abschnitts, so erhält man die ganze Länge des Hundes vom Brustkern bis zum hinteren Rand der Keule. Und diese entspricht der Schulterhöhe, gemessen an einer hinter dem Ellbogen gefällten Senkrechten. Ein wichtiges Maß, das auf diese Weise ungleich leichter und richtiger zu ermitteln ist als mit Hilfe des Zollstocks am stehenden Hund, der immer bestrebt ist, solchen Handlungen auszuweichen.

Nach Dr. KLEEMANN, der solche Messungen jahrelang durchgeführt hat, sind diese Verhältniszahlen bei Kurzhaar als feststehend zu betrachten. Nach eigenen Messungen, die ich aber nur gelegentlich vornahm, fand ich sie auch bei Draht- und Langhaar, z. B. bei »Rega von der Rominte« und ihren Töchtern »Harpa« und »Hesta-Cranzin« sowie bei meinem Langhaarrüden »Hasso vom Müritzstrand«, die alle im Formwert »vorzüglich« waren.

Der am meisten in die Augen fallende Gradmesser für die gesamte Knochenausbildung beim Hund ist der *Vorderlauf*. Beim Jagdgebrauchshund müssen die Knochen rein — also sauber konturiert — und stark sein, infolge der kräftigen Sehnen und Bänder derb erscheinen. Ihre gesunde Entwicklung ist dadurch gekennzeichnet, daß die zentrale Längsachse des Vorderlaufes vom Ellbogengelenk abwärts *gerade* verläuft — von welcher Seite man sie auch betrachten mag. Aber stets etwas gekrümmt ist die Speiche, selbst beim geradesten Vorderlauf. Auch sind die Muskeln der Außenseite des Unterarmes im oberen Drittel etwas gewölbt. Das kann zu einer optischen Täuschung führen; es erscheint nämlich der Unterarm bei gleicher Bemuskelung um so krummer, je kürzer er ist. Man vergleiche bei gut geformten Hunden rassetypisch normaler Größen die Fronten miteinander, und zwar von Deutsch-Kurzhaar, Hannoverschem Schweißhund, Dachsbracke und Dachshund! Die Knochen dürfen weder dünn noch grob (schwammig), noch irgendwie verbogen oder krankhaft verbildet sein, ohne rachitische Auftreibungen über dem Vorderfußwurzelgelenk, dem Zeichen beginnender krankhafter Knochenanomalie. Dicht und fest sei die Knochenmasse; wie der Knochen das Poröse verliert, wird das ganze Körpergewebe trockener und härter, bis in die Rute hinein.

Das Vorderfußwurzelgelenk liegt im Bereich einer horizontalen, geraden Linie, die hinten dicht über dem Carpalballen beginnt und sich waagerecht nach vorn erstreckt.

Die Carpalballen als Haftpunkte der Sehnen der Vorderlaufmuskeln müssen kräftig ausgebildet und straff angesetzt, die Sehnen klar und stark entwickelt sein, so daß der Vorderlauf an diesen Stellen kräftig und breit erscheint. Der Mittelfuß (Fessel), unter dem Carpalballen deutlich abgesetzt, darf weder steil noch weich, weder ein- noch auswärts gerichtet sein. Leichtes Durchbiegen mildert den Stoß beim Sprung, stärkeres führt zu Überanstrengung der Seh-

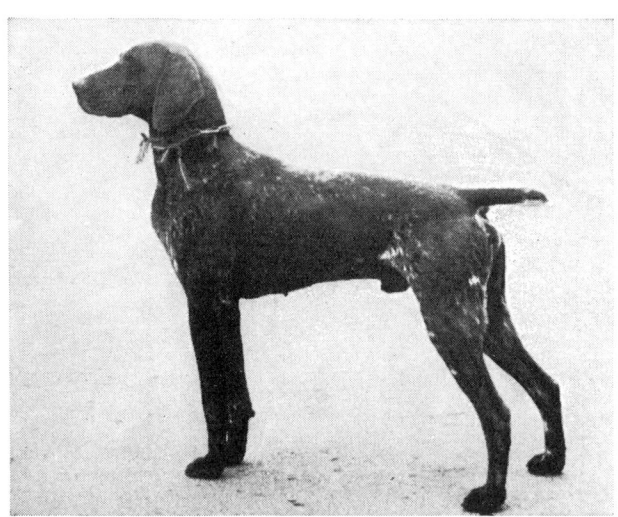

*Abb. 66 Um im Fußwurzelgelenk nicht zu knicken, stellen Hunde mit steiler Fessel
in der Ruhe auch Schulter und Oberarm steil.*

nen und so zu rascher Ermüdung. Um im Fußwurzelgelenk nicht zu knicken,
stellen Hunde mit steiler Fessel in der Ruhe auch Schulter und Oberarm steil
(Abb. 66).

Die mit starken Krallen versehenen Pfoten, ob rund oder mehr löffelförmig,
sollen in jedem Falle kräftig, schön gewölbt und gut geschlossen sein.

Die Straffheit der Front zeigt sich bei gutem Schluß von Schulter und Ellbogen im parallelen und nicht zu weiten Nebeneinanderstehen der sehnigen
Läufe. Diese müssen, wie betont, gerade sein. Die Pfoten sollen in der Längs-
richtung des Körpers, nicht auffällig ein- oder auswärts stehen und in der
Bewegung *eben* gefußt werden, also mit der ganzen Sohle gleichzeitig, nicht
mit der äußeren oder inneren Seite zuerst.

Die *Nachhand* als Quelle vorwärtstreibender, abschwingender Kraft ist von
ausschlaggebender Bedeutung für raumgreifenden Sprung. (Vgl. Abb. 64 u. 65.)
Infolgedessen muß sie auch bedeutend kräftiger und komplizierter bemuskelt
sein als die Vorhand. Ihre Hauptmuskelmassen verdichten sich um Hüft- und
Kniegelenk. Erheblich weniger bemuskelt, dafür aber sehnig stark durchsetzt
sind Sprunggelenk und Zehen.

Die wichtigste Triebkraft zur Vorwärtsbewegung liefern die Kruppen-, Ober-
schenkel- und Hinterbackenmuskeln, die deshalb bei durchtrainierten Hunden auffallend kräftig entwickelt sind. Aber wie bei der Schulter, so ist auch

Abb. 67 Eine so aufgerichtete Vorhand, wie / »Vlotho-Sand« 9060 Vbr. sie hat, mit schräger Schulter, langem Oberarm, hohem und langem Widerrist, freiem und kräftigem Hals, legt den Schwerpunkt der vorderen Körperhälfte höher und mehr rückwärts. Sie kommt der Bewegung, die den Rumpf zum Sprunge hebt, entgegen und bildet so eine der Vorbedingungen für weiten, flachen Sprung. Legt der Hund infolge Aufrichtung die Dornfortsätze seiner Wirbel eng zusammen, so steht er mit kurzem Rücken über viel Boden ...

beim Oberschenkel die Breite weniger von der Muskulatur als von der Winkelung abhängig. Hunde mit steil gewinkelten Gliedmaßen sind in Schulterpartie und Keule immer schmal, auch wenn sie gut bemuskelt sind.

Das Kreuzbein mit seiner knöchernen Grundlage, dem Becken, das als hinterer Gliedmaßengürtel fest in die Rumpfkonstruktion eingebaut ist, soll wenig geneigt, die Kruppe also nicht abschüssig, nicht »abgeschlagen« sein, wie der Fachausdruck lautet, und in der Umdreher- und Sitzbeinhöckergegend breiter als in der Hüftpartie am Anfang der Kruppe. Bei steiler Kruppe geht der Schub der Hinterhand mehr nach oben als nach vorn. Ebenso fehlerhaft wie die abgeschlagene sind kurze und schmale Kruppe, letztere infolge engstehender Hüftknochen.

An der Skelettunterlage der Kruppe beteiligt sind beim Hunde auch die vier bis fünf ersten Schwanzwirbel, weshalb steile Rutenhaltung kurze Kruppe vortäuschen kann.

Lang und breit sei die Kruppe, bedingt durch Länge und Breite eines mit

tiefen Schaufeln versehenen Beckens. Dieses bietet den sehr starken Kruppen-, Oberschenkel- und Hinterbackenmuskeln die wichtigsten Ansatzpunkte und steht durch die Bauchmuskulatur auch mit dem Brustkorb in Verbindung. Da die Kruppenmuskeln für Dauer- und Schnellgalopp nicht nur lang sein, also eine große Hubhöhe haben müssen, sondern auch dick, um die nötige Hubkraft entwickeln zu können, bedarf es eines Beckens von besagter Form.

Fühlbar sind nur die Hüft- und Sitzbeinhöcker, die uns eine Vorstellung von Lage und Länge des Beckens ermöglichen. Vom stark bemuskelten Hüftgelenk kann vor dem Sitzbeinhöcker nur der große Umdreher des Oberschenkelbeines ertastet werden und damit annähernd auch der Drehpunkt des Hüftgelenks. Im übrigen ist das Oberschenkelbein von mächtigen Muskelmassen umgeben, so daß es erst in der Gegend des Kniegelenks als solches in Erscheinung tritt. Das Kniegelenk ist zwar annähernd sichtbar, seine genaue Lage aber nur durch Abtasten zu bestimmen. Es liegt, wie Abb. 61 zeigt, nicht an der Kniescheibe, sondern weiter unten und etwas zurück. Daraus ergeben sich die Festpunkte zur Ermittlung des Hüft- und Kniegelenkwinkels.

In der Skelettbildung ohne weiteres erkennbar sind der Unterschenkel, das unter dem Fersenbeinhöcker etwas nach vorn gelegene Sprunggelenk, der Mittelfuß und die Zehen.

Die Gelenkhebel des Ober- und Unterschenkels müssen im angemessenen Verhältnis zueinander lang und richtig gewinkelt sein. Haupteinfluß auf die Schrittweite der Hinterhand hat, wie *Schäme* überzeugend nachwies, die Oberschenkellänge. Entsprechend der Oberarmlänge der Vorhand. In zweiter Linie wirkt die Länge des Hinterlaufs und erst zuletzt die Unterschenkellänge. Hüft- und Kniegelenkwinkel verhalten sich ähnlich wie die entsprechenden Winkel der Vorhand: des Schulter- und Ellbogengelenks. Ideal beim Vorstehhund ist ein Kniewinkel von etwa 120 Grad.

Der aus Schien- und Wadenbein bestehende Unterschenkel ist nicht senkrecht, wie der aus Elle und Speiche zusammengesetzte Unterarm, sondern schräg nach hinten und unten gerichtet. Was bewirkt, daß das Sprunggelenk immer einen nach vorn offenen Winkel bildet.

Massige und große Hunde stehen steiler. (Der Koloß Elefant steht bei fehlender Winkelung auf geraden, starken Säulen.)

Nähert sich der Unterschenkel nahezu der Waagerechten, mit anderen Worten: zeigen Unter- und Oberschenkel die Krümmung eines Türkensäbels, so bezeichnet man das als säbelbeinig.

Von hinten betrachtet, müssen die Hinterläufe geradlinig stehen und auch in dieser Haltung gefußt werden. Die Hinterschenkel dürfen in der Knie- und Sprunggelenkgegend weder nach außen gebogen, also faßbeinig sein, noch darf der Hund die Sprunggelenke kuhhessig nach innen oder — umgekehrt — nach außen drehen, was beides zwangsläufig auch entsprechende Stellungen der Kniegelenke, Fesseln und Pfoten zur Folge hat.

Steht ein richtig gebauter, straff bemuskelter Hund *bequem* da, im Widerrist etwas höher als im Kreuz, die Hinterläufe nahe, aber beileibe nicht eng beieinander, so ergibt sich daraus das harmonische Verhältnis der Vor- zur Hinterhand und das richtige Längenverhältnis der Schenkel zum Körper. Dabei stehen die Ellbogen bei guter Winkelung des Schulter- und Ellbogengelenks mit den senkrecht gestellten Läufen nicht unter der Vorbrust, wie bei einem Hunde mit kurzem Oberarm, sondern mehr unter der Mittelbrust, die meist auch bis an die Ellbogen reicht. Das Kniegelenk ist ein wenig mehr gewinkelt als das Sprunggelenk — im Gegensatz und umgekehrten Verhältnis zu Hunden mit kurzem Ober- und zu langem Unterschenkel. Bei einem Hunde, der in dieser Haltung nicht überbaut ist, hat der Vorderlauf von den Ellbogen abwärts auch die richtige Länge.

Bei einem derart geformten Hunde sind Vor- und Hinterhand in ihrem Bau genau aufeinander abgestimmt, bewegt sich die Vorhand so, daß sie mit der Hinterhand eine motorisch-harmonische Einheit bildet. Und beide Körperteile — Vor- und Hinterhand — stimmen in Bau und Entwicklung mit der

Gestaltung des Rumpfes überein. Dieses harmonische Ineinandergreifen ergibt das Ebenmaß der Gestalt, die Geschlossenheit der Gesamterscheinung.
Und diesem Konstruktionsprinzip entsprechen auch die Haltungseigentümlichkeiten in der Bewegung. Der Hund geht im Gleichgewicht, trabt und galoppiert in gerade gestreckter, nicht in überbauter Haltung, zeigt bei erhöhter Geschwindigkeit auch keine Schaukelpferdbewegung, sondern geht bei gleichmäßig gerader Rückenhaltung in sozusagen schwimmendem Trab und Galopp — wie der trabende Wolf auf Abb. 69.
Es gibt zwar genug Hunde, die sich trotz unzweckmäßiger, unharmonischer Bauart mit Vorliebe im Galopp bewegen. Sie folgen dabei einem Trieb, einer Impulsmelodie, wie *Schäme* es so schön und treffend nannte. Das geht aber nur eine gewisse Zeit, dann wird mit Trab und Galopp gewechselt und schließlich mehr getrabt als galoppiert. Die Form darf also den Hund nicht hemmen, sie soll es ihm leicht machen, Galopp zu gehen, muß ihn dergestalt bei der

Abb. 69 Trabender Wolf. Langer Oberarm, langer Oberschenkel. In völliger Übereinstimmung mit dem Bau des Rumpfes bilden Vor- und Hinterhand eine motorisch-harmonische Einheit. Man beachte den weiten Vortritt und die gerade, gestreckte Haltung, hinten nicht höher als vorn. Der Körper »schwimmt«, nur die Läufe sind in Bewegung.

Entfaltung dieses Triebes weitgehend unterstützen. Daraus ergibt sich die Zweckform und aus dieser und dem sie belebenden Trieb die Harmonie von Gestalt und Bewegung.

Die vorstehenden Ausführungen über Körperstamm und Gangwerk seien ergänzt durch eine kurze Betrachtung der *Länge und Breite von Rumpf und Rücken*.

Wie schon erwähnt: die Länge des Jagdgebrauchshundes hat man zu schätzen vom Stich (Brustbeinspitze) bis zum hinteren Rand der Hose (Sitzbeinhöcker). Bei einem leistungsfähig, also gut gebauten Hunde kann diese Linie niemals kurz sein, denn sie setzt sich zusammen aus weitem Lungenraum, starker, elastischer Lende und langem, breitem Becken. Kurz sein soll nur der Rücken im engeren Sinne. Wie wir bereits gesehen haben, ist das der Teil zwischen Ende des Widerrists und erstem Lendenwirbel. Er ermöglicht so eine leichtere Erhebung der Vorhand zum Sprung. Der Rücken im weiteren Sinne erscheint um so kürzer, je mehr die Linie des vorderen Teiles durch Höhe und Länge des Widerrists emporgeschwungen ist. Wie leicht ein scheinbar so kurzer Rücken lang zu machen ist, zeigt sich am besten bei der Arbeit des Hundes mit tiefer Nase: auf Geläuf, auf Spur oder Fährte. Legt der Hund infolge Aufrichtung die Dornfortsätze seiner Wirbel eng zusammen, so steht er mit kurzem Rücken über viel Boden; entfaltet er sie, so hat er den elastisch langen Rücken, der dem Hunde müheloses Arbeiten mit tiefer Nase ermöglicht — besonders dann, wenn die Oberlinie durch einen gestreckten Hals noch sehr verlängert wird. Es ist für den Hund zudem ein leichtes, den Rumpf im Schultergürtel zu versenken; er braucht dazu die langen Oberarme nur zurückzunehmen. (Vgl. Abb. 67 u. 68.)

Von oben betrachtet, muß der Jagdgebrauchshund bei Kürze des Rückens und gut entwickelter Muskulatur breit erscheinen, breit im Widerrist, nicht schmal und spitz, breit im Rücken, breit in der Lende, breit in der Kruppe. In Übereinstimmung damit muß auch der Hals breit und kräftig angesetzt sein. Was bei der Inanspruchnahme zumal der seitlichen Halsmuskulatur sehr wichtig ist.

Und nun zum *Kopf!*

»Trocken sei der Kopf, markant in seinen Umrissen, weder zu leicht noch zu schwer, in Stärke und Länge der Körperform entsprechend.« So heißt es in den von *Ernst v. Otto* bearbeiteten Rassekennzeichen von Deutsch-Kurzhaar. Wir betonen: »... in Stärke und Länge der Körperform entsprechend.« Deshalb sei hier, wie eingangs schon erwähnt, der Kopf zuletzt betrachtet — nicht nur in seiner Zweckform, sondern auch in seinem Verhältnis zur Gesamterscheinung.

Kurz gesagt: der Kopf ist ein Hebelsystem. Als solches muß er zweckentsprechend geformt und mit einem kräftigen Gebiß versehen sein, denn dieses ist die einzige Waffe des Hundes und außerdem ein Werkzeug für vielseitigen Gebrauch.

Wichtigste Orientierungspunkte am Kopf bieten uns außer Nasenrücken, Ober- und Unterkiefer vor allem die Stirnhöcker, das Hinterhauptbein und die Jochbögen. Der den Schneidezahnrand des Oberkiefers beträchtlich überragende Nasenschwamm wird nicht vom Skelett, sondern von einer elastischen Knorpelröhre gestützt und ist deshalb beweglich.

Die Kopfform hängt ab vom Skelett, aber auch von der Haut und bestimmten Muskeln, so den stark entwickelten äußeren Kaumuskeln, den Ohrhebern, den Augenbrauenmuskeln und den Schläfenmuskeln als den Urhebern der stärksten Beißkraft.

Der Schläfenmuskel, der den Ast des Unterkiefers mit den Knochenleisten des Schädels verbindet, muß bei gut ausgebildeten Schädelleisten im Querschnitt (von oben nach unten) sehr breit sein. Durch die vordere Breite des Schläfenmuskels sind die Stirnleisten kurz und vereinigen sich weiter vorn, so daß die knöcherne Stirn kurz, infolgedessen auch nicht vorgewölbt, sondern flach ist und eher die Form einer Stirnfurche zeigt.

Die Länge des Kopfes ist bedingt durch die Schädellänge und die Länge des Nasenschwamms, der, wie schon erwähnt, beträchtlich über das Gebiß hinausragt. Die Fanglänge erstreckt sich auf Nasenschwamm, Zwischenkiefer und die vor den Augen liegenden Teile des Ober- und Unterkiefers.

Die Fangbreite hängt ab von der Breite der Kieferknochen, der Gaumenplatte, der Stellung der Fang- und Reißzähne sowie von der Dicke der Lefzen.

Während sich der *Hirnschädel* zur Hauptsache unter dem sogenannten Oberkopf befindet, der genügend breit und flach gewölbt sein soll (die Mittelfurche weniger tief, das Hinterhauptbein nicht so ausgeprägt wie beim Pointer, der Stirnabsatz nur angedeutet), besteht der *Gesichtsschädel* im wesentlichen aus dem vom Nasenrücken und Nasenschwamm überlagerten Fang. Dieser muß genügend kräftig und lang sein, um dem Hunde beim Apportieren das richtige Fassen und Tragen des Wildes (Hase, Fuchs) zu erleichtern.

Der Übergang von der Stirn zum Nasenrücken soll sich allmählich senken; deutlich abgesetzt sind nur die Augenbogen. Nach Schämes eingehenden Untersuchungen ist Stirnabsatz eine unzweckmäßige Bildung, welche die Festigkeit der Halbrundeisenform des Oberkiefers gegenüber dem Druck zwischen Vorderzähnen und Schläfenmuskeln verringert. Er darf nur immer ganz gering vorhanden, nur etwa angedeutet sein und ja nicht zu einer starken Hervorwölbung der Stirnhöhlen führen.

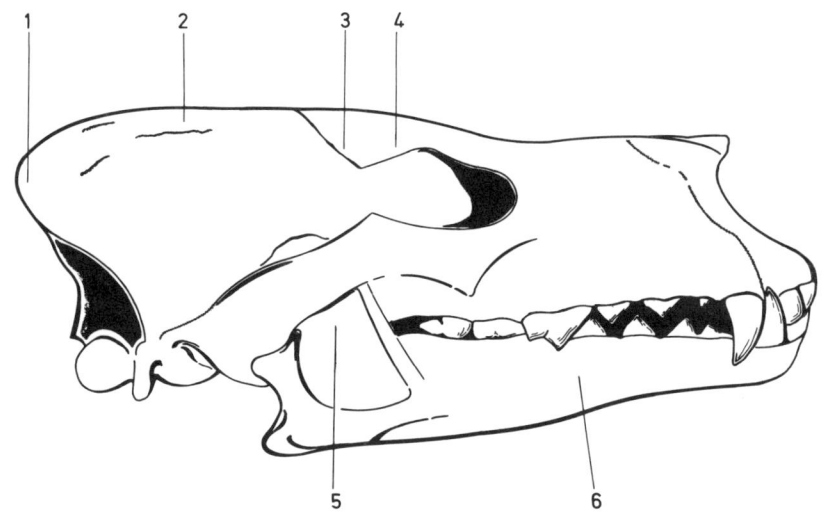

Abb. 70 *Schädel (Zweckform) eines deutsch-kurzhaarigen Vorstehhundes: 1 Genick-kamm, 2 Scheitelleiste, 3 Stirnleiste, 4 knöcherne Stirn, 5 Unterkieferast, 6 Unter-kiefer*

Der Nasenrücken, von der Seite gesehen, sei leicht gewölbt — in allen Über-gängen von einer edel geformten Ramsnase bis zu geringer Erhebung über die gerade Linie. Zwar noch zulässig, aber weniger ansprechend ist der ganz gerade Nasenrücken, der durchgebogene ist unerwünscht. Von der leicht vor-springenden Nase sollen die Lefzen bis zum Trennungspunkt fast senkrecht ab-, aber dann nicht zu stark überfallen, um weiterhin in einem flachen, schön geschwungenen Bogen zum Lefzenwinkel zu verlaufen.

Die Kinngegend muß im senkrechten Durchmesser sehr stark und tief sein, der Unterkiefer gerade nach hinten verlaufen. Keinesfalls darf er in der Reiß-zahngegend nach unten ausgebogen sein. Ein grober Fehler, der häufig mit Verlust von Prämolaren des Unterkiefers verbunden ist.

Der Fang des Jagdgebrauchshundes darf also, von der Seite und von oben gesehen, nicht keilförmig, sondern muß, seitlich betrachtet, im ganzen tief, in der Fangzahngegend etwa ebenso tief wie vor den Augen in der Reißzahn-gegend sein — infolge der kräftigen Entwicklung der Ober- und Unterkiefer-knochen, nicht etwa vorgetäuscht durch stark entwickelte, tief herabhängende Lefzen.

Abb. 71 Kopf eines deutsch-kurzhaarigen Vorstehhundes, von oben gesehen: Zweckmäßige Bildung von Oberkopf, knöcherner Stirn und Fang. Fangzahngegend gut gerundet, etwa so breit wie Reißzahngegend.

Von oben betrachtet, muß der Oberkopf von einer gewissen Breite sein. Heben sich die Backenmuskeln, die an den Jochbogen entspringen, deutlich von dem vor ihnen liegenden Teil des Oberkiefers ab, so ist das ein Zeichen von guter Beißkraft. Das knöcherne Stirndreieck muß möglichst kurz sein. Die Augen dürfen nicht weit auseinanderstehen — wie umgekehrt bei langem Stirndreieck infolge ungenügend entwickelter Schläfenmuskeln. Der deutlich von den Backen abgesetzte Fang, im großen ganzen rechteckig (mit abgerundeten Ecken), hebt sich beiderseits der Reißzahngegend etwas ab.

Von vorn gesehen, muß der Fang im Querschnitt rund sein, besonders in der in kräftiger Rundung herausgewölbten Fangzahngegend. Ein Zeichen guter Ausbildung dieser Zähne, ihrer Wurzeln und der sie haltenden Kieferknochen. Vor den Augen darf der Fang nicht »leer« erscheinen, sondern muß voll sein infolge der guten Halbrundform des Oberkiefers. Das Kinn — um es noch einmal zu sagen — muß deutlich und kräftig nach unten (nicht etwa nach vorn) hervortreten, darf keinesfalls unter den Lefzen nach hinten verschwinden.

Mit Recht spricht man von einem langen, kräftigen Greiffang. Aber je kürzer der Oberschädel — kürzer infolge Unterentwicklung der Kopfknochenleiste, des Genickkamms und der Jochbogen — um so länger erscheint der Fang. Demgegenüber sei an das englische Wort erinnert: *lenght is not strenght* (Länge ist nicht Kraft). Der Vergleich mit dem Oberkopf gilt aber nur insofern, als dieser nicht zu kurz und schmal sein darf. Der Oberkopf ist immer länger als der von der Nasenspitze bis zu den inneren Augenwinkeln gemessene Fang. Vielmehr und überhaupt, besonders auch im Hinblick auf die Entwicklung der Kau- und Schläfenmuskeln, muß in erster Linie wie jeder andere Körperteil, so auch der Kopf als Ganzes im Verhältnis zum übrigen Körper, zur Einheit der Gesamtgestalt betrachtet werden. Und bei diesem Vergleich muß er lang und kräftig sein, ohne schwer zu erscheinen. Ist der Fang dann so geformt, wie eben geschildert — ohne Stirnabsatz, rund im Querschnitt, mit gut herausgearbeiteter Fangzahngegend, mit kräftigem Kinn und gut gestellten Zähnen — so hat er auch das gegebene Format, selbst dann, wenn er im Verhältnis zum Oberkopf etwas kürzer oder länger erscheinen sollte.

Beim Gebrauch seiner Vorder-, besonders der Fangzähne muß der Jagdgebrauchshund packen und halten können. Zu festem Griff gehört ein starker Fang mit kräftigem Gebiß. Deshalb müssen die Fangzähne vorzüglich ent-

Abb. 72 Derby- und Jugendprüfungssiegerin »Zara-Sand« 1198 D/54 als Jährling. Unsere Richternotiz: »Bildschön, feinnasig, bei besten Vorstehmanieren hervorragend spursicher! Durch Breite, Tiefe und Adel das Modell einer Zuchthündin.«

wickelt, also nicht nur ihre Kronen, sondern auch ihre Wurzeln stark, lang und kräftig und diese auch fest verankert sein. Das setzt, wie schon erwähnt, starke, richtig geformte Kieferknochen und kräftige Muskeln voraus, die den als Hebelarm dienenden Unterkiefer entsprechend bewegen. Anatomisch und bewegungsphysiologisch bedingt, stehen die unteren Fangzähne vor denen des Oberkiefers.

Um zweckbestimmt wirken zu können, müssen die Zähne auch richtig stehen, die Fangzähne, von vorn und von der Seite gesehen, nahezu lotrecht (nicht mit den Spitzen nach der Seite oder nach vorn), die unteren Fangzähne weit genug vor den oberen; sie dürfen bei geschlossenem Fang vom Spitzenteil der oberen Fangzähne seitlich nicht verdeckt werden. Auch die Schneidezähne müssen kräftig entwickelt sein, oben besonders die äußeren, die dann halb so lang sind wie die oberen Fangzähne. Die Schneidezähne sollen auch möglichst senkrecht stehen und ein Scheren- oder mindestens Zangengebiß bilden.

Da beim Säugetier Hirn- und Gesichtsschädel unbeweglich miteinander verwachsen sind, »beißt« nur der durch das Kiefergelenk mit dem Oberschädel verbundene Unterkiefer. Ist dieser verkürzt, »zurückgenommen«, so berühren die unteren Schneidezähne nicht mehr die Rückseite der oberen und ergeben Unterbiß. Ist der Unterkiefer länger als der Oberkiefer, so stehen die unteren Schneidezähne vor den oberen, was Vorbiß zur Folge hat.

Sehr fehlerhaft ist aber auch ein Scherengebiß, bei dem sich die nicht mehr senkrecht, sondern mehr waagerecht stehenden unteren Schneidezähne mit den oberen gerade noch berühren. Eine Bildung, die nach *Schäme* meist auf Verkürzung des Unterkiefers in der Reißzahngegend zurückzuführen ist. Wörtlich zitiert: »Sie bewirkt, daß die unteren Vorderzähne, Eck- und Schneidezähne, nicht ihren richtigen Platz im Verhältnis zu den oberen einnehmen, sondern zu weit zurückstehen. Dadurch strecken sich die unteren Schneidezähne nach vorn und stehen mehr waagerecht, was natürlich ihre physiologische Funktion stark beeinträchtigt, und die unteren Eckzähne stehen nicht mehr richtig *vor* den oberen Eckzähnen, sondern mehr *zwischen* ihnen und werden daher von den oberen in ihrem unteren Teil mehr oder weniger stark verdeckt... Die ganze Beißkraft des Hundes kann durch diese falsche Stellung der unteren Vorderzähne sehr erheblich geschwächt werden.«

Die Reißzähne, auffallend durch typische Form und besondere Größe, sind so eingesetzt, daß sie die Brechscherenwirkung des Fanges weitgehend unterstützen.

Wenn auch beim Jagdgebrauchshund normalerweise die Prämolaren noch alle vorhanden sind, so treten doch die vorderen dieser Lückenzähne kaum noch in Funktion, zumal ihnen infolge ihrer Kleinheit auch der Aufbiß fehlt. Deshalb beeinträchtigt ihr Fehlen die Funktionstüchtigkeit des Gebisses zwar kaum, denn diese hängt in erster Linie von der kräftigen Ausbildung der Fang- und Reißzähne, der Kieferknochen und Kaumuskeln ab. Wie wir gesehen haben, kann ihr Schwund aber auch mit degenerativer Gebißanomalie zusammenhängen, z. B. mit Ausbiegung des Unterkiefers in der Reißzahngegend nach unten. Deshalb sollen auch die Prämolaren vollzählig sein: oben und unten jederseits vier, oben einschließlich, unten ausschließlich des Reißzahns, der hier zu den Molaren zählt.

Ist ein in allen Teilen zweckmäßig geformter, trocken und klar modellierter Kopf auch dunkeläugig und gut behangen, so verleiht er dem Hunde als Krönung und im Rahmen einer drahtigen Gesamterscheinung mit dem individuellen auch das rassige Gepräge.

Zu beachten sind daher am Kopf noch Auge und Behang. Dieser sei nicht zu lang. Hoch und breit angesetzt, unten gut abgerundet, soll er dicht am Kopf glatt und ohne Drehung herabhängen.

Das Auge — von mittlerer Größe, weder vorspringend noch tiefliegend — muß guten Lidschluß haben. Die Augenlider dürfen also weder offen (ektropisch), noch eingerollt (entropisch) sein. Beides gilt mit Recht als grober Fehler, der aus züchterischen Gründen bei einer Formbewertung auch dann noch in Betracht gezogen werden muß, wenn er operativ entfernt wurde. Je dunkler die Iris, um so schöner und ausdrucksvoller das Auge — als Spiegel der Seele des Hundes.

Wie die primären, so müssen auch die sekundären Geschlechtsmerkmale gut entwickelt sein, soll in der ganzen Formung der Geschlechtstyp klar in die Erscheinung treten, der Rüde markant männlich, die Hündin betont weiblich wirken. Die Hündin von gutem mütterlichem Typ, relativ breiter und tiefer, in den Linien weicher und anmutiger, mit weniger Widerrist und kleineren Pfoten, hat minder scharf umrissene Kopfform als der Rüde. Die äußere Nase ist bei ihr weniger groß, der Nasenrücken weniger gewölbt, der Fang im ganzen nicht so breit und tief. Ihre Wesensart, freundlicher und anschmiegsamer als beim Rüden, findet ihren Ausdruck auch in Blick und Stimme.

Rüdenähnliche Hündinnen und hündinnenähnliche Rüden haben in der Zucht nie etwas von Belang geleistet. Erinnert sei nur an den hündinnenähnlichen Deutsch-Kurzhaarrüden »Treu-Freiberg«, einen Sohn von »Hektor v. Pirna« und »Hertha von der Maylust«. Im ausgesprochenen Gegensatz zu seinen berühmten Wurfbrüdern »Hektor von der Maylust«, »Hektor vom Geratal« und »Waldo-Waldheim«, die alle klar geprägten Rüdentypus hatten, war »Treu« trotz sonstiger Güte als Vererber eine Null.

Kopf, Hals, Brust, Rücken, Vor- und Nachhand, alles bei markantem Geschlechtstyp in vollendeten Proportionen, mit schön geschwungenen Außenlinien, mit Härte und Plastik der Muskulatur — solche Körperformen vermag im Grunde nur planvoll auf Gesundheit und Leistung gerichtete Zucht hervorzubringen. Der Züchter folgt dabei den Wegen der Natur. Sie, die große Meisterin, kennt nur die Zweckform, die sie bei ihren freilebenden Geschöpfen vollendet hervorbringt. Die feststehenden Gesetze der Statik und Mechanik sind Naturgesetze. Sie müssen sich grundlegend auswirken bei Schaffung eines Hundes, der sich als Jagdgebrauchshund in harter Praxis und in anspruchsvoller Hand so vielseitig wie weitgehend bewähren soll.

Um aber abschließend auch hier hervorzuheben, was gar nicht oft und eindringlich genug zum Ausdruck kommen kann: Das Äußere, so zweckvoll und so schön es auch geformt sein mag, ist immer nur die Schale. Wenn diese auch dem Inhalt alle Möglichkeiten gibt, sich in vollem Umfang zu entfalten, das Wichtigste am Jagdgebrauchshund muß im Hinblick auf die Qualität des Ganzen der Inhalt selber sein und bleiben. Wesensart und leistungsfördernde Impulse bilden hier den Kern. Von überragender Bedeutung ist der Grad der Wesensfestigkeit als Merkmal der spezifischen Beschaffenheit der Psyche. Und deshalb sollten Wesensmängel auch bei einer Zuchtschau niemals übersehen werden.

»Aus der Grundhaltung der Seele erwachsen die Taten.«

Mens sana in corpore sano, dieses Wort aus Juvenals Satiren gilt auch für Schaffung und Erhaltung eines Hundes, den wir als besten Freund betrachten wollen und der durch seine Arbeit unser Waidwerk fördern und veredeln soll.

Literatur (außer der im Text genannten): 1. Das Knochengerüst des Jagdhundes, Benennung und Aufgabe der einzelnen Teile, Deutsche Jagd Nr. 5, 1936. — 2. Andreas, Konrad, Über das Sprungvermögen des Jagdgebrauchshundes, Deutsche Jagd Nr. 7/8, 1941.

BLV Jagdbücher

Carl Tabel
Der Jagdgebrauchshund
Seine Erziehung, Abrichtung und Führung
Dieses Buch sollte jeden Führer interessieren, gleich ob er einen Vorsteh-, Stöber- oder Erdhund führt. Der Verfasser gibt aus jahrelanger gründlicher Praxis eine Fülle von Ratschlägen und Hinweisen, die er selbst erprobt hat. Die Berücksichtigung der Psyche des Hundes steht als Grundlage für die erfolgreiche Ausbildung im Vordergrund.
5., neubearbeitete Auflage, 286 Seiten, 132 Fotos, 9 Zeichnungen

Carl Tabel
Der Gebrauchshund-Jährling
Seine Vorbereitung und Führung auf Frühjahrs- und Herbstzuchtprüfungen
Erkenntnisse der Verhaltensforschung für die Eingliederung des Hundes in die menschliche Gesellschaft und Anweisungen für jeden Besitzer eines jungen Jagdgebrauchshundes, der seinen Hund auf den Zuchtprüfungen mit Erfolg führen und für die Jagdpraxis vorbereiten möchte.
5., neubearbeitete Auflage, 92 Seiten, 19 Fotos

Jan Báča
Auf Wundspur und Schweißfährte
Ausbildung und Einsatz von Jagdhunden zur Nachsuche
Dieser hervorragende Leitfaden befaßt sich mit der praktischen Abrichtung aller einschlägigen Rassen zur Schweißarbeit.
Aus dem Inhalt: Spur- und Fährtenarbeit – natürliche und künstliche Wundfährte – Verlorensuche von Niederwild – Nachsuche von Schalenwild – Regeln für die Nachsuche auf Rotwild, Damwild und Muffelwild – Nachsuche auf Schwarzwild – Tips aus der Praxis
186 Seiten, 16 Fotos, 17 Zeichnungen

Michael W. Fox
Vom Wolf zum Hund
Entwicklung, Verhalten und soziale Organisation der Caniden
Dieses reich illustrierte Buch beschäftigt sich vorwiegend mit der Entwicklung und dem Verhalten handaufgezogener Wölfe, Kojoten, Schakale, Rot-, Grau- und Polarfüchse sowie Haushunde und vermittelt interessante Einsichten in die Ökologie freilebender Wildhundarten.
182 Seiten, 165 Fotos, 7 Zeichnungen

**BLV Verlagsgesellschaft
München**

BLV Jagdbücher

Eberhard Schneider
Der Feldhase
Biologie – Verhalten – Hege und Jagd

Dieser Band beschreibt den Hasen als Wild unserer Kulturlandschaft, weist Abstammung und Verwandtschaft zu anderen Tieren auf, zeigt Verbreitung, beschreibt Gestalt und Bewegung, Funktion und Sinnesorgane, Fortpflanzung und Sozialverhalten. Dazu alles über Parasiten, Krankheiten und Hinweise zur Wildbiologie mit Tips für Hege und Jagdpraxis.

200 Seiten, 12 Farbfotos, 60 Schwarzweißfotos, 25 Zeichnungen

Ernst Schäfer
Hegen und Ansprechen von Rehwild
Alle Fragen der Rehwildhege in der Kulturlandschaft werden praxisnah nach dem neuesten Stand wildbiologischer Erkenntnisse und praktischer Hegeerfolge ausführlich behandelt. Das reicht von der Stammesgeschichte des Rehwildes bis zu Fragen der Erbmasse und Umwelt, von praktischen Hegemaßnahmen und neuzeitlicher Wildstandsbewirtschaftung bis zur kritischen Auseinandersetzung mit der herkömmlichen „Hege mit der Büchse" u.a.

3. Auflage, 192 Seiten, 66 Fotos

Fritz Nüßlein
Jagdkunde
Ein Lehrbuch zur Einführung in das Waidwerk mit einem Abriß über Umwelt- und Naturschutz, Landschaftsschutz und Landschaftspflege und über Fischerei. Diese Jagdkunde ist deshalb so beliebt, weil sie den Stoff nicht in Frage und Antwort behandelt, sondern eine Gesamtschau bietet. Damit bleibt sie auch nach der Jägerprüfung ein wichtiger Leitfaden.

9., neubearbeitete und erweiterte Auflage, 297 Seiten, davon 8 Farbtafeln, 250 Abbildungen

Herbert Krebs
Vor und nach der Jägerprüfung
1620 Prüfungsfragen mit Antworten und einführenden Texten

Das unentbehrliche Standardwerk zur Vorbereitung auf die Jägerprüfung und ein wichtiges Nachschlagewerk für die jägerische Praxis. Ein ausführliches Sachwörterverzeichnis rundet das Buch ab.

41., überarbeitete Auflage, 400 Seiten, 16 Farbtafeln, 325 Fotos, 89 Zeichnungen

BLV Verlagsgesellschaft München